**Das Inflationsproblem heute —
Stabilisierung oder Anpassung**

Beihefte der Konjunkturpolitik

Zeitschrift für angewandte Konjunkturforschung

Begründet von Albert Wissler

Heft 21

Das Inflationsproblem heute — Stabilisierung oder Anpassung

Bericht über den wissenschaftlichen Teil der 37. Mitgliederversammlung der Arbeitsgemeinschaft deutscher wirtschaftswissenschaftlicher Forschungsinstitute e. V. in Bonn-Bad Godesberg am 9. und 10. Mai 1974

DUNCKER & HUMBLOT / BERLIN

Gedruckt 1974 bei Buchdruckerei Bruno Luck, Berlin 65
Printed in Germany
ISBN 3 428 03264 0

Vorbemerkung

Es freut mich, auch in diesem Jahr als Beiheft der „Konjunkturpolitik“ den Bericht über den wissenschaftlichen Teil der Mitgliederversammlung der Arbeitsgemeinschaft deutscher wirtschaftswissenschaftlicher Forschungsinstitute vorlegen zu können. Unser Thema „Das Inflationsproblem heute — Stabilisierung oder Anpassung?“ erfreut sich ohne Zweifel unveränderter Aktualität.

Drei Fragen haben uns besonders beschäftigt:

— Gibt es weltwirtschaftliche Ursachen der Inflation?

— Erschwert oder erleichtert die Indexbindung die Inflationsbekämpfung?

— Wie ist die Wirksamkeit einer stabilitäts-orientierten Globalsteuerung einzuschätzen?

Ich danke den sieben Referenten für ihre interessanten Vorträge und allen Teilnehmern für die lebhafte Diskussion.

Die 38. Mitgliederversammlung, die am 15. - 16. Mai 1975 stattfinden soll, wird sich mit dem Thema „Regional- und Agrarpolitik in Europa“ befassen.

Kiel, im November 1974

Prof. Dr. *H. Giersch*
Vorsitzender der Arbeitsgemeinschaft

Inhalt

Diskussionsbeiträge:

Eröffnung durch den Vorsitzenden

Vorsitzender Prof. Dr. *Giersch:*

Im Namen des Vorstands der Arbeitsgemeinschaft deutscher wirtschaftswissenschaftlicher Forschungsinstitute möchte ich Sie, meine Damen und Herren, sehr herzlich zu dem wissenschaftlichen Teil unserer 37. Mitgliederversammlung begrüßen. Mein besonderer Gruß gilt unseren Gästen, den Elder-Statesmen aus Politik und Wissenschaft und aus der Fachwelt: Ludwig Erhard, Gottfried Haberler und Otto Pfleiderer, letztere beide auch als Referenten. Ich begrüße insbesondere auch die Vertreter Bonner Ministerien und die Herren von Presse, Rundfunk und Fernsehen.

Das Thema der Veranstaltung ist Ihnen bekannt: „Das Inflationsproblem heute — Stabilisierung oder Anpassung." Als ein auf sorgfältige Wortwahl bedachter Wissenschaftler würde ich die Sache noch etwas komplizieren und sagen: „Stabilisierung und/oder Anpassung",

(Heiterkeit)

um die Optionen zu erweitern. Nun, wir werden über diese Optionen noch diskutieren.

Heute nachmittag spricht zu uns zunächst Gottfried Haberler, Washington, USA, früher Litauer Professor der Harvard University, ein alter Freund der Wirtschaftswissenschaft im deutschsprachigen Raum, aus dem er stammt und mit dem er sich über die vielen Jahre seiner Tätigkeit in den Vereinigten Staaten hinweg aufs engste verbunden gefühlt hat. Wir begrüßen Sie im besonderen, lieber Gottfried Haberler, und ich möchte Ihnen sogleich das Wort erteilen.

Die Beschleunigung des Inflationsprozesses und ihre nationalen und internationalen Ursachen

Referat von Prof. Dr. Gottfried Haberler (Washington D.C.)

I.

Es ist kaum möglich, irgendwo in der Welt eine Gruppe von Experten zu finden, die besser informiert ist über die Probleme der Inflation als die Mitglieder der Arbeitsgemeinschaft. Ich habe daher Ihre Einladung, hier zu sprechen, nur mit Zögern und Bangen angenommen. Es ist soviel über Inflation geschrieben worden, und es wird soviel laufend publiziert, daß es unmöglich ist, alles zu lesen und etwas wirklich Neues zu sagen. Ich kann nur hoffen, daß es für uns alle einigen Nutzen hat, wenn wir uns ab und zu von neuem auf gewisse fundamentale Tatsachen und Grundsätze besinnen.

Ich werde mich in meinen Ausführungen auf die Entwicklung in den Industrieländern, Europa, Japan und Amerika beschränken, obwohl angesichts der erschreckenden Beschleunigung der Inflation in 1973 und 1974, die Erfahrungen gewisser hochinflationistischer Entwicklungsländer z. B. Brasiliens, die man bis vor kurzem als für die Industrieländer irrelevant hielt, immer größere Bedeutung gewinnen.

Die Beschleunigung der Inflation in 1973 war besonders stark in den Vereinigten Staaten, viel stärker als in Europa. Ende 1972 — Anfang 1973 war das Tempo der Inflation, gemessen an den Konsumentenpreisen, auf zirka 3 1/2 % zurückgegangen (von 6,3 % Anfang 1970). Ende 1973 war es 9 % und Anfang 1974 10 %. (Alle Ziffern über eine Periode von 12 Monaten.)

Es gibt immer warnende Stimmen, die wirtschaftliches Unheil, schwere Depression oder wilde Inflation prophezeihen. Es ist jedoch eine ernüchternde und deprimierende Tatsache, daß buchstäblich kein Ökonom das Ausmaß der plötzlichen Beschleunigungen der amerikanischen Inflation in 1973 vorhersah. Das gilt nicht nur für die offiziellen Sprecher der Regierung, die fast immer mit rosa Brillen in die Zukunft sehen, sondern auch für die zahlreichen privaten Propheten und Kritiker der Regierung.

Ich habe den Eindruck, daß man in Europa, wo die Inflationsrate höher, aber die Beschleunigung der Inflation in 1973, wenigstens anfangs, im allgemeinen geringer war, die Preisentwicklung besser vorausgesehen hat. Der Grund ist aber wohl nicht der, daß Europäer bessere Propheten sind, sondern der, daß man allzu oft geneigt ist, den jüngsten Trend einfach zu extrapolieren. Eine Trendextrapolation ergab 1973 in Europa ein besseres Resultat als in Amerika.

II.

Wie erklärt sich, in der Rückschau, die katastrophale Inflationsbeschleunigung? Ich möchte bei meinem Erklärungsversuch von der Tatsache ausgehen — ich glaube wenigstens, daß es eine Tatsache ist — daß es buchstäblich nie eine ernste, länger dauernde Inflation gegeben hat — eine Preissteigerung von sagen wir 5 % oder mehr für die Dauer von 1 1/2 - 2 Jahren oder länger — ohne eine Erhöhung der Geldmenge. Insofern haben die Monetaristen meines Erachtens zweifellos Recht. Inflation ist und bleibt an das Wachstum der Geldmenge geknüpft; ferner: ohne Beschränkung des monetären Wachstums gibt es keine Stabilisierung des Preisniveaus. Aber auf kurze und mittlere Frist ist der Parallelismus zwischen dem Ausmaß des Geldwachstums und der Preissteigerung keineswegs konstant und präzise. Die vorsichtigen Monetaristen waren sich immer bewußt, daß der Lag zwischen Geldvermehrung und Preissteigerung variabel und oft ziemlich lang ist, bis über ein Jahr. So konnte die Preisexplosion in den Vereinigten Staaten in 1973 nicht auf Grund der Geldschöpfung in 1972 allein vorausgesehen werden, und sie wurde auch meines Wissens von keinen Monetaristen richtig prophzeit. Aber ohne den starken und steigenden Anstieg des Geldumlaufs in 1970, 1971 und 1972 von ungefähr 6 auf 8 % wäre der Preisanstieg in 1973 sicher viel geringer gewesen.

Die „besonderen Umstände" — „special factors" — die in den Vereinigten Staaten und auch sonst für die rapide Inflation in 1973 verantwortlich gemacht werden, sind wohl bekannt: Mißernte in Rußland, mäßiger Ernterückgang in den Vereinigten Staaten, synchronisierte Hochkonjunktur in Europa, Amerika und Japan, das mysteriöse Ausbleiben der Sardellen vor der peruanischen Küste, die ein hochwertigeres Eiweißfuttermittel für die Viehzucht lieferten und deren Verschwinden eine scharfe Preiserhöhung anderer Futtermittel, besonders der Soyabohnen, verursachte. (Da die Sardellenschwärme nach einer zweijährigen Pause wieder aufgetaucht sind, kann man wohl mit einem baldigen Abflauen der Inflation rechnen!)

Die Abwertung des Dollar hat bei der amerikanischen Preisinflation zweifellos eine Rolle gespielt. Der internationale Charakter der Inflation wurde damit der amerikanischen Öffentlichkeit und auch vielen Ökonomen einmal wieder sehr deutlich vor Augen geführt. In den Vereinigten Staaten und in anderen Ländern haben die für die Geldpolitik verantwortlichen Stellen davon guten Gebrauch gemacht: Sie sind überall bestrebt, die Schuld an der Inflation anderen Ländern und anonymen Weltmärkten für Rohstoffe und Nahrungsmittel zuzuschieben, als ob der Inflationsbazillus aus dem Weltall eingeflogen wäre!

Ich bin der Meinung, daß man die Bedeutung dieser und anderer „besonderer Umstände" meistens stark überschätzt und daß auch der Einfluß der Energiekrise und der enormen Erhöhung der Rohölpreise auf die Inflation nur dann richtig beurteilt werden kann, wenn er im Zusammenhang mit den monetären Ursachen der Inflation und ihrer Beschleunigung behandelt wird.

Ich werde zuerst die allgemeine Tendenz jeder länger dauernden Inflation, sich zu beschleunigen, diskutieren und mich dann den internationalen Zusammenhängen zuwenden und zum Schluß auf das Problem der Inflationsbekämpfung zurückkommen.

III.

Warum eine länger dauernde Inflation immer die Tendenz hat, sich zu beschleunigen, ist eigentlich nicht schwer zu erklären, obwohl es implizit aber manchmal auch explizit geleugnet wird.

Die Inflationsbereitschaft ist heutzutage viel größer als sie früher war, weil die Toleranz für Arbeitslosigkeit und langsames Wachstum sich sehr vermindert hat. Man ist heute sofort mit der Konjunkturspritze zur Hand, wenn sich die geringsten Zeichen einer Verlangsamung der Konjunktur zeigen. Und die Antiwachstumsbewegung fördert noch die Inflation, weil sie sich letzten Endes in größeren Ausgaben zur Verhütung einer „Verschlechterung der Umgebung" und dergleichen ausdrückt.

Ein weiterer Inflationsfaktor ist die Starrheit der Löhne nach unten und der Lohndruck der Gewerkschaften nach oben. Daß die Geldlöhne fast überall vollkommen starr geworden sind, ist unbestritten. Die Folge ist, daß Deflation im Sinne einer Senkung des Preisniveaus nahezu ausgeschlossen ist. Es hat auch seit der „Großen Depression" in den 30er Jahren keine Deflation gegeben — milde Rezessionen ja, aber keine schwere Depression und keine Deflation, weder im Sinne sinkender Preise, noch in dem sinkender Geldmenge oder Geldeinkommen. Die Preise sind im besten Fall für kurze Zeit stabil geblieben, aber auch das hat aufgehört.

Starre Löhne, ohne Lohndruck nach oben, wären mit einer langsamen Senkung des Preisniveaus nicht unvereinbar, nämlich im Ausmaß der Produktivitätssteigerung. Für einzelne Industrien kommt es auch vor, daß die Preise gesenkt werden, wenn technischer Fortschritt die Kosten senkt, aber praktisch nie mehr für das allgemeine Preisniveau. Das wird durch expansive Geld- und Fiskalpolitik und den Lohndruck der Gewerkschaften verhindert.

Die Rolle der Gewerkschaften und anderer Monopole im Inflationsprozeß ist eine sehr kontroverse Angelegenheit. Sie wird von vielen Monetaristen — Milton Friedman, Harry Johnson und ihren zahlreichen Anhängern — lebhaft bestritten und wird auch von einigen Antimonetaristen, z. B. James Tobin, geleugnet oder bagatellisiert.

Ich kann auf diese langwierige Kontroverse nicht näher eingehen. Ich will nur meinen Standpunkt kurz präzisieren. Da die Anhänger verschiedener Schulen sich scheuen, die Sprache einer anderen Schule zu sprechen, „als ob es ihre Zahnbürste wäre“ (wie Max Weber sagte), werde ich mich der monetaristischen Terminologie bedienen.

Friedman selbst spricht von „der natürlichen Arbeitslosenrate“ — Gleichgewichtsarbeitslosigkeit wäre wohl ein besseres Wort — die „das walrasianische System des allgemeinen Gleichgewichts erzeugt („grinds out“), wenn man die bestehenden strukturellen Daten der Arbeits- und Warenmärkte als Daten in das Gleichungssystem einführt“. Es ist wohl klar, daß die Gewerkschaften und andere Monopole zu den strukturellen Daten gehören, die das Ausmaß der „natürlichen Arbeitslosigkeit“ erhöhen. Und es ist sicherlich nicht weit hergeholt, anzunehmen, daß sie die „natürliche Arbeitslosigkeit“ oft auf ein Niveau bringen, das die heutige Gesellschaft nicht akzeptiert, ohne mit monetären Expansionsmaßnahmen — Inflationsspritzen — zu reagieren[1].

Was vom Arbeitsmonopol der Gewerkschaften gilt, trifft im Prinzip auch auf Industriemonopole zu. Auch diese erhöhen die „natürliche Arbeitslosigkeit“, hauptsächlich dadurch, daß sie den Lohndruck der Gewerkschaften verstärken: Monopolgewinne der Unternehmer sind ein starker Anreiz für höhere Lohnforderungen der Gewerkschaften.

Was aus alldem folgt ist dies: Auf kurze Frist ist es praktisch immer möglich, mittels einer expansiven Geld- und Fiskalpolitik (Inflationsspritzen) die Arbeitslosigkeit unter ihr langfristiges Gleichgewichtsniveau zu drücken. Das bedeutet jedoch, daß zahlreiche Personen und

---

[1] Ich kann das hier nicht weiter ausführen. Es sei nur noch erwähnt, daß das Walresianische Gleichgewicht niemals wirklich realisiert, sondern nur angestrebt wird durch die Wechselwirkung vieler Märkte mit verschiedenen, sich überschneidenden Verzögerungen. Vergleiche dazu den wichtigen Aufsatz von Herbert *Giersch* "Some Neglected Aspects of Inflation in the World Economy." In: Public Finance, The Hague, 1973 (besonders Seite 104 - 108) und *mein* Buch: **Economic Growth and Stability. An analysis of Economic** Change and Policies. Los Angeles 1974.

Gruppen in ihren Erwartungen enttäuscht werden und Schritte unternehmen, um die erlittenen Verluste wettzumachen und weiteren Enttäuschungen vorzubeugen: Gewerkschaften verlangen größere Lohnerhöhungen, Geldzinsraten steigen, und die sogenannten „fixen Einkommen“ kommen in Bewegung, die berühmte „Geldillusion“ („money illusion“) verflüchtigt sich, und die Inflationsspirale geht auf höhere Touren.

Es bedeutet jedoch nicht, wie oft behauptet wird, daß jede schleichende Inflation unwiderruflich zu einer trabenden und schließlich zu einer galoppierenden Inflation werden muß. Was es bedeutet ist vielmehr, daß nach einiger Zeit die stimulierende Wirkung jeder Inflation abnimmt und schließlich verlorengeht. Je länger eine Inflation dauert, desto rascher der Verfall jeder stimulierenden Wirkung und desto höher die Beschleunigung der Erhöhung der Inflationsspritzen, die notwendig sind, um ein Absinken der Konjunktur zu verhindern.

Was wir in den letzten Jahren erlebt haben, ist eben dieser Beschleunigungsprozeß. Was dabei verwundern kann, ist nur, daß es so lange gedauert hat und daß die Geldillusion noch nicht ganz geschwunden ist. Erstaunlich ist ferner, daß trotz einer zweistelligen Inflation so viele Ökonomen immer noch eine Ankurblungspolitik durch monetäre und fiskalische Maßnahmen verlangen, sobald sich eine leichte Abschwächung des Wachstums und Erhöhung der Arbeitslosigkeit zeigt (in Amerika wenigstens, ich weiß nicht, wie es in Deutschland ist).

Aber eine Inflation zu stoppen, ohne eine schwere Stabilisierungskrise heraufzubeschwören, ist natürlich ein überaus schwieriges Problem. Wahrscheinlich ist es ein unlösbares Problem in dem Sinn, daß wenigstens eine vorübergehende höhere Arbeitslosigkeit und ein langsameres Wachstum unvermeidlich ist. Daß Politiker davor zurückscheuen, ist verständlich. Ökonomen sollten aber den Mut haben, es offen auszusprechen.

Ich wende mich jetzt den internationalen Aspekten der Inflationsbeschleunigung zu und komme sodann kurz auf die Möglichkeiten und Grenzen einer krisenfreien Stabilisierung zurück.

IV.

Man sollte sich darüber klar sein, daß unter den heutigen wirtschaftlichen Gegebenheiten alle Systeme starrer oder halbstarrer Paritäten — der Goldstandard, der Dollarstandard sowie das Bretton Woods System — eine inhärente Tendenz zur Inflation haben. Der Grund ist der, daß die Geldlöhne in fast allen Ländern nach unten starr sind und es daher, wie schon erwähnt, keine nennenswerte Deflation im Sinne einer allgemeinen Preissenkung geben kann. Die Folge davon ist, daß der Zahlungsbilanzausgleich nur durch Inflation in den Überschußländern, durch Wechselkursänderungen oder durch Kontrollen erfolgen kann, aber nicht durch Preissenkung (Deflation) in den Defizitländern. Kontrollen werde ich nicht diskutieren, weil sie keine dauernde Lösung der Zahlungsbilanzprobleme bedeuten. Es bleiben also nur differenzielle Inflation und Wechselkursänderungen. Dies waren ja auch die Methoden des Zahlungsbilanzausgleichs unter Bretton Woods. Hätte es weniger Abwertungen und Aufwertungen gegeben, so hätten die Überschußländer, z. B. Deutschland, noch mehr inflationieren müssen als sie es ohnehin getan haben[2]. Die inflationistische Grundtendenz wurde dadurch noch mehr verstärkt, daß die Leitwährung, der Dollar, nach einer Periode stabiler Preise von 1958 bis 1965 wieder in ein inflationistisches Fahrwasser geriet. Dabei ist aber folgendes zu beachten: Aus Gründen, die ich hier nur anzudeuten brauche, greift eine Inflation im Leitwährungsland Amerika in verstärkter Form auf manche andere Länder über, z. B. auf Deutschland und Japan. Eine etwas paradoxe Folge davon ist, daß Amerika imstande ist, „Inflation zu exportieren" sogar wenn es selbst keine hat. Die Ursache dafür liegt in der unterschiedlichen Entwicklung der Exportpreise im Verhältnis zum allgemeinen Preisniveau in den Vereinigten Staaten auf der einen Seite und Japan und Deutschland auf der anderen[3].

Daß heutzutage fixe Wechselkurse die Weltinflation verstärken, wird oft mit dem Gegenargument bestritten, daß Aufwertungen oder Floaten erstens nicht nur nicht vor Inflation schützt, sondern zweitens sie noch verstärkt.

Was das erste Argument betrifft, genügt es zu sagen, daß in einer inflationistischen Welt für ein einzelnes Land oder Ländergruppen Aufwertung zwar eine notwendige aber keine zureichende Bedingung für die Erhaltung der Preisstabilität ist. Floaten kann die importierte Inflation verhindern, aber nicht die innere Inflation. Dazu bedarf es einer restriktiven Geldpolitik, unterstützt von einer entsprechenden Fiskalpolitik und einige würden sagen, einer Einkommenspolitik. Ein Blick auf die Statistik zeigt, daß Länder wie Deutschland, die trotz Auf-

---

[2] Dr. Otmar *Emminger* hat in seiner Per Jacobsson Lecture in Basel (1973) klipp und klar gesagt, daß das Bretten Woods System an seiner inflationistischen Tendenz gescheitert ist. Ich darf erwähnen, daß ich das „inflationary bias" starrer Kurse schon in *meiner* Broschüre: Money in the International Economy (1. Auflage 1965, 2. erweiterte Auflage 1969), die auch in deutscher Übersetzung erschienen ist (1965), betont habe.

[3] Details und Literaturangaben finden sich in *meinem* Aufsatz „International Aspects of U.S. Inflation" in: A New Look at Inflation. American Enterprise Institute, Washington, D.C., 1973.

wertung und Floaten weiter an Inflation leiden, es versäumt haben, die Vergrößerung der Geldmenge zu verhindern.

Was das zweite Argument betrifft, ist es natürlich richtig, daß eine Abwertung in der Regel einen inflationistischen Faktor für das abwertende Land darstellt, da Import- und Export-Preise hinaufgetrieben werden. Es ist ebenfalls richtig, und es ist eigentlich nur die andere Seite derselben Medaille, daß die Aufwertung der Währung des Landes A einen inflationistischen Einfluß auf das Land B hat.

(Auf die Frage, ob Aufwertung oder Abwertung auf die Inflation verschieden wirken, will ich nicht eingehen. Ich beschränke mich auf die Bemerkung, daß ein Unterschied nur dann besteht, wenn es neben den nationalen Währungen noch ein internationales Geld von genügender Bedeutung gibt, z. B. Gold. Abwertungen erhöhen die Kaufkraft des Goldes und damit die internationale Liquidität, während Aufwertungen die gegenteilige Wirkung haben.)

Ich sage, daß eine Abwertung „in der Regel" einen inflationistischen Effekt hat, nämlich nur dann, wenn ihr Zweck ist, einen Reserveschwund zu beseitigen. Wenn ein Land Reserven verliert, „über seine Verhältnisse lebt", zu viel importiert und zu wenig exportiert, muß es bei Vollbeschäftigung sich einschränken; die Realausgaben („absorption") müssen gesenkt werden. Bei starren Geldlöhnen (allgemeiner: starren Geldeinkommen) kann die Verminderung der Realausgaben nur durch eine Preissteigerung erfolgen. Eine Preissteigerung im Defizitland ist unvermeidlich sowohl bei fixen als bei variablen Kursen. Der Unterschied ist jedoch der, daß bei fixen Kursen das Überschußland ebenfalls sein Preisniveau erhöhen muß, während es bei variablen Kursen sein Preisniveau stabil halten kann. Das ist eben der Grund für die These, daß starre Kurse die Weltinflation fördern.

Es gibt jedoch eine scheinbare Ausnahme von der Regel, daß eine Abwertung ein inflationistischer Faktor für das abwertende Land (und ein anti-inflationistischer Faktor für das aufwertende Land) ist: Wenn es auch der Zweck der Abwertung nicht ist, einen Reserveverlust zu stoppen, sondern bestehende Devisenkontrollen zu beseitigen, wird die Abwertung keine inflationistische Wirkung haben, sondern kann im Gegenteil sogar eine milde anti-inflationistische Wirkung haben, weil sie die Verzerrungen der Wirtschaft durch die Kontrollen beseitigt und dadurch das Wachstum (Güterangebot) fördert. Die notwendige Verringerung der „realen Ausgaben" durch Preiserhöhung ist in diesem Fall schon zu einem früheren Zeitpunkt erfolgt, nämlich als die Einfuhr durch Kontrollen beschränkt wurde[4].

---

[4] Auf diesen Fall hat insbesondere Egon Sohmen hingewiesen. Ich habe ihn in *meiner* Broschüre Money in the International Economy erwähnt.

Jetzt noch die wichtige Frage: Ist es möglich, daß ein einzelnes Land oder eine Gruppe von Ländern das Preisniveau stabil hält, wenn in der umgebenden Welt Inflation herrscht? Die Antwort lautet, daß bei stabilen Kursen und freier Konvertibilität auch ein großes Land in einer inflationistischen Welt sich nicht als Oase der Stabilität behaupten kann.

Andererseits kann niemand ein großes Land zwingen, Inflation zu machen, wenn das Land seine Währung floaten läßt. Der Kurs der preisstabilen Währung wird allerdings ununterbrochen steigen. Kann ein solcher Zustand ein Gleichgewicht darstellen? Wird er nicht durch massive spekulative Kapitalimporte fortlaufend gestört werden? Die Antwort auf diesen Einwand wurde schon vom Sachverständigenrat (Jahresbericht 1966/67) gegeben. Es wird sich eine Zinsdifferenz entwickeln, die der Differenz in der Inflationsrate entspricht. Angenommen der Realzins sei 5 %. Dann wird der Nominalzins im preisstabilen Land ebenfalls 5 % sein und in der inflationistischen Umgebung 5 % plus einer Inflationsprämie, die der erwarteten Preissteigerung entspricht. Diese Differenz zwischen den nominellen Zinssätzen im stabilen Land und der inflationistischen Umgebung verhindert die Entwicklung eines nur in eine Richtung laufenden Stroms spekulativen Kapitals.

Man könnte die Theorie weiter ausarbeiten, z. B. dadurch, daß man die unrealistische Annahme einer gleichmäßigen, korrekt-antizipierten Inflation durch die Annahme schwankender, und daher oft nicht richtig antizipierter Inflationsraten ersetzt. Dann werden sich entsprechende Schwankungen sowohl im Zinsfluß als auch in den Wechselkursen ergeben, und es wird von Zeit zu Zeit zu spekulativen Kapitalübertragungen kommen. Aber das Zinsniveau wird in der inflationistischen Welt immer höher sein als in dem stabilen Land, und daher wird es auch nicht die massive, lawinenartig zunehmende Spekulation in einer Richtung geben, wie man sie oft bei starren Kursen beobachten kann, wenn ein Land versucht, seine unter- oder überbewertete Währung zu halten.

Ich habe von einem „großen" Lande gesprochen. Wie steht es mit „kleinen" Ländern? Da gibt es offenbar Grenzen: Für „sehr kleine" Länder, Liechtenstein z. B., aber auch für Luxemburg, wäre ein separates Geld mit schwankenden Kursen eine unerträgliche Belastung. Diese „ganz kleinen" Ländern werden sich immer an einen „großen" Nachbarn anschließen, selbst wenn dieser viel mehr Inflation betreibt als dem „sehr kleinen" Land lieb ist.

Größere Länder wie die Schweiz sind vor die Wahl gestellt, die Inflation der Umgebung oder eines wichtigen Handelspartners mitzumachen oder die Unannehmlichkeiten und Kosten schwankender Kurse auf sich zu nehmen. Die Entscheidung wird von dem Ausmaß der

Inflation und den Kosten der Kursschwankungen abhängen. Je größer ein Land, desto attraktiver die Alternative des Alleingangs — um so mehr als ein größeres Land, das seine Inflation meistert, damit rechnen kann, eine Schar gleichgesinnter Länder um sich zu sammeln. Das gilt zweifellos für die Vereinigten Staaten aber wohl auch für Deutschland. Es gibt ja immer noch einen ziemlich großen Dollarblock, der sich sicher vergrößern würde, wenn es Amerika gelänge, seine Inflationsrate zu reduzieren (obwohl es auch einigen Ländern schwerfallen würde, ihre Währung gegenüber einem preisstabilen Dollar zu halten). Es gibt ja schon eine Art Deutschmarkblock, und bei niedrigen Inflationsraten wäre es möglich, daß einige dieser Blöcke sozusagen zusammenwachsen.

Um Mißverständnisse auszuschließen sei noch betont: Fixe Kurse mit voller Marktkonvertibilität der Währungen wäre zweifellos die ideale Lösung. Aber in der heutigen Welt souveräner Staaten mit unkoordinierter Wirtschaftspolitik, abweichenden Prioritäten in bezug auf die Ziele der Wirtschaftspolitik — Preisstabilität, Wachstum, Vollbeschäftigung usw. —, starren Löhnen, unterschiedlichem Lohndruck seitens der Gewerkschaften und daher verschiedenen Inflationsraten — in dieser Welt sind fixe Kurse nur selten realisierbar und Floaten ist praktisch unvermeidlich, wenn es auch rein theoretisch nur eine zweitbeste Lösung darstellt.

Die Grenzen des Floatens müssen aber wohl beachtet werden: Floaten kann ein Land vor importierter Inflation und Deflation schützen, d. h. vor abträglichen monetären Störungen von außen, aber nicht vor realen Änderungen, z. B. Verschiebungen in den Terms of Trade, der enormen Steigerung der Rohölpreise oder vor protektionistischen Reaktionen des Auslandes — realen Störungen, die häufig mit Inflation und besonders mit Deflation verbunden sind. „Es kann der Beste nicht im Frieden leben, wenn es dem bösen Nachbarn nicht gefällt.“

V.

Die gegenwärtige Inflation ist eine internationale Entscheidung, aber die Aufgabe ihrer Bekämpfung fällt der nationalen Politik in den einzelnen Ländern zu. Die Hauptverantwortung lastet auf den großen Industriestaaten, die sich nicht auf Ansteckung von Außen ausreden können. Da es wohl hoffnungslos ist, sich auf ein gemeinsames internationales Programm der Inflationsbekämpfung zu einigen, ist das Problem nur unter dem Schutz flexibler Wechselkurse zu lösen.

Voraussetzung jeder Stabilisierung ist Einschränkung der Geldvermehrung. Darüber sind sich Monetaristen und die meisten ihrer Gegner einig. Aber das Problem ist ja nicht nur Beseitigung der

Inflation, sondern auch Vermeidung einer schweren Stabilisierungskrise. Die Verringerung der Geldvermehrung sollte daher nicht abrupt, sondern nur allmählich erfolgen. Aber selbst dann ist es wohl ausgeschlossen, eine zeitweise Erhöhung der Arbeitslosigkeit ganz zu vermeiden. Eine „weiche, reibungslose Landung“ („soft landing“) auf einen inflationsfreien Gleichgewichtspfad ist wohl ausgeschlossen. Da viele Wirtschaftspläne unter der Annahme weiterer Inflation aufgestellt wurden, sind Verluste und Zusammenbrüche einiger Firmen kaum zu vermeiden. Insbesondere die Verschuldung zu hohen Inflationszinsen wird oft zu Schwierigkeiten führen. Daran kann auch die Einführung von Indexklauseln für langfristige Verträge nichts ändern. Anders wäre es natürlich, wenn solche Klauseln schon früher eingeführt worden wären.

Das größte Hindernis sowohl für einen halbwegs reibungslosen Übergang zur Preisstabilität als auch für ihre Erhaltung ist meines Erachtens der Lohndruck der Gewerkschaften. Es ist zwar sicher richtig, daß die gegenwärtige Agressivität der Gewerkschaften in vielen Ländern zum großen Teil eine Folge der Inflation ist. Ich fürchte jedoch, daß man nicht mit einer raschen Umstellung der aggressiven Lohnpolitik rechnen kann, wenn die Inflation aufhört. James Meade hat die Vermutung ausgesprochen, daß die Inflationserfahrungen der letzten Jahre den Arbeiterführern „einen unerwarteten Einblick in die Stärke ihrer Monopolstellung verschafft haben“. Die Gewerkschaften haben gelernt, durch wohlgezielte Streiks große Lohnforderungen durchzusetzen. In vielen Ländern wird das dadurch sehr erleichtert, daß der Staat Streiks finanziert: Die durch Streiks kleiner strategischer Gruppen arbeitslos gemachten Arbeiter erhalten Arbeitslosenunterstützung und in manchen Ländern sogar die Streikenden, selbst wenn der Ausstand einige Zeit dauert. Im reichen Wohlfahrtsstaat hat Arbeitslosigkeit ihre abschreckende Wirkung verloren. „Unemployment has lost its terror“, wie James Meade es ausdrückt.

Aus all dem folgt, daß man in vielen Ländern mit einem stärkeren Lohndruck rechnen muß, mit anderen Worten mit einer Verschlechterung der Philippskurve[5] und einer viel größeren „natürlichen“ Arbeitslosigkeit als in früheren Jahren. Der Übergang zu einem preisstabilen Gleichgewicht wird dadurch außerordentlich erschwert.

Was das Übergangsproblem betrifft, wird auch die Einführung von Indexklauseln für Lohnverträge kaum helfen, da sich solche Klauseln

---

[5] Diese Ausdrucksweise soll jedoch nicht eine vorbehaltslose Annahme der Theorie Philipps' bedeuten. Die Philipps-Kurve ist nur kurzfristig stabil. Auf längere Frist ist sie zweifellos Verschiebungen ausgesetzt und insbesondere in einer Inflationsperiode wird die Kurve nicht nur ständig verschoben, sondern auch verzerrt.

erst später, nachdem die Inflation zurückgegangen ist, in Geldlohnsenkungen auswirken würden. Etwas anderes könnte es sein, wenn die Indexierung schon früher erfolgt wäre. Schon bestehende Indexklauseln würden eine durch die Inflationsbremsung bewirkte, unerwartete, unbeabsichtigte und für den Beschäftigungsgrad abträgliche Erhöhung der Reallöhne verhindern oder wenigstens mildern.

Ich kann mich hier nicht ausführlich mit dem Problem der allgemeinen Indexierung auseinandersetzen. Herr Giersch hat das ja kürzlich mit vorbildlicher Klarheit getan. Nur einige wenige Bemerkungen seien mir gestattet. Erstens: falls die Inflation weitergeht, ist eine weitgehende Indexierung nicht nur unvermeidlich, sondern wohl auch erwünscht. Insbesondere eine Indexierung der Steuern, um eine unerträgliche Verschärfung der Progressivität zu verhindern, und der Spareinlagen, Lebensversicherungen und dergleichen, um eine schwere Schädigung besonders exponierter sozialer Gruppen zu vermeiden, ist unerläßlich.

Zweitens: Auch die Vertreter der Indexierung wissen, daß unter Umständen die Indexierung die Inflation verstärkt. Bei Inflationsbremsung verhindern Indexklauseln unerwartete, unbeabsichtigte und der Beschäftigung abträgliche Reallohnerhöhungen. Unter anderen Umständen verhindern sie unerwartete, der Beschäftigung unzuträgliche Reallohnsenkungen. „Sind viele Verträge mit Indexklauseln in Kraft, so kann es bei laxer Geldpolitik durchaus zu stärkeren Preissteigerungen kommen“ (Giersch). Das wird insbesondere dann der Fall sein, wenn sich aus irgendeinem Grunde (z. B. infolge einer Mißernte oder Erhöhung der Rohölpreise) die Notwendigkeit ergibt, die Reallöhne zu senken. Die Antwort der Befürworter der Indexierung ist, daß in diesem Falle die Gewinne sinken werden, was die Unternehmer veranlassen wird, mit Geldlohnerhöhungen zurückzuhalten[6]. „Gewinne sollen natürlich nicht indiziert werden; dann würde das System explodieren“ (Giersch).

Es sind also der Indexierung Grenzen gesetzt. Wo sie liegen, ist schwer zu sagen. Aber da die Gewinne, die Giersch als „shock-absorbers“ bezeichnet, nur einen kleinen Prozentsatz des Nationaleinkommens ausmachen, können sie kaum die ganze Last des Ausgleiches überdimensionierter und nicht realisierbarer Ansprüche an das verfügbare Nationalprodukt tragen. Werden die Gewinne zu stark komprimiert, kommt es unweigerlich zu Beschäftigungseinbrüchen.

Drittens: Indexklauseln sind kein Allheilmittel für Lohndruck. Extreme Monetaristen sind der Ansicht, daß die Aggressivität der Ge-

---

[6] Das ist wohl leichter gesagt als getan. Wenn es richtig ist, daß die Geldlöhne praktisch nie gesenkt werden können, würde die Indexierung ein Sicherheitsventil beseitigen, was sich in den oben erwähnten Fällen sehr nachträglich auswirken würde.

werkschaften ausschließlich eine Folge der Inflation ist. Wenn das der Fall wäre, könnte das Problem mittels Indexklauseln leicht gelöst werden: Man brauchte in Tarifverhandlungen nur Indexklauseln zu offerieren, und die von den Gewerkschaften verlangten Reallohnerhöhungen würden sich automatisch im Rahmen des Möglichen halten, das heißt, sie würden das Ausmaß der gesamtwirtschaftlichen Produktivitätssteigerung nicht überschreiten.

So einfach steht die Sache leider nicht, insbesondere nicht in einer dezentralisierten Wirtschaft, wo nicht über das Lohnniveau, sondern über Löhne in einzelnen Industrien und Firmen verhandelt wird und wo systematische Abweichungen der Löhne in verschiedenen Industrien und Firmen von der allgemeinen Norm notwendig sind. Die Theorie und Praxis der „Lohnleitlinien" („wage guide lines"), insbesondere die Diskussionen über die zahlreichen notwendigen Ausnahmen von dem Grundsatz: Lohnsteigerung = Produktivitätssteigerung, haben das klar herausgestellt.

Ich komme zu dem Schluß, daß Indexklauseln das Lohndruckklima nicht beseitigen. Man könnte sich zwar vorstellen, daß sie es mildern, weil die Gewerkschaften ihre Reallohnforderungen herabsetzen würden, wenn ihnen Indexklauseln angeboten werden.

Es scheint mir viel wahrscheinlicher, daß die Indexklauseln nach einiger Zeit routinemäßig verlangt und akzeptiert werden, und der Druck für höhere Reallöhne, als mit Vollbeschäftigung und stabilem Preisniveau vereinbar ist, unverändert anhält. Es hat niemand behauptet, daß Indexklauseln das Problem der Industriemonopole, insbesondere bei den „public utilities", löst. Warum sollte es bei den Arbeitsmonopolen der Gewerkschaften anders sein?

VI.

Zusammenfassung

Es gibt keine Stabilisierung ohne Verringerung der Geldmengenzunahme auf ungefähr das Ausmaß des möglichen Wachstumes des Realeinkommens. Um eine schwere Stabilisierungskrise zu vermeiden, sollte die Verringerung der Geldvermehrung allmählich erfolgen. Eine vollkommen reibungslose Landung auf einen inflationsfreien Wachstumspfad ist jedoch kaum möglich. Mit anderen Worten, man muß mit einer zeitweisen Erhöhung der Arbeitslosigkeit rechnen. Die größten Schwierigkeiten werden sich aus dem Lohndruck der Gewerkschaften ergeben. Die Aggressivität der Gewerkschaften in vielen Ländern ist zum großen Teil eine Folge der Inflation. Aber die Monopolstellung der Gewerkschaften hat in den letzten Jahren zweifellos eine dauernde, große

Stärkung erfahren. Die Struktur des Arbeitsmarkts hat sich in vielen Ländern stark geändert. Wenn es nicht gelingt, hier Wandel zu schaffen, muß mit dauerndem Lohndruck und höherer „natürlicher“ Arbeitslosigkeit gerechnet werden, die einen starken Anreiz zu immer neuen Inflationsspritzen geben[7]. Daran kann auch die Anwendung von Indexklauseln nichts ändern. Ein gewisses Ausmaß von Indexierung ist jedoch notwendig, um das Leben mit der Inflation erträglich zu machen.

Nachwort

Die folgenden Erläuterungen und Ergänzungen meines Referates wurden durch die lebhafte Diskussion über meinen Vortrag angeregt.

Die Preisexplosion in Amerika in 1973 war nicht die Folge des Lohndrucks. Es gab in Amerika keine Lohnexplosion, so wie etwa 1968 in Frankreich. Im Gegenteil, die Löhne sind den steigenden Preisen nur langsam nachgehinkt. Das ändert aber nichts daran, daß die Rückgewinnung der Stabilität ihr größtes Hindernis in Lohnforderungen der Gewerkschaften finden wird.

Die rapide Preissteigerung in 1973 hatte auch nichts mit der teilweisen Abschaffung der Preiskontrollen Anfang 1973 zu tun, obwohl fast alle Wirtschaftsjournalisten und viele Ökonomen die beschleunigte Inflation als eine Folge der Milderung der Kontrollen betrachteten und ihre Wiedereinführung verlangten. Post hoc, ergo propter hoc! Die Regierung sah sich gezwungen, im Juni 1973 einen 30tägigen Preisstop zu verordnen, der von Kontrollen gefolgt wurde. Der Preisstop erwies sich jedoch als vollkommener Fehlschlag und mußte vorzeitig abgeblasen werden.

Daß die Preisexplosion nichts mit der Abschaffung der Kontrollen zu tun hatte, geht daraus hervor, daß es die landwirtschaftlichen Produkte und internationalen Warenmärkte waren, wo die Preise hinaufschnellten. Diese Gebiete waren nicht kontrolliert.

Wie erwähnt, war die starke Abwertung des Dollar in 1973 einer der „besonderen Faktoren“, die die Inflation in Amerika beschleunigten. Umgekehrt waren die großen Defizite der amerikanischen Zahlungs- und Handelsbilanz in 1971 und 1972 ein Inflationsfaktor in Europa. Aber man darf nicht vergessen, daß auch eine importierte Inflation „finanziert“ werden muß, um einen Ausdruck Harry Johnsons zu gebrauchen. D. h.: auch eine importierte Inflation erfordert eine Vergrößerung der Geldmenge und zwar auch dann, wenn der Inflationsimport durch den „direkten Preiszusammenhang“ (internationale Konkurrenz und Arbi-

---

[7] Das Problem ist ausführlich behandelt in *meinem* Buch: Economic Stability and Growth, Los Angeles 1974.

trage) bewirkt wird. Ohne eine Zunahme der Geldmenge könnte das Preisniveau nicht steigen. Import- und Exportpreise könnten zwar hinaufgehen, aber die übrigen Preise müßten entsprechend fallen.

Man könnte sich vorstellen, daß die Umlaufgeschwindigkeit des Geldes steigt und die importierte Inflation „finanziert“. Die Umlaufgeschwindigkeit des Geldes (GNP/Mi) ist in Amerika in der Tat in den letzten Jahren sehr stark gestiegen, nicht erst seit 1973. Das hat aber nichts mit dem internationalen Charakter der Inflation oder der Dollarabwertung zu tun. Es ist eine Folge der Inflation, der Inflationserwartungen und der hohen Zinsfüße. (Keynesianer und Monetaristen sind sich einig, daß die Schwankungen der Umlaufgeschwindigkeit des Geldes hauptsächlich vom Zinsfuß abhängen.)

Die kategorische Behauptung in meinem Referat, daß auch ein großes Land wie die Vereinigten Staaten bei fixen Wechselkursen (und voller Konvertibilität) sich in einer inflationistischen Welt nicht als Oase der Preisstabilität erhalten kann, bedarf vielleicht einer kleinen Einschränkung oder zumindest einer Erläuterung. Man könnte fragen, ob es denn nicht möglich wäre, den Einfluß auf die Preise eines Zahlungsbilanzüberschusses durch offene Marktpolitik zu verhindern, m. a. W. die einfließenden Reserven zu sterilisieren.

Innerhalb gewisser Grenzen ist das vielleicht möglich. Es würde aber bedeuten, daß das Land einen dauernden ungewollten Kapitalexport finanziert. D. h. daß es sich (bei Vollbeschäftigung) dauernd Opfer auferlegt, seine Realausgaben („absorption“) einschränkt. Dem sind offenbar enge Grenzen gesetzt. Die Spekulation wird eine Wechselkursänderung antizipieren und so dafür sorgen, daß die perverse Politik nicht allzulange fortgesetzt werden kann.

Was die Indexierung betrifft, muß man m. E. scharf zwischen teilweiser und allgemeiner Indexierung unterscheiden. Bei lange andauernder Inflation ist, wie in meinem Referat ausgeführt wird, teilweise Indexierung unvermeidlich und erwünscht. Wirklich allgemeine Indexierung, einschließlich der Unternehmergewinne, ist jedoch nicht möglich, weil sonst, wie Giersch es ausdrückt, „das System explodieren würde“. Das wäre immer dann der Fall, wenn es aus irgend einem Grund notwendig ist, die Realeinkommen dauernd oder zeitweise zu reduzieren.

Es ist richtig, daß die auch den Befürwortern der Indexierung bekannte Tatsache, daß u. U. die Indexierung die Inflation verstärkt, an und für sich kein entscheidender Grund gegen das Prinzip der Indexierung ist.

Eine Analogie mit den flexiblen Wechselkursen wird das verdeutlichen. Auch Floaten verstärkt unter gewissen Umständen die Inflation,

z. B. für Defizitländer, weil sie beim Floaten nicht imstande sind, wie bei fixen Kursen (und freier Konvertibilität) ihre Inflation „zu exportieren“; beim Floaten muß jedes Land die Inflation, die es macht, selbst schlucken. Daraus folgt, daß flexible Kurse einen Anreiz geben, die Inflation zu bremsen. Manche Theoretiker haben das schon immer behauptet. Ich darf auf meine Broschüre „Money in the International Economy“, 2. Auflage London 1968 p. 16 hinweisen. Es wurde aber kürzlich auch von berufener Seite bestätigt: Arthur Burns, Chairman des Federal Reserve Board (kein Freund des Floatens), erklärte, daß man angesichts des Floatens mit einer expansiven Geldpolitik besonders vorsichtig sein müsse, weil man sonst Gefahr laufe, daß der Dollar auf den Devisenmärkten sinkt und die Inflation dadurch verschärft würde[8].

Burns' Feststellung widerspricht der landläufigen, besonders bei Zentralbankiers populären Anschauung, daß flexible Kurse die Inflation fördern, weil sie die „Zahlungsbilanzdisziplin“ zerstören. In Wahrheit ist die Zahlungsbilanzdisziplin schon lange verschwunden. Man mag das bedauern, aber man muß sich damit abfinden. Heutzutage muß sich der Widerstand gegen die Inflation hauptsächlich auf die wachsende Besorgnis über ihre Folgen im Innern jedes Landes stützen.

Hier helfen flexible Kurse, weil sie verhindern, daß die inneren Unannehmlichkeiten durch den Export der Inflation verringert werden. Bei fixen Kursen kann ein Land, solange es über genügende Reserven verfügt, die Inflationsfolgen dadurch erleichtern, daß es mehr importiert und weniger exportiert. Das hat Burns als einen Vorteil der fixen Kurse bezeichnet (loc.cit.). Die Kehrseite der Medaille ist jedoch, daß andere Länder stärkerer Inflation ausgesetzt werden. Situationen sind allerdings denkbar, in denen beide Länder profitieren, nämlich dann, wenn das Defizitland an Inflation (Überbeschäftigung) leidet und das Überschußland an Arbeitslosigkeit und Unterbeschäftigung. Hier handelt es sich jedoch um seltene und unbeständige Ausnahmefälle[9].

Ähnlich könnte man argumentieren, daß bei weitgehender Indexierung laxe Geldpolitik rasch durch steigende Preise bestraft würde, und so ein Anreiz zur monetären Disziplin entsteht.

---

[8] Aussage vor dem Subcommittee of the Committee on Banking and Currency. House of Representatives. Washington, 4. April 1974.

[9] Siehe die 2. Aufl. *meiner* Broschüre „Money in the International Economy“, London 1969, p. 17 sowie G. *Haberler* „The International Monetary System: Some Recent Developments and Discussions“, in: Approaches to Greater Flexibility of Exchange Rates. The Bürgenstick Papers arranged by C. F. Bergsten, G. N. Halm, Fritz Machlup and R. V. Roosa. Princeton N.J. 1970 pp 113 - 124. Siehe auch G. *Haberler* „Comments“ in The Economics of Common Currencies ed. H. G. Johnson und A. K. Swoboda, London 1973 p. 35 - 39.

Die Analogie zu den flexiblen Kursen darf aber nicht zu weit getrieben werden. Wie schon erwähnt, bringt allgemeine (aber vielleicht schon eine weitgehende, m. a. W. annähernd allgemeine) Indexierung die Gefahr einer Preisexplosion mit sich. Diese Gefahr besteht bei flexiblen Kursen nicht[10].

In der Debatte ist das Wort gefallen, daß mit der Indexierung der Löhne der Lohndruck verschwinden werde. In meinem Referat führe ich aus, warum mir das viel zu optimistisch erscheint. Das ausgezeichnete *Konzept zur Rückgewinnung der Stabilität* (verfaßt von Ernst Dürr, Herbert Giersch und sieben anderen Professoren) bestärkt mich in meiner Ansicht. Die Formel des „Konzepts" für eine inflationsfreie Geldlohnbestimmung lautet kurz gesagt: Produktivitätszuwachs plus Entschädigung für Inflation. Auf die sehr originellen und wohldurchdachten Details kann ich hier nicht näher eingehen. Leider sind die Aussichten, daß dieser oder ein ähnlicher Vorschlag die Gewerkschaften befriedigen würde, sehr gering. Abgesehen davon ergeben sich bei der Durchführung des Prinzips, daß das Geldlohnniveau proportional zum Produktivitätswachstum steigen soll, alle die Schwierigkeiten, die aus der Theorie und Praxis der Lohnleitlinien bekannt sind. Um es nur kurz anzudeuten: Das Lohnniveau ist kein Instrument der Wirtschaftspolitik. Es müssen daher von vornherein zahlreiche Ausnahmen von der Regel, daß die Geldlöhne proportional zum allgemeinen Produktivitätszuwachs steigen sollen, zugelassen werden. Die Folge davon ist, daß die Politik der Lohnleitlinien entweder ohne Wirkung bleibt oder unweigerlich in eine Politik der detaillierten Lohn- und Preiskontrollen ausartet[11].

Vorsitzender Prof. Dr. Giersch:

Herr Haberler hat uns einen außerordentlich interessanten Überblick über die Probleme, die wir heute und morgen diskutieren wollen, gegeben und hat auch das Recht des ersten Redners wahrgenommen,

---

[10] Anhänger fixer Kurse werden vielleicht erwidern, daß destabilisierende Spekulation bei flexiblen Kursen ebenfalls eine Preisexplosion bewirken kann. Abgesehen davon, daß die Gefahr einer unstabilen Spekulation gering ist, besteht ein wesentlicher Unterschied zwischen Indexierung und Floaten darin, daß jeder Spekulation bei Floaten durch eine strenge Geldpolitik das Rückgrat gebrochen werden kann (wenn auch vielleicht mit gewissen Opfern in Form vorübergehender Arbeitslosigkeit und Verschlechterung der terms of trade), während bei wirklich allgemeiner Indexierung ein Impass entstehen kann, wenn die Indexierung ein höheres Realeinkommen verspricht als tatsächlich vorhanden ist. Gegen diesen Impass ist die Geldpolitik machtlos. Volle Indexierung ist in diesem Fall undurchführbar.

[11] Ich habe das in verschiedenen Publikationen weiter ausgeführt. Siehe z. B. G. *Haberler* „Incomes Policies and Inflation. An Analysis of Basic Principles", American Enterprise Institute, Washington D.C., 1971 und „Economic Growth and Stability. An Analysis of Economic Change and Policies". Los Angeles, California, 1974.

einerseits Lücken zu lassen, andererseits manches von dem, was in den späteren Referaten behandelt werden soll, schon vorwegzunehmen. Insofern werden seine Ausführungen über Indexklauseln, Wertsicherungsklauseln usw. sicherlich noch morgen diskutiert werden können.

Ich habe in den Ausführungen von Herrn Haberler eines vermißt, nämlich die Frage, wie dies alles mit der internationalen Liquidität zusammenhängt. Ein System fester Wechselkurse muß ja nicht unbedingt zu einer Weltinflation führen. Aber bevor wir hierüber sprechen, sollten wir, so würde ich vorschlagen, jetzt das zweite Referat des heutigen Nachmittags in der Hoffnung hören, daß uns Herr Dr. Bartel über die Vermehrung internationaler Liquidität Aufschluß geben kann.

Die stabilitätspolitische Problematik des Multi-Reservenstandards

Referat von Dr. Karl Bartel (Köln)

I.

1. Die internationale Währungsordnung des Bretton Woods-Systems ist zusammengebrochen. Die Reformarbeiten haben begonnen und sind von der ‚Gruppe der Zwanzig' zu einer „First Outline of Reform" verdichtet worden[1].

Danach sollte die Abkehr vom Dollar-Leitwährungsstandard und seinem asymmetrischen Interventionssystem, in dem die reserveabhängigen Länder einseitig in die Pflicht zur Stützung der Dollarparität genommen wurden, vor allem durch folgende Prinzipien gekennzeichnet sein:

1. durch die Stärkung der Sonderziehungsrechte, die zum wichtigsten Reservemedium werden sollen, sowie
2. durch ein Multiwährungs-Interventionssystem, das den beteiligten Ländern eine größere Symmetrie in der Interventionspflicht und damit eine gleichmäßigere Verteilung außenwirtschaftlich bedingter Anpassungslasten in einem System „fester, aber anpassungsfähiger" Wechselkurse auferlegt.

Dieses in dem ersten Rohentwurf angestrebte neue Währungssystem „... ist unter den Stürmen der letzten Monate wie ein Kartenhaus zusammengestürzt"[2]. Eine baldige Rückkehr zu einem allgemeinen System fester, aber anpassungsfähiger Wechselkurse erscheint auch der deutschen Bundesregierung „praktisch kaum möglich"[3]. So wird denn auch ein revidierter Reformentwurf für eine ‚Interimsphase' flexibler Wechselkurse vorbereitet[4], der dann freilich — wie die Frankfurter Allgemeine

---

[1] Vgl. Bundesministerium der Finanzen (Hrsg.): Finanznachrichten Nr. 19 (1973): Erste Rohskizze einer Reform (First Outline of Reform).

[2] So Bundesbankvizepräsident Emminger vor dem „Institut d'Etudes Politique" in Paris. Zit. nach ‚Börsen-Zeitung', vom 2. 2. 1974. Wiederabgedr. in Deutsche Bundesbank: Auszüge aus Presseartikeln. Nr. 9 (1974), S. 2.

[3] Deutscher Bundestag: Jahreswirtschaftsbericht 1974 der Bundesregierung. Bonn, BT-Drucksache 7/1646, S. 11.

[4] Vgl. IMF Survey, Nr. 7 v. 8. April 1974, S. 97 ff.: ‚Interim Steps Seen as Beginning of Evolutionary Reform Process'; vgl. auch IWF Memorandum, April 1974, abgedruckt in Deutsche Bundesbank: Auszüge aus Presseartikeln. Nr. 21 (1974), S. 10.

Zeitung ironisch bemerkt — „nach Kenntnisnahme durch die Minister im Archiv verschwinden könne“[5].

Gleichwohl kann man das Problem eines Systems multipler Reserveaktiva, das in einer symmetrischen Verpflichtung zur Intervention in einem Festkurssystem tendenziell angelegt ist, auch in einem System flexibler Wechselkurse nicht beiseite schieben. Ganz unabhängig von dem prinzipiellen Interesse, das nach einer Klärung von Problemen verlangt, auch wenn die aktuelle Entwicklung in eine andere Richtung läuft, bleibt das Problem deshalb wichtig, weil auch in einem System flexibler Wechselkurse der Bedarf an internationalen Reserven — zumindest der Privatwirtschaft — nicht gegen Null geht, ja nach einer These von McKinnon den sinkenden Bedarf an offizieller Reservehaltung sogar weitgehend kompensieren kann[6].

2. Als zentrales Anliegen der Reformarbeit kann man wohl den Versuch bezeichnen, die Schaffung internationaler Liquidität von nationalen Reservewährungen unabhängig zu machen. Dahinter steht offensichtlich die Auffassung, daß das zentrale Problem des mittlerweile zerbrochenen Weltreservesystems in der unkontrollierten Schaffung internationaler Reserven auf der Basis nationaler Reservewährungen gelegen habe[7].

Die Umlagerung von Dollarreservehaltung in andere nationale Währungen, also die Diversifizierung der Währungsreserven und der damit eingeleitete Übergang zu einem Multireservestandard habe diese Schwäche in extremer Weise vorgeführt[8].

Wie aber vertragen sich die beiden Aussagen, wonach ein Multiwährungs-Interventionssystem Teilstück einer Reform darstellt, die ein System ablösen will, in dem der Übergang zu einem Multi-Reservestandard als nachdrücklicher Beweis für die Schwäche eben dieses Systems gewertet wurde?

Prüfen wir zuerst das zusammengebrochene Währungssystem, das auf der Grundlage nationaler Währungen aufgebaut war, und fragen wir danach, wie die beklagte Diversifizierung der Währungsreserven entstanden ist und welche stabilitätspolitischen Probleme in diesem ‚entwickelten‘ System nationaler Reservewährungen angelegt sind.

---

5 Vgl. Frankfurter Allgemeine Zeitung v. 1. 4. 1974: „Strittige Punkte auf der Währungskonferenz ausgeklammert.“

6 Vgl. *McKinnon*, R. J.: Private and Official International Money: The Case for the Dollar. Essays in International Finance. No. 74. Princeton 1969.

7 Vgl. Geschäftsbericht der Deutschen Bundesbank für das Jahr 1971, S. 48.

8 Vgl. Geschäftsbericht der Deutschen Bundesbank für das Jahr 1972, S. 38: „D-Mark als Reservewährung wider Willen.“

II.

Der Zusammenbruch des Systems von Bretton Woods wird von vielen Interpreten als eine Bestätigung des sogenannten ‚Triffin-Dilemmas‘[9] verstanden:

Die Schaffung internationaler Reserven auf der Grundlage einer nationalen Währung, die ihrerseits zu einem festen Preis jederzeit in Gold konvertierbar ist, muß — so hat Triffin zu Beginn der 60er Jahre behauptet — „unweigerlich zu einer immer größeren Anfälligkeit des Weltwährungssystems“[10] führen. Wächst nämlich der monetäre Goldvorrat weniger als an internationaler Liquidität benötigt wird, so muß — soll es nicht zur Liquiditätskrise kommen — das Reservewährungsland Zahlungsbilanzdefizite hinnehmen, um den Nicht-Reservewährungsländern den Aufbau ausreichender Devisenvorräte zu ermöglichen. Anhaltende Defizite des Reservewährungslands führen aber mit der Zeit dazu, daß seine Auslandsverbindlichkeiten ein Mehrfaches seiner Goldbestände betragen. Sind die Nicht-Reservewährungsländer nicht mehr bereit, weitere Forderungen gegen das Reservewährungsland aufzubauen, so kommt es zumindest teilweise zum Umtausch in Gold. Der Abfluß von Gold aus dem Reservewährungsland verschlechtert seinerseits die Relation von Gold und Auslandsverbindlichkeiten. Bringt das Reservewährungsland seine Zahlungsbilanz nicht in Ordnung, so nähert sich das System letztlich einer Vertrauenskrise. Eine internationale Währungsordnung, die neben dem Gold auf einer nationalen Währung gründet, wandelt nach dieser Interpretation auf einem schmalen Pfad zwischen Liquiditätskrise auf der einen und Vertrauenskrise auf der anderen Seite.

Es dürfte heute wohl unbestritten sein, daß diese ‘knife-edge‘-These unhaltbar ist. Die Vorstellung, daß sich das Volumen an internationalen Reserven in etwa mit dem wachsenden Welthandel entwickeln müsse, gründet auf der falschen „Analogie zwischen der Nachfrage nach Geld für Transaktionszwecke in einer Volkswirtschaft ... und einem ‚Bedarf an internationaler Liquidität‘ für die reibungslose Finanzierung des Welthandels“[11].

Im übrigen erwies sich auch auf der Grundlage vornehmlich nationaler Reservewährungen das System in der Schaffung internationaler Liquidität als äußerst elastisch. Die Schlüsselposition, die das Reservezentrum in dem Sinne einnimmt, daß es ohne Rücksicht auf seine

---

[9] Vgl. *Hirsch*, F.: SDRs and the working of the Gold Exchange Standard. In: IMF Staff Papers. Bd. 18 (1971), S. 233.

[10] *Triffin*, R.: Wegweiser vom Währungswirrwarr. Berlin 1967, S. 238.

[11] *Sohmen*, Egon: Wechselkurs und Währungsordnung. Tübingen 1973, S. 240.

Zahlungsbilanz eine allein binnenorientierte inflatorische Vollbeschäftigungspolitik betreiben kann, wird, wie Officer und Willett im einzelnen gezeigt haben, in der Krisenzone paradoxerweise — zumindest vorübergehend — noch verstärkt[12]. Denn von diesem Punkt an wird für jedes der reserveabhängigen Länder die Forderung immer risikoreicher, Dollarreserven in Gold zu konvertieren, da es damit das System über den Rand der ‚Crisis Zone' hinaus in den Zusammenbruch drängen könnte. Das Dollarzentrum war so in der Lage, allein im Jahre 1971 Reserveverbindlichkeiten gegenüber ausländischen Währungsbehörden in einem Umfang zu schaffen, der größer war als in den vorausgegangenen 25 Jahren zusammen[13]. Spätestens an dieser Entwicklung scheiterten solche portfoliotheoretischen Erklärungen, die die internationale Dollarhaltung als gewünscht oder geplant hinzustellen suchten[14].

Ein reserveabhängiges Land kann sich diesem Diktat des Zahlungsbilanzdefizits des Reservezentrums und damit der erzwungenen Teilnahme an der Inflation nur dadurch entziehen, daß es aufwertet. Lutz hat in seinem Aufsatz von 1963 über „Das Problem des internationalen wirtschaftlichen Gleichgewichts" behauptet, ein solcher „Schritt würde höchstwahrscheinlich das Ende dieses Systems bedeuten, in dem der Dollar als einzige internationale Reservewährung angesehen wird"[15]. Daß mit diesem Schritt eine Tendenz zur Diversifizierung der Währungsreserven eingeleitet wird, ist in der Tat durch die Geschichte der deutschen Aufwertung nachdrücklich bestätigt worden. Dies gilt insbesondere auf dem Hintergrund der Debatten über Paritätsänderungen seit 1970. Auf der letztjährigen Tagung dieser Vereinigung haben Boeck und Gehrmann versucht, in etwa die Größenordnung zu bestimmen, in der sich der Aufbau sekundärer Reservewährungen vollzogen hat[16]. Welche statistischen Unzulänglichkeiten einer auch nur einigermaßen exakten Erfassung entgegenstehen, hat die Diskussion im Vorjahr ausreichend deutlich gemacht. Einigkeit aber besteht in der Richtung, in der diese Entwicklung vorangeschritten ist:

---

[12] Vgl. *Officer,* L. H.; *Willet,* Th. D.: Reserve-Asset Preferences and the Confidence Problem in the Crisis Zone. In: Quarterly Journal of Economics 1969, S. 693.

[13] Vgl. Geschäftsbericht der Deutschen Bundesbank für das Jahr 1971, S. 47.

[14] Vgl. den — im ganzen allerdings diese Position unterstützenden — Überblick bei *Claassen,* E. M.: Probleme der Geldtheorie. Berlin usf. 1970, S. 303 ff.

[15] *Lutz,* F. A.: Das Problem des internationalen wirtschaftlichen Gleichgewichts. Tübingen 1963, S. 48. (Walter Eucken Institut. Vorträge und Aufsätze Nr. 9.)

[16] Vgl. *Boeck,* K.; *Gehrmann,* D.: Probleme einer zunehmenden Diversifizierung der Währungsreserven. In: Beihefte der Konjunkturpolitik. Heft 20. Berlin 1973, S. 99 ff.

So berichtet die Deutsche Bundesbank von DM-Anlagen ausländischer Währungsbehörden „in nennenswerten Größenordnungen“ zum ersten Mal für das Jahr 1970[17]. Zwar bleiben die genaueren Angaben darin bruchstückhaft, doch folgt man den Jahresberichten des Internationalen Währungsfonds, so müssen die DM-Verbindlichkeiten der deutschen Kreditinstitute und der Bundesbank gegenüber ausländischen Währungsbehörden Ende 1970 5 Mrd. DM betragen haben[18]. Nach einem Rückgang im Jahre 1971 um 0,4 Mrd. SZR und einem nur mäßigen Anstieg von 0,1 Mrd. SZR bis Ende 1972 beliefen sich die ausländischen, im deutschen Bankensystem gehaltenen DM-Währungsreserven in beiden Jahren unter Berücksichtigung der Paritätsänderungen auf rund 3,5 Mrd. DM[19]. Allein im ersten Quartal 1973 veränderte sich diese Position dann noch einmal um 2,5 Mrd. DM, „wodurch sich der Bestand an DM-Guthaben ausländischer Zentralbanken in der Bundesrepublik auf rund 6 Mrd. DM erhöhte“[20]. Zu diesem Betrag müssen aber hinzugezählt werden:

1. DM-Anlagen durch ausländische Zentralbanken auf dem deutschen Kapitalmarkt und

2. auf D-Mark lautende, aber bei Banken im Ausland gehaltene Guthaben ausländischer Notenbanken — also Anlagen von ausländischen Währungsbehörden auf dem sogenannten Euro-DM-Markt. Einen Hinweis auf die Größe dieser statistisch im einzelnen nicht bekannten Anlagen liefern ebenfalls die Jahresberichte des Internationalen Währungsfonds[21]. Danach ist eine wachsende Diskrepanz zwischen den offiziellen gemeldeten Devisenguthaben und den ihnen gegenüberstehenden identifizierten Verbindlichkeiten feststellbar. Dieser Unterschiedsbetrag vergrößerte sich zusehends:

1970: 2,1 Mrd. SZR
1971: 7,5 Mrd. SZR
1972: 12,7 Mrd. SZR

Da die D-Mark nach den vorliegenden Schätzungen hier die bei weitem bedeutendste Rolle spielt, dürfte sich insbesondere auch in der Zeit des Rückgangs der kurzfristigen DM-Auslandsverbindlichkeiten des deutschen Bankensystems „die Tendenz zur Reservehaltung in D-Mark verstärkt fortgesetzt haben“[22].

---

17 Geschäftsbericht der Deutschen Bundesbank für das Jahr 1970, S. 36.
18 Vgl. Internationaler Währungsfonds. Jahresbericht 1971, Tab. 2.
19 IMF: Annual Report 1973, Tab. 10.
20 Monatsberichte der Deutschen Bundesbank. Juni 1973, S. 45.
21 Vgl. hierzu IMF: Annual Report 1973, Tab. 13.
22 Monatsberichte der Deutschen Bundesbank, Juni 1973, S. 45.

Warum gilt diese Entwicklung vielen als ausdrücklicher Beweis dafür, daß das eigentliche Problem in der Haltung internationaler Reserven auf der Basis nationaler Reservewährungen und der auf dieser Basis dann möglichen Diversifizierung liege?

1. Die Verlagerung von Währungsreserven ausländischer Währungsbehörden aus dem Dollar in andere sekundäre Währungen führt zu einer weiteren Erhöhung der internationalen Liquidität. „Das ‚neue' Reserveland muß Dollar über den Devisenmarkt hereinnehmen, während das Land, das seine Reserven aus dem Dollar verlagert, nur die Anlageform, nicht aber das Gesamtvolumen seiner Währungsreserven verändert[23].“ Eine Erklärung für die Erhöhung der internationalen Liquidität kommt freilich auch in diesem Fall nur zustande, wenn das neue Reserveland die durch die Interventionspflicht am Devisenmarkt entstehenden neuen Devisenforderungen und Auslandsverbindlichkeiten asymmetrisch behandelt und bei der Ermittlung seiner internationalen Liquidität nicht gegeneinander aufrechnet[24].

Williamson hat schon 1963 in einer ersten Besprechung der Vorschläge, zu einem System mehrfacher Reservewährungen überzugehen, bezweifelt, daß die neuen Reservezentren sich bezogen auf ihre Aktiva und ihre Verbindlichkeiten überhaupt asymmetrisch verhalten könnten[25]. Vielmehr müßten die miteinander konkurrierenden Reservezentren sehr auf ihren Liquiditätsstatus bedacht sein, eine These, die in der Gegenwart durch Ausführungen der Bundesbank unterstrichen worden ist[26], wonach eine ‚Hypothek' in Höhe von 80 Mrd. DM auf den Währungsreserven in Form kurzfristig abrufbarer Teile der Auslandsverschuldung von Banken und Nichtbanken laste.

2. Mit dieser Reserveverlagerung können aber auch binnenwirtschaftliche Liquiditätseffekte verbunden sein. Ob sie eintreten und in welchem Umfang, hängt davon ab, ob die ausländischen Währungsbehörden ihre DM-Forderungen bei der Deutschen Bundesbank halten, im deutschen Geschäftsbankensystem anlegen oder am deutschen Kapitalmarkt sowie den Euro-Märkten plazieren. Daß hier nur der geringste Teil bei der Deutschen Bundesbank gehalten wird, verdeutlicht die Sonderuntersuchung der Bundesbank über die DM-Auslandsverbindlichkeiten der deutschen Kreditinstitute zu den Stichtagen September

---

23 Geschäftsbericht der Deutschen Bundesbank für das Jahr 1973, S. 38.

24 Vgl. *Boeck*, K.; *Gehrmann*, D.: Probleme einer zunehmenden Diversifizierung der Währungsreserven, a.a.O., S. 105.

25 Vgl. *Williamson*, G.: Liquidity and the Multiple Key-Currency Proposal. In: American Economic Review. Vol. 52 (1963), S. 427 ff.

26 Vgl. Monatsberichte der Deutschen Bundesbank. September 1973, S. 44.

1970 und August 1972[27]. Mit rund 2,5 Mrd. DM bzw. 1,3 Mrd. DM machten diese kurzfristigen Verbindlichkeiten jeweils etwa die Hälfte der gesamten DM-Auslandsverbindlichkeiten des deutschen Bankensystems (einschließlich Bundesbank) gegenüber ausländischen Währungsbehörden aus und trugen damit direkt zur Liquiditätsvermehrung im Inland bei: Welche Wirkungen sich freilich aus der Verlagerung solcher Beträge in die Außengeldmärkte der DM für die binnenwirtschaftliche Liquiditätssituation ergeben, wage ich hier nicht zu beantworten und wäre sicherlich ein eigenes Referat wert[28].

Festzuhalten bleibt: Im System von Bretton Woods steht die Diversifizierung der Währungsreserven am *Ende einer instabilen Entwicklung*. Der Grund für die Veränderung der internationalen Liquidität durch die Verlagerung internationaler Reservehaltung liegt nicht in der Tatsache nationaler Reserven selbst begründet, sondern darin, daß durch die Hinauszögerung von seit langem fälligen Paritätsänderungen internationales Geld seine Funktion, als Wertaufbewahrungsmittel zu dienen, verloren hat.

III.

Meine These, die ich den bisher abgeleiteten, im ganzen stabilitätspolitisch negativen Erfahrungen mit der Diversifizierung von Währungsreserven entgegenstellen möchte, lautet:

— Regelungen, die eine Tendenz zur Haltung multipler Reserveaktiva beinhalten, sind keinesfalls notwendig stabilitätspolitisch negativ.

— Die Forderung „Fort von nationalen Reservewährungen" führt nicht an der Tatsache vorbei, daß ein stabiles internationales Währungssystem ohne nationale Währungen nicht zu haben ist, ja, daß die Schaffung der internationalen Reservewährung SZR hier nur Schwierigkeiten bereiten kann.

— SZR machen die Verwendung von nationalen Währungen im internationalen Verkehr nicht überflüssig, denn die SZR sind keine direkten Interventionsmittel für den Devisenmarkt und können von Privaten nicht als Zahlungsmittel verwendet und als Reserve gehalten werden.

Prüfen wir auf dem Hintergrund dieser Thesen die Konzeption der „Rohskizze" von Nairobi:

---

27 Vgl. Monatsberichte der Deutschen Bundesbank. Dezember 1970, S. 37 ff.; Oktober 1972, S. 16 ff.

28 Zur Frage der Liquiditätsschaffung durch die Außengeldmärkte vgl. u. a. *Schäfer*, W.: Der Euro-Dollarmarkt. Tübingen 1971 (Kieler Studien 120), sowie *Keinath*, K.: Geldschöpfung auf dem Euro-Dollarmarkt. Tübingen 1973 und die dort vorgestellten konkurrierenden Hypothesen.

1. Mit dem Reformelement des Multiwährungs-Interventionssystems wird ein Gedanke wieder aktualisiert, der zu Anfang der sechziger Jahre von Zolotas, Roosa, Posthuma und Lutz vorgetragen[29] und der von Lutz als ‚System der mehrfachen Reservewährungen' oder auch als ‚multipler Währungsstandard' bezeichnet worden war[30].

In seinem Überblick über die Pläne zur Reform der internationalen Währungsordnung hat Machlup gegen den multiplen Währungsstandard von Lutz eingewendet, daß dieser Vorschlag eine seltsame Umkehrung im Denken über internationale Währungsprobleme darstelle und hinter die Erfahrungen, die man mit dem Bimetallismus gemacht habe, zurückfalle[31]. Diese Erfahrungen hätten gelehrt, „that safety lies in having only one international money. If three international moneys, supplied from sources independent of one another, are convertible into each other at fixed rates, Gresham's Law will operate and the scarcest of the moneys will go into hoards"[32].

Die Übertragung von Erfahrungen aus dem nationalen Währungsgeschehen auf die internationalen Zusammenhänge kann jedoch in die Irre führen, wenn man nicht genau die Voraussetzungen beachtet, die erfüllt sein müssen, damit solche ‚Gesetze' anwendbar sind. Es trifft jedenfalls nicht zu, daß die Wirkung des Greshamschen Gesetzes, gutes Geld durch schlechtes aus dem Umlauf und in die Horte zu verdrängen, in jedem System mehrfacher Reserveaktiva angelegt ist[33].

---

[29] *Zolotas*, X.: The Multicurrency Standard and the International Monetary Fund. Athen 1963; *Roose*, R. V.: Reforming the International Monetary System. Foreign Affairs. N.Y. 1963. In: Deutsche Bundesbank. Auszüge aus Presseartikeln. Nr. 72 (1963); *Posthuma*, S.: Wandlungen im internationalen Währungssystem. Kiel 1963 (Kieler Vorträge. N F 29); *Lutz*, F. A.: The Problem of International Liquidity and the Multiple-Current Standard. Princeton 1963 (Essays in International Finance. Nr. 41); ders.: Das Problem des internationalen Gleichgewichts, a.a.O.; ders.: Das Problem der internationalen Liquidität und das System der mehrfachen Reservewährungen. In: Hunold, A. (Hrsg.): Inflation und Weltwährungsordnung. Erlenbach—Zürich und Stuttgart 1963, S. 73 ff.

[30] *Lutz*, F. A.: Das Problem des internationalen wirtschaftlichen Gleichgewichts, a.a.O., S. 49.

[31] *Machlup*, F.: Plans for Reform of the International Monetary System. Princeton 1964, S. 28 (Special Papers in International Economics. Nr. 3).

[32] Ebenda.

[33] Die Bedeutung und Gültigkeit dieses ‚Gesetzes' für das internationale Währungsgeschehen werden in der Literatur sehr gegensätzlich eingeschätzt. Vgl. z. B. die Auseinandersetzung zwischen *Aliber*, R. Z.: Gresham's Law, Asset Preferences, and the Demand for International Reserves. In: Quarterly Journal of Economics. Vol. 81 (1967), S. 628 ff. und *Goldstein*, H. N.: Gresham's Law and the Demand for NRU's and SDR's. In: Quarterly Journal of Economics. Vol. 83 (1969), S. 163 ff. Vgl. auch die zahlreichen Hinweise und Literaturverweise bei *Vaubel*, R.: Die Pläne für eine europäische Parallelwährung. In: Weltwirtschaft. Heft 2 (1972), S. 136 ff.

Voraussetzungen für diese Entwicklung sind nämlich fixe Wechselkurse *und* Annahmezwang. Die Beschreibung Machlups ist allenfalls eine gute Erklärung für die Verlagerung der Reservehaltung aus dem Dollar in andere wertbeständigere Währungen unter den Funktionsbedingungen des Bretton Woods-Systems. Die Interventionspflicht der wertstabilen reserveabhängigen Länder wirkt auf der internationalen Ebene wie der Annahmezwang innerhalb eines Währungsraums. Besteht dagegen kein derartiger Annahmezwang, so wird gerade das Gegenteil dessen eintreten, was das Greshamsche Gesetz nahelegt. Können sich die bisherigen reserveabhängigen Länder weigern, einen mit dem Abwertungsrisiko belasteten Dollar zum offiziellen Festkurs anzunehmen oder besteht keine Verpflichtung dazu, so füllen wertbeständigere Währungen nicht nur die offiziellen Horte auf, sondern verdrängen tendenziell auch die weniger wertbeständige Währung aus der Abwicklung internationaler Transaktionen[34].

Die Lutzsche Konzeption eines multiplen Währungsstandards beinhaltet, wenn man sie zu Ende denkt, aber an zentraler Stelle gerade die Aufhebung dieses internationalen Annahmezwangs. Trotzdem sollen stabile Kurse beibehalten werden. Das setzt eine Interventionspflicht voraus. Sie muß dann aber allein den schwachen Währungen aufgebürdet werden. Damit ist die Asymmetrie von Bretton Woods aufgehoben und sogar umgekehrt. „Während unter dem Dollarstandard Amerika seine eigene Währung auf dem Devisenmarkt nie zu stützen brauchte, da die anderen Länder stets bereit waren, Dollarguthaben anzusammeln, muß es unter dem jetzigen System (mehrfacher Reservewährungen) wie jedes andere Land bereit sein, fremde Währungen gegen seine eigene zu verkaufen, wann immer die letztere auf den offiziellen Interventionspunkt fällt[35]."

Daß — wie Willgerodt eingewendet hat[36] — solche fremden Währungen durch die Einräumung von Nostroguthaben beliebig geschaffen werden können, sofern nur die Notenbanken im Gleichschritt ihre Verschuldung ausdehnen, ist prinzipiell richtig, erscheint aber kaum als große Gefahr. Als Bremse an einer solchen internationalen Kredit-

---

[34] Es bedarf demnach für die Existenz eines umgekehrt wirkenden Greshamschen Gesetzes nicht notwendig flexibler Wechselkurse, bei deren Vorliegen allgemein diese Umkehrung anerkannt wird. Vgl. *Giersch*, H.: Marktintegration, Wechselkurs und Standortstruktur. In: Bochud, H. (Hrsg.): Fundamentale Fragen der zukünftigen Währungspolitik. Basel, Tübingen 1965, S. 53.

[35] *Lutz*, F. A.: Das Problem des internationalen wirtschaftlichen Gleichgewichts, a.a.O., S. 49 f.

[36] Vgl. *Willgerodt*, Hans: Wirtschaftsraum und Währungsraum. In: Schneider, Erich (Hrsg.): Weltwirtschaftliche Probleme der Gegenwart. Berlin 1965, S. 370 f. (Schriften des Vereins für Socialpolitik, N.F. 35).

maschine wirkt schon allein der Abfluß von Reservewährungen aus den einzelnen Reservewährungsländern in die zumindest im Lutzschen System auch immer noch vorhandene Länder, deren Währung nicht als Reserve gehalten wird. Würde dieser stabilisierende Effekt noch durch die Existenz eines stabilitätsbewußten neuen Reservelandes verstärkt, so genügte dies, um das Inflationskartell der anderen Notenbanken zu brechen. Denn die stabilere Währung würde — etwa zur Deckung von Leistungsbilanzsalden — vermehrt verlangt werden, so daß die weniger stabilen Reservewährungen durch Intervention gehärtet werden müßten. Ob die Gefahr eines inflatorischen Gleichschritts besteht, hängt letztlich davon ab, ob die inflatorische Grenzmoral einer einzelnen Notenbank ebenso belohnt wird wie das expansive Verhalten einer einzelnen Geschäftsbank in einem Banksystem ohne wirksame Begrenzung der Zentralbankgeldmenge[37].

Wie aber sollen die Länder, deren Wechselkurs sich am unteren Interventionspunkt befindet, an fremde Währungen gelangen? Besteht denn nicht ein unaufhebbarer Gegensatz eines solchen Interventionssystems gerade darin, daß Reserven an fremden Währungen, mit denen interveniert werden kann, nur dadurch entstehen können, daß es Überschußländer gibt, die bereit sind, schwächere Währungen in ihre Reserven aufzunehmen: Für den Fall, daß eine andere Währung gegenüber dem Dollar gestützt werden soll, hat Sohmen dazu — wie ich glaube — das Notwendige gesagt: „Es sollte ohne Mühe einzusehen sein, daß ein Land jederzeit in der Lage ist, zusätzliche Dollarguthaben zu erwerben ... Es kann dies dadurch erreichen, daß es Kredite von Banken, Unternehmen oder Privatpersonen aufnimmt, die in den Vereinigten Staaten domiziliert sind. Dies gilt ganz unabhängig von dem jeweiligen Stand der anderen Komponenten der amerikanischen Zahlungsbilanz[38].“ Die Möglichkeit, mit derartig geliehenem Geld zu intervenieren, besteht auch gegenüber anderen Währungen. Schwach werdende Währungen leihen sich also die zur Intervention notwendige Hartwährung, allerdings nicht bei den Notenbanken, sondern am ausländischen Kapitalmarkt, in Konkurrenz mit den ausländischen Investoren. Es muß dabei gewährleistet sein, daß das Geberland seine Geldmenge nicht ausweitet. Damit nähern wir uns dem Vorschlag eines gehärteten Devisenstandards, den der deutsche Sachverständigenrat 1966/1967 veröffentlicht hat[39]. Denn um zu verhüten, daß die Titel dieser

---

37 Vgl. dazu *Lutz*, F. A.: Das Grundproblem der Geldverfassung. In ders.: Geld und Währung. Gesammelte Abhandlungen. Tübingen 1962, S. 35/36.

38 *Sohmen*, E.: Wechselkurs und Währungsordnung, a.a.O., S. 245 f.

39 Vgl. Sachverständigenrat zur Begutachtung der gesamtwirtschaftlichen Entwicklung: Expansion und Stabilität. Jahresgutachten 1966/67. Stuttgart usf. 1966, Ziff. 259 ff. 261; vgl. auch *Willgerodt*, H. u. a.: Wege und Irrwege zur europäischen Währungsunion. Freiburg 1972.

Schuldaufnahme von den Sparern des Interventionslandes erworben werden, daß also die zur Anreicherung der Devisenreserven vom Interventionsland „im Geberland placierten Schuldtitel wieder zurücktsrömen, muß das an den Devisen interessierte Land die heimischen Zinssätze so weit heraufsetzen, bis das Interesse der Geldanlage im Ausland erlischt“[40].

Im Prinzip sind demnach alle Kapitalmärkte der Welt für solide Schuldner als Quellen von multipler internationaler Liquidität zu betrachten. Das Ansammeln von Reserven durch die Notenbanken wäre mindestens zur Stabilisierung ihres Wechselkurses überflüssig. Freiwillig könnten sie natürlich trotzdem Reserven halten, aber sie wären hierzu nicht gezwungen. Es ist also möglich, stabile Wechselkurse ohne Annahmezwang für Weichwährungen vorzusehen.

2. Ein so reformierter Währungsstandard hätte erst gar nicht internationale Liquidität auf der Basis des Dollar in einem Umfang entstehen lassen, der dann die reserveabhängigen Länder geradezu zur Risikostreuung durch Diversifizierung herausgefordert hat. Denn es ist weniger die Art eines internationalen Reservemediums — also die Frage ob nationale oder internationale Reserveeinheiten vorherrschen — als vielmehr die Möglichkeit seiner Begrenzung, die über den Hang eines internationalen Systems zur Stabilität oder zur Inflation entscheidet.

Freilich ist das bisher beschriebene Interventionssystem stabilitätspolitisch recht rigoros. Denn es verlagert die gesamte Anpassungslast auf Länder mit schwachen Zahlungsbilanzen. Die Reformskizze von Nairobi sieht deshalb eine Ausgestaltung des Multiwährungs-Interventionssystems vor, in der eine symmetrische Verpflichtung zur Intervention besteht[41]. Damit ist ein Annahmezwang für Fremdwährung notwendig verbunden. Es gibt für jede Währung wieder zwei Interventionspunkte. Kann man sagen, daß damit auch alle Befürchtungen belebt werden, die man meist mit einem Multireservestandard verbindet?

Durch die Verpflichtung zweiseitiger Interventionen werden in diesem Schema mehrere nationale Währungen zu systematischen — und nicht wie im Bretton Woods-System zufälligen — Bestandteilen offizieller Reserven. Ohne eindeutige und bindende Spielregeln der Intervention bleibt es aber dem Zufall überlassen, ob die Stabilisierung des Wechselkurses mit deflatorischen oder mit inflatorischen Wirkungen für das Gesamtsystem einhergeht. „Wenn die devisenkaufende Bank sich stärker engagiert als die devisenverkaufende Bank, überwiegen die in-

---

40 Vgl. „Erste Rohskizze ...“, a.a.O., Ziff. 15.

41 *Willgerodt*, Hans: Wirtschaftsraum ..., a.a.O., S. 370.

flatorischen Tendenzen im Weltwährungsgefüge[42].“ Interveniert das ankaufende Land dagegen nur zögernd, da es keine weiteren schwächeren Währungen ansammeln will, ist das Land mit der schwachen Währung zur — mindestens relativen — Deflation gezwungen, will es seine internationale Liquiditätsposition verteidigen und weder abwerten noch Devisenkontrollen einführen. Wenn es überhaupt gelingen soll, die Einhaltung von Spielregeln durchzusetzen, die für ein solches System notwendig sind, dann sind entsprechende Absprachen noch am ehesten zwischen benachbarten Ländern mit ähnlicher Wirtschaftsgesinnung zu erwarten. Tendenzen zu einer ‚Regionalisierung‘ des Weltwährungsproblems scheinen deshalb — wie Zijlstra kürzlich betont hat — keineswegs überraschend[43].

Wenn die gegenseitige Verpflichtung zur Intervention auch zu einer materiell symmetrischen Verteilung der Anpassungslasten führen soll, so bedarf es der Einhaltung folgender Regeln:

— *Die Intervention muß von beiden Interventionspunkten her gleichzeitig und gleichmäßig erfolgen.*

Nehmen wir an, der Dollar gelange an den unteren und die D-Mark an den oberen Interventionspunkt, so erfolgt die Intervention, indem Dollar gegen die Hingabe von D-Mark aus dem Markt genommen werden.

Für die USA bedeutet dies: Die amerikanischen Währungsbehörden werden Dollars gegen in ihrem Besitz befindliche oder auf dem Kreditwege von der Deutschen Notenbank erlangte D-Mark erwerben. Die offizielle DM-Devisenposition verschlechtert sich. Ob dies eine Netto-Deflation in den USA auslöst, hängt davon ab, ob die USA ihre Währungspolitik an der Zahlungsbilanz orientieren.

In der Bundesrepublik erhöht die Intervention die offiziellen Reserven in Dollar und bewirkt mit der Hingabe von D-Mark einen inflatorischen Effekt, der in dem Maße reduziert werden kann, als die zur Intervention eingesetzten DM-Beträge von Ausländern erworben und gehortet werden. Die private DM-Reservehaltung würde in diesem Umfang ausgeweitet.

— *Eine Pflicht zur Intervention muß unter heute herrschenden Bedingungen mit Vorstellungen über einen mindestens partiellen Saldenausgleich durch Rückkauf eigener Währung verbunden werden.*

Ein zu geringer, stark verzögerter oder gar fehlender Saldenausgleich

---

[42] *Willgerodt,* H.: Wirtschaftsraum ..., a.a.O., S. 370.

[43] Vgl. Neue Zürcher Zeitung v. 16. 3. 1974: Betrachtungen zu internationalen Wirtschafts- und Währungsproblemen. Abgedruckt in: Deutsche Bundesbank: Auszüge aus Presseartikeln. Nr. 17 (1974), S. 6.

würde auch in diesem System zu einer inflatorisch wirkenden Akkumulation schwacher Währungen bei den Hartwährungsländern führen. Der Grund hierfür ist folgender: Im modernen Währungssystem fehlen Deckungsvorschriften für die Notenbanken, und daher führen Devisenverluste nicht automatisch zu einer Deflation, wie sie die Entwicklung der Zahlungsbilanz erfordert. Der Zwang zum Rückkauf eigener Währung, die vom Ausland angesammelt wird, bringt ein Element des währungspolitischen Anpassungszwangs für die Defizitländer. Die Rohskizze von Nairobi sieht dagegen Strafzinsen für „übermäßige" Reserven vor, möchte diese also zu einer stärker inflatorischen Politik veranlassen. Die betroffenen Länder werden sich aber kaum zur inflatorischen Anpassung zwingen lassen, sondern allenfalls solche Forderungen aus den offiziellen Beständen in die jeweiligen Außengeldmärkte verlagern.

Über den endgültigen positiven oder negativen Stabilitätseffekt dieser Interventionen entscheidet vor allem die Art der Finanzierung von Salden zwischen den Notenbanken.

α) In dem Maße, wie das Defizitland USA zumindest teilweise mit eigener Währung den Saldo ausgleichen kann, bliebe ein inflatorischer Effekt für das Gesamtsystem, da kaum anzunehmen ist, daß die bei ausländischen Notenbanken als Reserve angesammelten Dollar sämtlich aus dem amerikanischen Geldkreislauf herausgezogen und beim amerikanischen Notenbanksystem angelegt — also gehortet — werden. Im Partnerland ist aber der inflatorische Effekt des Dollarankaufs kaum zu vermeiden.

β) Wenn der Ausgleich des Saldos allein durch die D-Mark oder andere internationale Währungsreserven erfolgt, wird von den USA ein erheblicher — deflatorischer — Teil der Gesamtanpassungslast tatsächlich übernommen. Allerdings ist zu fragen, wie überhaupt dauerhaft multiple Reserven entstehen sollen, wenn kein Land jemals einen Saldo mit eigener Währung wenigstens zum Teil ausgleichen darf, die Lösung des gehärteten Devisenstandards aber ausgeschlossen sein soll. Regelungen könnten hier etwa so aussehen:

(1) Nach internationalem Abkommen gewähren sich die Teilnehmerländer Kreditlinien, ohne daß irgendwelche Zahlungsbilanzsalden vorangehen. Sind die Kreditlinien multilateral verwendbar, dann ist das System mit allen Poblemen belastet, die auch von Sonderziehungsrechten ausgehen.

(2) Man könnte einen allerhöchstens 50 % ausmachenden Teil des Saldos von der Rückzahlungspflicht freistellen. Damit wäre allerdings die Reservebildung und Weltgeldschöpfung wieder teilweise an die Entstehung von Zahlungsbilanzdefiziten gebunden.

Es ist zu fragen, ob ein System mit festgelegter Rückzahlung von Währungskrediten der Notenbanken für hinreichende Symmetrie sorgt. In der Goldwährung gab es keine Verpflichtung, verlorene Goldbeträge zu einem festen Termin wieder zurückzuerwerben. Trotzdem war das System bei spielregelrichtigem Verhalten deswegen symmetrisch, weil man sich auf die deflatorische Wirkung eines Goldabflusses im allgemeinen verlassen konnte. Heute bedarf es einer desinflatorischen Härtung des Weltwährungssystems. Deswegen ist eine kurzfristige Terminierung von Rückzahlungen bei Währungskrediten erforderlich, um die Zwänge zu ersetzen, die in der Goldwährung von Einlösungs- und Deckungsvorschriften ausgegangen sind. Dabei wirkt das Rückzahlungssystem um so härter, je kürzer die Rückzahlungsfrist und je höher der Rückzahlungsprozentsatz ist.

Die Interventionsregeln des jetzt weitgehend zerstörten EWG-Währungssystems sahen einen Saldenausgleich nur in Fremdwährung und zu 100 % vor, waren allerdings in den Fristen teilweise flexibel[44]. Daß dieses auf den ersten Blick hart erscheinende System trotzdem keine diskriminierenden Wirkungen gehabt hat, liegt daran, daß es von zahllosen Ausweichmöglichkeiten überlagert worden ist. Die EWG-Regeln waren auch insofern einigermaßen solide, als die Rückzahlung nach Maßgabe der Zusammensetzung der Währungsreserven vorgeschrieben war. Damit sollte der bei einer unterschiedlichen Bewertung der verschiedenen Reservekomponenten drohenden Wirkung des Greshamschen Gesetzes vorgebeugt werden. Eben wegen dieser relativ größeren Solidarität haben sich die Regierungen über diese Regel hinweggesetzt, obwohl auch die Unterbewertung des Goldes dafür mitverantwortlich gewesen sein mag.

3. Als Gefahr in einem Multi-Reservenstandard werden destabilisierende Verlagerungen von Währungsreserven angesehen. Sie können von Zinsdifferenzen oder von der Erwartung ausgehen, daß regelwidrig Paritäten geändert werden. Hierzu lädt die ominöse Formel von den festen, aber anpassungsfähigen Wechselkursen geradezu ein. Trotzdem ist auf eine Gegenkraft hinzuweisen: Bei der Pflicht zur zweiseitigen Intervention ruft der Verkauf einer schwachen Reservewährung Interventionen ihrer Notenbank hervor, während das Bretton Woods-System für den Dollar mindestens keine systematische Stützung verlangte. Im Rahmen der Bandbreite würde außerdem der Wechsel in eine begehrte Währung durch deren Aufwertung und Verteuerung bestraft.

4. Die Absicht, SZR zu einer Art Hauptreservemedium auszugestalten, kann nur zusätzliche Probleme bringen.

---

[44] Vgl. *Willgerodt*, Hans u. a.: Wege und Irrwege ..., a.a.O., S. 198 ff.

a) SZR gelten nur als Zahlungsmittel zwischen den Zentralbanken. Wollen Notenbanken auf den Devisenmärkten intervenieren, so können sie dies nur tun, indem sie vom IWF gegen die Hingabe von SZR ausländische Transaktionswährungen, in denen auch die privaten Unternehmen ihre Geschäfte fakturieren, erwerben[45].

b) Es ist falsch zu hoffen, daß der Übergang zu SZR gleichbedeutend sei mit einem Währungssystem, in dem nur ein internationales Reservemedium existiere und damit auch die Gefahr potentieller Instabilität ausgeschlossen sei[46], die bei festen Wechselkursen mit einem System multipler Reserveaktiva bei fehlenden Zusatzregelungen verbunden sein kann. Auch ein SZR-Standard ist de facto ein Multi-Reservestandard[47], zumindest solange wie noch immer neben den SZR andere Reservemedien üblich sind. Außerdem gelten für SZR stark aufgeweichte Regeln des Saldenausgleichs. Deswegen wird eine materielle Symmetrie in der Übernahme der Anpassungslasten bei ihnen dadurch unterlaufen, daß härtere Währungen zu asymmetrisch höherer inflatorischer Anpassung gezwungen werden.

IV.

Es ergibt sich also, daß im Prinzip ein Multi-Reservestandard konstruiert werden könnte, der nicht in dem Maße inflationistisch wirkt, wie meist angenommen wird. Die hierfür notwendigen Spielregeln haben wir betrachtet. Die Erfahrung zeigt aber, daß sie von den Regierungen in den meisten Fällen als zu hart angesehen werden, um politisch durchsetzbarzu sein[48]. Alle Regelungen und Techniken internationaler Währungsreformen täuschen nicht über die ‚konventionelle Weisheit' hinweg, wie sie beispielsweise Keynes in seinem ‚Traktat über Währungsreform' formuliert hat: Bei freiem Güterverkehr und Konvertibilität gibt es für ein Land in einer inflationären Umwelt nur die Entscheidung: ‚Stabilität der Preise oder Stabilität der Valuta'[49].

---

[45] Vgl. Sachverständigenrat zur Begutachtung der gesamtwirtschaftlichen Entwicklung: Währung, Geldwert, Wettbewerb. — Entscheidungen für morgen —. Jahresgutachten 1971/72. Stuttgart usf. 1971, Ziff. 263, 264.

[46] Diese Auffassung vertritt *Aliber*, R. Z.: National Preferences and the Scope for International Monetary Reform. Princeton 1973, S. 13 (Essays in International Finance. No. 101).

[47] Diese Interpretation vertritt *Hankel*, Wilhelm: Währungspolitik, Stuttgart usf. 1971, S. 155.

[48] Vgl. dazu auch die skeptische Beurteilung der Nairobi-Rohskizze des Sachverständigenrats zur Begutachtung der gesamtwirtschaftlichen Entwicklung: Jahresgutachten 1973/74. Bonn, BT-Drucksache 7/1273, Ziff. 455.

[49] Vgl. *Keynes*, J. M.: Ein Traktat über Währungsreform. München und Leipzig 1924, S. 258 ff.

Beides zusammen wäre nur zu haben, wenn nicht suspendierbare Regeln für den internationalen Zahlungsverkehr eingehalten werden. Vor allem die Konvertibilität dürfte nicht einmal vorübergehend aufgehoben werden.

Wenn wirklich der Wille besteht, sich in dieser Weise zu binden, sind die meisten Probleme der internationalen Währungsordnung selbst bei stabilen Wechselkursen lösbar. Auch komplizierte Organisationstechniken einschließlich des Übergangs zu einem Multi-Reservestandard stellen solange nur Scheinlösungen dar, wie der währungspolitische Nationalismus dominiert.

Das System aber, das eine national orientierte Währungspolitik noch am wenigsten international desintegrierend wirken läßt, sind flexible Wechselkurse. Zwar sind gerade bei Kursbeweglichkeit multiple private Reserven an internationaler Liquidität notwendig[50]. Gleichwohl liegt darin keine Beeinträchtigung der nationalen Zinspolitik, da beispielsweise ein zinsangeregtes Anwachsen zur DM-Haltung bei fehlender Interventionspflicht der Notenbank nicht inflatorisch wirkt und zudem durch die bewirkte Aufwertungstendenz ein stabilitätspolitischer Effekt über die Reaktion der Leistungsbilanz garantiert ist.

Da die Rückkehr zur internationalen Währungsstabilität nationale Währungsstabilisierungen voraussetzt, diese aber zur Zeit nur in wenigen Ländern politisch durchsetzbar erscheinen und dort gegen importierte Inflation abgesichert werden müssen, sind heute flexible Wechselkurse der allein richtige Weg zur Reform auch des internationalen Währungssystems.

Vorsitzender Prof. Dr. Giersch:

Vielen Dank! — Lassen Sie mich nun Vorschläge für das Verfahren bei unserer Diskussion machen; danach werden wir eine Pause einlegen.

(Zustimmung)

Ich schlage vor, daß wir drei Arten von Wortmeldungen unterscheiden. Die erste Art sind diejenigen, die bei mir schriftlich unter Angabe des Punktes, über den der Betreffende sprechen will, eingehen. Diese Wortmeldungen sollen jetzt — während der Pause — vorgelegt werden, damit ich sie systematisch ordnen kann.

Zweitens gibt es die normalen Wortmeldungen: Sie gelten für Beiträge, die fünf Minuten nicht überschreiten.

---

50 Vgl. insbes. *McKinnon*, R. J.: Private and Official International Money . . ., a.a.O.

Drittens gibt es Kurzinterventionen seitens derjenigen, die durch den Verlauf der Diskussion angeregt werden, ganz schnell etwas zu sagen; es sind sozusagen die Konsequenzen des erhöhten Blutdrucks, die sich darin bemerkbar machen, daß der Betreffende nicht eine Hand, sondern beide Hände hebt; er erhält dann gleich als nächster das Wort, allerdings eben nur zu einer Kurzintervention, die in ihrer Dauer eine Minute nicht überschreiten darf. — Auf diese Weise erhalten wir, so hoffe ich, eine systematische und zugleich lebhafte Diskussion.

(Kurze Pause)

Diskussion

Vorsitzender Prof. Dr. Giersch:

Meine Damen und Herren, wir beginnen mit der Diskussion über die beiden Referate. Wenn Sie erlauben, möchte ich mit einer Frage an Herrn Haberler beginnen.

Wie kommt es, daß der Vater des „benign neglect“ nichts über die Bedeutung des Defizits der amerikanischen Zahlungsbilanz für die Weltinflation sagt? Wenn ich die Zahlen richtig im Kopf habe, betrug das Defizit der amerikanischen Zahlungsbilanz bis etwa 1958 1 Milliarde Dollar je Jahr; bis 1964 betrug es dann durchschnittlich 3 Milliarden Dollar je Jahr. Um 1970 herum waren es 10 Milliarden Dollar, und im ersten Quartal 1971 — kurz bevor das deutsche Floating begann — betrug die Jahresrate der Dollarabflüsse aus den Vereinigten Staaten 20 Milliarden Dollar. Meine Frage lautet: Hat das nicht eine Bedeutung für die Weltinflation und ihre Beschleunigung?

Prof. Dr. Haberler:

Das hat zweifellos eine Bedeutung. Ich habe das nicht so erwähnt, weil man in 40 oder 45 Minuten nicht alles sagen kann und weil man sich nicht immer wiederholen will. Zweifellos hat dies die Inflation beschleunigt; es war natürlich ein Faktor, daß Amerika ab 1965 wieder Inflation gehabt hat.

Aber ich möchte auch erwähnen, daß Amerika in einem gewissen Sinne schon vorher — als es selbst noch keine Inflation gehabt hat — Inflation exportiert hat. Es ist eine paradoxe Erscheinung, daß ein Land Inflation exportieren kann, selbst wenn es keine hat.

Von 1958 bis 1964 hat Amerika — am Index der Konsumentenpreise gemessen — fast keine Inflation gehabt, aber im Jahr 1964 ist Amerika auf der Tagung des Internationalen Währungsfonds in Tokio mit dem Argument kritisiert worden, es exportiere Inflation. Der damalige US-Staatssekretär Dillon war entrüstet und hat gesagt: wir haben keine Inflation, und wir können deshalb auch keine exportieren. — Aber in einem gewissen Sinne war diese Aussage nicht richtig. Denn aus dem Grunde, den ich erwähnt habe — weil nämlich die Exportpreise in den verschiedenen Ländern nicht entsprechend dem allgemeinen Preisniveau gestaltet werden —, ist es für Amerika möglich, Inflation zu exportieren, selbst wenn es keine hat. Japan hat große Überschüsse gehabt, obwohl es gemessen an den Konsumentenpreisen mehr Inflation als Amerika gehabt hat, und diese Überschüsse waren natürlich in Japan inflationistisch. Es ist also definitiv so, daß ein großes amerikanisches Zahlungsbilanzdefizit für die anderen Länder, wenn diese fixe Kurse haben, inflationistisch ist; diese Länder können sich dagegen nur durch Floaten schützen.

Dipl.Vw. Ahnefeld:

Herr Professor Haberler, Sie haben die Inflationsbeschleunigung in den Vereinigten Staaten 1973 und 1974 vor allem — neben anderen Größen — auf den verstärkten Lohndruck zurückgeführt.

(Haberler: Nicht die Beschleunigung!)

— Aber immerhin haben Sie gesagt, dieser habe einen essentiellen Einfluß gehabt. Wenn ich es aber recht sehe, hat die Einkommenspolitik zumindest in den Vereinigten Staaten 1971 bewirkt, daß sich die Lohnsteigerungen etwa gemäß den Leitlinien entwickelt haben; und es ist nicht zu übersehen, daß seit Mitte 1973 die Reallöhne in den Vereinigten Staaten fortlaufend zurückgegangen sind. Daher ist meines Erachtens eine andere Erklärung dafür, daß es zu dieser starken Inflationierung kam, notwendig.

Prof. Dr. Haberler:

Das ist ein Mißverständnis, an dem ich schuld bin. Ich wollte nicht sagen, daß der Lohndruck für die Beschleunigung der Inflation 1973/74 verantwortlich war — ganz bestimmt nicht! Das hat auch niemand behauptet. Dies war eine reine Nachfrageinflation; im Gegenteil, die Löhne sind nachgehinkt.

Der Lohndruck ergibt sich jetzt nachträglich, und ich wollte sagen, daß wegen dieses Lohndrucks die Stabilisierung schwierig sein wird und daß der Lohndruck auf die Dauer ein wichtiger Faktor ist. Aber die Beschleunigung 1973/74 hat mit dem Lohndruck gar nichts zu tun.

Vorsitzender Prof. Dr. Giersch:

Darf ich eine kurze Zusatzfrage stellen: Sie haben James Meade zitiert, der darauf hingewiesen hat, die Gewerkschaften hätten ihre Monopolmacht, die sie vorher nicht ausgenutzt haben, entdeckt. Gilt das nicht auch für die Vereinigten Staaten? Oder warum haben Sie es zitiert?

Prof. Dr. Haberler:

Meade hat hauptsächlich von England gesprochen. Es wäre möglich, daß die Beschleunigung der Inflation in England etwas damit zu tun hat. Für Amerika wird es für die Zukunft wichtig sein, daß die Gewerkschaften ihre Monopolstellung jetzt richtiger einschätzen als früher. Für die Zukunft also ist das ein wichtiger Faktor, aber, wie gesagt, mit der Beschleunigung der Inflation 1973 oder auch 1972 hat das wirklich gar nichts zu tun.

Prof. Dr. Rüstow:

Mein Beitrag erschöpft sich nicht in einer Frage an Professor Haberler; vielmehr möchte ich auf Zusammenhänge hinweisen, deren Klärung mir sehr notwendig und für unsere augenblickliche Situation in Deutschland äußerst wichtig zu sein scheint.

Herr Professor Haberler bezeichnete flexible Kurse als unabdingbare Voraussetzung für Stabilität. Andererseits sagte er, die Preisentwicklung sei von der Geldmengenvermehrung abhängig. Drittens sprach er über die Politik der Gewerkschaften, derentwegen es keine Möglichkeit für Lohnsenkungen mehr gäbe.

Das führt zu der Frage, ob es sich bei uns um eine importierte oder um eine hausgemacht Inflation handelt. Ähnliche Probleme gelten für alle anderen Länder, aber ich will mich auf die Betrachtung der deutschen Situation beschränken.

Mir scheint es sehr wichtig, sich über den Zusammenhang zwischen importierter und „hausgemachter" Inflation klar zu sein.

In Deutschland wird gerade von den Arbeitnehmern dem Staat bei der Ausgabengestaltung eine gewisse Priorität zugesprochen. Die SPD hat auf dem Parteitag in Hannover beschlossen, dem Staate sollten 12 % Wachstum seiner Ausgaben zugestanden werden, weil die kollektiven Bedürfnisse gegenüber den individuellen immer mehr an Bedeutung gewinnen. Dann aber scheint mir die sehr verbreitete Auffassung, die hausgemachte Inflation werde durch den Staat — durch die zu starke Expansion seiner Ausgaben — verschuldet, nicht richtig zu sein. Wenn man dem Staat diese Priorität des Wachstums seiner Ausgaben zubilligt, muß man sich darüber klar sein, daß im öffentlichen Etat Einsparungen von nur etwa 4 oder 5 Milliarden DM im Jahr möglich sind — kaum mehr —, während eine Lohnsatzsteigerung von 10 bis 15 % die Nachfrage auf dem Verbrauchsgütermarkt um etwa 40 bis 70 Milliarden DM vergrößert. Hieraus ergibt sich, daß es bei starken Lohnsteigerungen völlig illusorisch ist, durch Zurückhaltung von öffentlichen Ausgaben der zwangsläufigen Steigerung des Preisniveaus in nennenswertem Ausmaß entgegenwirken zu können.

Die Zahl der Arbeitgeber ist so zusammengeschrumpft, daß sie nur noch etwa 2 Prozent der Zahl der Arbeitnehmer ausmacht. Es gibt darüber leider überhaupt noch keine veröffentlichte Statistik. Nicht veröffentlichten Tabellen des Statistischen Bundesamtes aber ist zu entnehmen, daß diese Zahlen zutreffen; dabei rechne ich zu den Arbeitgebern auch alle Unternehmer, die auch nur eine fremde Arbeitskraft beschäftigen. Die Arbeitgeber in diesem Sinne stellen nur etwa 10 % der Selbständigen, deren Einkommen im allgemeinen als das Einkommen aus Unternehmertätigkeit und Vermögen, als Gewinneinkommen, bezeichnet und angesehen wird.

Das sogenannte Gewinneinkommen ist also zum größten Teil gar kein unternehmerisches Gewinneinkommen, weil ja 90 % der Selbständigen gar keine Arbeitgeber und eigentlich auch keine Unternehmer sind. Wenn aber die Zahl der Arbeitgeber so gering ist, daß sie nur noch wenig mehr als 1 % der Zahl der Arbeitnehmer ausmacht, so ist auch deren konsumtiver Verbrauch gesamtwirtschaftlich so gering, daß es völlig illusorisch wäre, durch Lohnsteigerungen eine Umverteilung des Verbrauchseinkommens zwischen Arbeitgebern und Arbeitnehmern erreichen zu wollen. Aus dieser Quelle ist so gut wie nichts herauszuholen, weil der Konsum der Arbeitgeber — selbst bei übertrieben hohem Luxuskonsum im einzelnen — gesamtwirtschaftlich nichts mehr ausmacht; ganz abgesehen davon, daß die Unternehmer durch Lohnsteigerungen kaum veranlaßt werden, weniger zu konsumieren.

Das heißt aber: Eine Einkommensumverteilung in einer voll entwickelten Industriegesellschaft ist nicht mehr dadurch möglich, daß man den Konsum der Arbeitgeber zugunsten des Konsums der Arbeitnehmer einengt, sondern nur noch dadurch, daß man die andere Quelle des Unternehmereinkommens, nämlich die Investiveinkommen, beschränkt — wenn die Investitionsquote die für Vollbeschäftigung erforderliche Größe überschreitet, wie dies bei uns seit vielen Jahren der Fall ist.

Im Durchschnitt der letzten 10 Jahre hat die Zahl der deutschen Erwerbspersonen um fast 200 000 — genau 193 000 — abgenommen. Trotz der erheblichen Verringerung der deutschen Erwerbspersonen aber haben wir einen unverhältnismäßig großen Teil des Sozialprodukts für Investitionen verwendet.

Im letzten Jahr waren es 236 Mrd. DM; von diesen 236 Milliarden dienten rd. 100 Milliarden der Investition für den Wohnungsbau und für den Staat. 136 Milliarden privatwirtschaftliche Investitionen wurden für die Erstellung neuer Arbeitsplätze verwendet.

Da wir infolge der erheblichen Schrumpfung unserer Erwerbstätigen nicht genügend Arbeitskräfte hatten, um alle Arbeitsplätze zu besetzen, hatte ganz zwangsläufig eine wechselseitige Abwerbung von Arbeitskräften eine übermäßige Lohnsteigerung zur Folge. Denn selbstverständlich können die Unternehmer die mit großem Kapitalaufwand neu geschaffenen Kapazitäten nicht brachliegen lassen; sie müssen mit allen Mitteln versuchen, dafür Arbeitskräfte zu gewinnen. Soweit sie diese nicht aus dem Ausland bekommen, treibt die wechselseitige Abwerbung das Lohn- und Preisniveau in die Höhe.

Hier ergibt sich der Zusammenhang zwischen importierter und hausgemachter Inflation. Eigentlich ist es die Aufgabe der Zentralbank, durch ihre Kredit-, Diskont- und Zinspolitik dafür zu sorgen, daß es für die Unternehmer rentabel ist, nicht weniger, aber auch nicht mehr Arbeitsplätze zu schaffen, als wir Arbeitskräfte verfügbar haben. Diese Steuerung der unternehmerischen Investitionen durch die Zentralbank war in den letzten 15 Jahren — seit der Fixierung der Wechselkurse bei voller Konvertibilität — im allgemeinen gar nicht möglich. Die Zentralbank kann ja nur insoweit durch ihre Diskont- und Kreditpolitik steuern, wie die Unternehmer bei ihr Kredite — zur Beschaffung von Bargeld, das sie für Lohnzahlungen nötig haben — in Anspruch nehmen.

Wenn aber die Unternehmen den Kredit der Notenbank gar nicht in Anspruch nehmen müssen, weil sie, wie dies in den letzten 15 Jahren der Fall war, durch den Umtausch von Devisen reichlich und überreichlich mit Bargeld für Lohnzahlungen versorgt wurden, so ist die Notenbank in ihrer kreditpolitischen Steuerung der Investitionen schlechthin entmachtet. Dann muß man sich nicht wundern, wenn ständig zu große Kapazitäten — über das Maß, in dem wir Arbeitskräfte zu ihrer Nutzung haben, hinaus — geschaffen werden und wenn das Lohnniveau zwangsläufig in die Höhe getrieben wird.

Prof. Dr. Pfleiderer:

Sie wollen aber doch wohl nicht behaupten, das Geldvolumen sei nur durch Devisenankäufe größer geworden!

Prof. Dr. Rüstow:

Keineswegs! Mir kommt es aber nur auf das Bargeld an, mit dem die Verbrauchsgüter, an deren Preisentwicklung wir die Geldentwertung messen, gekauft werden. Daher ist es wichtig, daß diese Hauptquelle der Nachfrage nach Verbrauchsgütern — die fast ausschließlich aus dem Lohneinkommen herrührt, weil eben der Arbeitgeberkonsum kaum noch eine Rolle spielt — gedrosselt wird. Wenn aber Überkapazitäten geschaffen werden, Kapazitäten also, für die keine Arbeitskräfte da sind, so werden die Löhne und das Preisniveau zwangsläufig in die Höhe getrieben. Insofern ist die Inflation selbstverständlich hausgemacht.

Andererseits ist sie nicht hausgemacht, weil ja die Zentralbank, die eigentlich verhindern müßte, daß Überkapazitäten entstehen, in ihrer kreditpolitischen Steuerungsfunktion durch unseren fixierten Wechselkurs und durch die damit verbundene Überschwemmung mit Devisen mattgesetzt war. Hier ergibt sich deutlich der Zusammenhang zwischen importierter und hausgemachter Inflation.

Dies scheint mir der These von Professor Haberler recht zu geben, daß ohne flexible Wechselkurse an Stabilität überhaupt nicht zu denken ist, weil bei fixierten Wechselkursen eine ständige Überschwemmung mit Devisen die Zentralbank in ihrer Steuerungsfunktion entmachtet. Also völlig d'accord! Ohne flexible Kurse ist bei der heutigen Währungsordnung an Stabilität nicht zu denken.

Prinzipiell gibt es durchaus die Möglichkeit fixierter Wechselkurse und Preisstabilität: dann nämlich, wenn die Zentralbanken durch Deckungsbestimmungen — ähnlich denen, die bei der Goldwährung vorlagen — zu einer stabilitätskonformen Kreditpolitik gezwungen würden. Aber eine solche Währungsordnung haben wir ja nicht; und solange wir sie nicht haben, bin ich ganz Ihrer Meinung, Herr Haberler: Ohne flexible Wechselkurse ist Stabilität nicht möglich. Denn bei fixierten Wechselkursen wird das Lohnniveau einfach zwangsläufig in die Höhe getrieben und hat, wie gesagt, der Staat gar nicht die Möglichkeit, durch die paar Milliarden, die er von einem Jahresetat einsparen kann, gegenüber der Nachfragesteigerung durch Lohnsatzanhebungen etwas auszurichten. Das sind nur Tropfen auf einen heißen Stein.

Ich möchte zum Schluß kommen und nur noch sagen, daß flexible Wechselkurse in unserer Währungsordnung, solange wir keine Deckungsbestimmungen haben, zwar eine absolut notwendige, aber keineswegs ausreichende Voraussetzung für Stabilität sind. Denn wenn wir auch bei flexiblen Kursen Lohnsteigerungen bekommen, die weit über das Maß des Wachstums des für den Verbrauch verfügbaren Teils des Sozialprodukts hinausgehen, dann kann es auch bei flexiblen Kursen keine Stabilität geben.

Das zweite Problem besteht also darin, die Lohnentwicklung so in den Griff zu bekommen, daß sie jeweils der Vermehrung des für den privaten Verbrauch verfügbaren Teils des Sozialprodukts angepaßt wird. Damit kommen wir zur Frage der Lohnpolitik und zu der Frage, ob eine Indexbindung der Löhne zweckmäßig und heilsam wäre. Auf diese Frage kann ich aber nicht mehr eingehen, obwohl es ein zentrales Problem ist, wie man die Lohnentwicklung in den Griff bekommen könnte.

Vorsitzender Prof. Dr. Giersch:

Aber Sie denken doch auch daran, daß die Arbeitnehmer sparen?

Prof. Dr. Rüstow:

Ganz klar! Wenn ich gesagt habe, eine zehn- bis fünfzehnprozentige Lohnsteigerung bedeute eine Nachfragesteigerung von 40 - 60 Mrd. DM jährlich, so habe ich selbstverständlich die Sparleistungen und auch die Steuern schon abgezogen.

Dr. Seidler:

Ich habe vor, etwas zu den statistischen Grundlagen der Ausführungen von Herrn Rüstow zu sagen. In der Bundesrepublik Deutschland werden nicht im Unternehmensbereich pro Jahr für 136 Milliarden DM neue Arbeitsplätze geschaffen; das entspricht nicht den statistischen und rechnerischen Befunden, die sich z. B. in unserem Institut ergeben haben. Mit dem gegenwärtigen Investitionsniveau schrumpft die Gesamtzahl der Arbeitsplätze in der Bundesrepublik. Wohlgemerkt, nicht die Zahl der zusätzlich Jahr für Jahr geschaffenen Arbeitsplätze, sondern der Gesamtbestand an Arbeitsplätzen geht zurück. Das ergibt sich aus Ansätzen über Investitionsniveau, Kapitalproduktivität und Kapitalintensität im Unternehmensbereich.

Prof. Dr. Willgerodt:

Ich stimme weitgehend mit Ihnen überein, Herr Rüstow. Nur in einem Punkte habe ich gewisse Schwierigkeiten: Wenn Sie die Investitionen begrenzt sehen möchten, weil sie von einer relativen Verknappung der Arbeitskräfte Lohnsteigerungen, die inflationistisch wirken, erwarten, so glaube ich, daß das insofern nicht ganz richtig ist, als nichtinflationistisch finanzierte Investitionen, selbst wenn sie anschließend Lohnsteigerungen hervorrufen, keineswegs einen Inflationsimpuls auslösen müssen. Wir dürfen doch nicht in starren Proportionen zwischen Investitionen und Arbeitskräften denken; wir können verschiedene Produktionsfunktionen wählen.

Ich glaube, wenn Sie ihr Anliegen richtig zu Ende denken, möchten Sie doch z. B., daß nicht so viele ausländische Arbeitskräfte zuwandern, und das bedeutet, daß wir, statt ausländische Arbeitskräfte hereinzuholen, teilweise mehr investieren müssen, um sie sozusagen durch Maschinen zu ersetzen. Wenn wir infolgedessen mehr arbeitssparende Investitionen, die nicht inflationistisch finanziert sind, brauchen, kann das sogar den sonst durch Zuwanderung von weiteren ausländischen Arbeitskräften verursachten inflationistischen Impuls dämpfen.

Prof. Dr. Rüstow:

Zunächst hat Herr Seidler völlig damit recht, daß bei unseren Investitionen die Zahl der Arbeitsplätze schrumpft. Das ergibt sich daraus, daß bei uns im langfristigen Durchschnitt 5 % der Arbeitsplätze jährlich stillgelegt werden. Das geschieht am wenigsten aus Verschleißgründen — meistens sind es Anlagen, die technisch durchaus noch hätten weiterbetrieben werden können —; sie werden vielmehr aus Rentabilitätsgründen stillgelegt. Diese 5 % machen zur Zeit bei uns etwa 1,2 Millionen Arbeitsplätze aus.

Wenn nun die Zahl der eigenen Arbeitskräfte schrumpft, brauchte man entsprechend weniger stillgelegte durch neue Arbeitsplätze zu ersetzen. Zur Zeit werden auch nicht alle stillgelegten Arbeitsplätze ersetzt. Die Gesamtzahl der Arbeitsplätze schrumpfte tatsächlich, aber nicht in dem Umfang der Abnahme unserer eigenen Arbeitskräfte. Ständig bleiben Arbeitsplätze übrig, für die wir keine eigenen Arbeitskräfte haben. Deswegen wurden im Durchschnitt der letzten 10 Jahre jeweils 170 000 fremde Arbeitskräfte hereingeholt. Hierdurch wurde der Ausfall von deutschen Arbeitskräften fast kompensiert — nicht ganz —, und die Gesamtzahl der Arbeitsplätze schrumpfte längst nicht so stark, wie die Zahl der eigenen Arbeitskräfte.

Nun zu der Bemerkung des Herrn Willgerodt: Es ist völlig klar, daß unsere Investitionen in erster Linie der Rationalisierung dienen sollen. Niemand weiß das besser als das Ifo-Institut in München, bei dem ich 12 Jahre als wissenschaftlicher Berater tätig war. Bei diesem Institut gehen dauernd die Meldungen darüber ein, welche Investitionsabsichten die Unternehmer haben, nämlich meistens — in 70 oder gar 80 % der Fälle —: Rationalisierung, nicht Erweiterung.

Da ist es nun äußerst wichtig, einen Zusammenhang zu sehen, der uns im allgemeinen nicht vor Augen steht: daß nämlich jede Vermehrung der Investitionen, ob mit Erweiterungs- oder Rationalisierungsabsichten sich zunächst dahin auswirkt, im Saldo der stillgelegten und der neu geschaffenen Arbeitsplätze zusätzliche Kapazitäten zu schaffen. Denn jede Erhöhung der Investitionsquote verbessert die durchschnittliche Kosten-Erlös-Relation, wodurch leistungsschwache Produktionsanlagen mit hohen spezifischen Kosten am Leben erhalten werden. Erst die Steigerung des Lohnniveaus zwingt dann arbeitsintensive Betriebe und Produktionsanlagen zur Stillegung.

Prof. Dr. Müller-Armack:

Meine Damen und Herren, ich möchte an das Referat von Herrn Professor Haberler anschließen. Herr Haberler, Sie haben flexible Wechselkurse gefordert — d'accord —, Sie haben eine Geldmengenbegrenzung zur Rückgewinnung der Stabilität gefordert und Sie haben gesagt, daß einzelne Länder, nämlich große Länder, die Stabilität für sich erreichen können, während das z. B. für Luxemburg oder Liechtenstein nicht gelte. Ich weiß nun nicht, wo die Bundesrepublik bei Ihnen in dieser Skala eingeordnet ist, aber ich nehme an, doch wohl im Bereich der Länder, die für eigene Stabilität sorgen können.

Diese Frage beschäftigt uns in der Bundesrepublik natürlich sehr. Die Problematik der augenblicklichen Diskussion über die Inflationsbekämpfung liegt ja darin, daß eine starke Vernebelung eingetreten ist. Um ihr entgegenzutreten und um einmal zu versuchen, ein Konzept für die Rückgewinnung der Stabilität zu gewinnen, hat sich ein Kreis von Herren, die zum Teil hier zugegen sind, zusammengesetzt und hat thesenartig formuliert, wie denn die Rückgewinnung der Stabilität in der Bundesrepublik augenblicklich überhaupt realistisch möglich ist — unabhängig von der Frage, ob die strategischen politischen Positionen gegenwärtig so sind, daß man das Entsprechende machen kann. Aber man muß ja wissen, ob das Notwendige überhaupt bei entsprechenden politischen Voraussetzungen möglich ist.

Ich habe das von diesem Kreis erarbeitete „Konzept zur Rückgewinnung der Stabilität" vervielfältigt vor mir. Zu den Verfassern gehören der Altbundeskanzler Ludwig Erhard, Herr Dürr aus Nürnberg, Herr Giersch, unser Vorsitzender, Herr Helmstädter aus Münster, Herr Issing aus Würzburg, Herr Watrin aus Köln, Herr Willgerodt aus Köln, Herr Starbatty aus Köln und ich.

Wir haben dieses Konzept jetzt der Öffentlichkeit vorgelegt. Es ist auch bereits — leider abgekürzt — in die Presse gekommen; es ist an und für sich sehr kurz; es umfaßt 11 Seiten Thesen mit Begründung, ist also kein wissenschaftlicher Aufsatz, der ins einzelne geht, sondern nur der knappe Versuch, eine Position zu formulieren, zu der sich neun Nationalökonomen zusammengefunden haben.

Es ist festzustellen, daß die Diskussion auch in den politischen Parteien augenblicklich sehr stark von Juristen geführt wird. Ich sage nichts gegen die Juristen, die in den Gremien sehr stark vertreten sind, aber ihr Dominieren führt dazu, daß die nationalökonomische Seite bei den Vorschlägen gelegentlich vielleicht etwas zurücktritt. Wir haben hiermit versucht, das auszugleichen.

Ich darf dieses Konzept — vielleicht auch für die morgige Diskussion — zur Verteilung stellen. Der Gedanke war: einmal sollte die Diskussion von diesen Thesen einmal Kenntnis nehmen, mit einer Fixierung gewisser Grundfeststellungen, die gegenwärtig, glaube ich, getroffen werden müssen, zur Diagnose der Situation und zur Therapie für die weitere Diskussion eine Basis zu schaffen. Ob die Vorschläge richtig sind oder nicht, mag die Diskussion ergeben. Aber es sollte die Diskussion von diesen Thesen einmal Kenntnis nehmen, sollte von ihnen ausgehen und sich gegen sie oder für die entscheiden.

Vorsitzender Prof. Dr. Giersch:

Vielen Dank, Herr Müller-Armack! Vielleicht können wir das, was Sie eben vorgetragen haben, morgen mit berücksichtigen, wenn wir die Frage der Stabilisierung im einzelnen behandeln.

Ich bitte jetzt um weitere Wortmeldungen zum Vortrag von Professor Haberler.

Dr. Seidler:

Herr Professor Haberler, von den gewaltigen und anschwellenden Zahlungsbilanzdefiziten der USA ist schon die Rede gewesen. Dahinter stecken ja nicht nur Ausgaben für Kriegszwecke, sondern auch sehr viele private Kapitalexporte, d. h. Kapitalexporte von Unternehmen oder sonstigen Privatpersonen. Es gab eine Zeit — und sie ist vielleicht noch nicht vorbei —, in der die Amerikaner bevorzugten, ihre Dollars in anderen Ländern in dieser oder jener Form — sei es als Direktinvestitionen im Ausland, sei es als Portefeuille-Investitionen, sei es auf Geldmärkten — anzulegen.

Ich möchte gern wissen, ob gleichzeitig mit diesem Hineingehen in die Außenmärkte die Investitionstätigkeit im Unternehmensbereich in Amerika selbst gelitten hat, ob sie vernachlässigt worden ist, ob in dieser Zeit der großen Zahlungsbilanzdefizite der Ausbau des Unternehmensbereichs in den USA selbst hintangestellt worden ist, d. h. ob vielleicht zu wenige neue Arbeitsplätze in Amerika geschaffen worden sind.

Das hängt dann wiederum mit der Frage der Revision der Gleichgewichtsarbeitslosigkeit in Amerika zusammen. Mich stört, daß man dann, wenn man sieht, daß man die ursprünglich gesetzte Marke nicht erreicht, nicht darüber nachdenkt, wie man es bewerkstelligen kann, sie doch zu erreichen, sondern daß man die Ziele revidiert. Das scheint mir hier so zu sein: Man geht dann in den USA von 4 auf 5 % und sagt, das sei das neue Gleichgewicht.

Dahinter scheint mir zu stecken, daß es eine zu geringe Zahl von neuen Arbeitsplätzen gibt, die es ermöglicht hätten, in dieser Zeit mehr Arbeitslose in Beschäftigung zu bringen. Und damit mußte natürlich auch der Versuch der Geld- und der Finanzpolitik, mit ihren Mitteln zur Verminderung der Arbeitslosigkeit beizutragen, sehr schnell an seine Grenzen stoßen: dort nämlich, wo zusätzliche Geld- oder Finanzspritzen eben nicht mehr zu höherer Beschäftigung führen, weil es keine konkurrenzfähigen Arbeitsplätze mehr gibt, sondern die Mittel in den inflatorischen Prozeß hineingegeben werden.

Prof. Dr. Haberler:

Ich glaube, ich kann darauf ganz kurz antworten. Der Krieg war nicht die einzige Ursache der amerikanischen Inflation. Die ganze

Politik hat sich seit 1965 geändert. Bis 1964 oder Anfang 1965 war das Preisniveau stabil. Dann ist der Krieg gekommen, dann ist zugleich die sogenannte „Great Society“ von Johnson mit großen Ausgaben für soziale Zwecke usw. lanciert worden, und dann sind zum Schluß noch die Steuern gesenkt worden.

Diese drei Faktoren haben zu einer Inflation geführt. Diese Inflation hat die Zahlungsbilanz verschlechtert, und dann sind, wie Sie sagen, noch die Kapitalexporte hinzugekommen. Ich kann mich jetzt nicht genau erinnern, ob die Kapitalexporte wirklich hinaufgegangen sind, aber jedenfalls ist das kein großer Faktor. Man kann nicht sagen, daß die internen Investitionen vernachlässigt worden wären, weil man Kapital exportiert hat. Im Hinblick auf die Zahlungsbilanz waren die Kapitalexporte vielleicht ziemlich groß, aber sie sind, vom Standpunkt der amerikanischen Wirtschaft als ganzer aus gesehen, minimal, so daß dies kein wesentlicher zusätzlicher Faktor ist.

Schließlich zu dem letzten Punkt, den Sie angesprochen haben, zu den 5 % Gleichgewichtsarbeitslosigkeit: Was ich nicht erwähnt habe, was ich in diesem Zusammenhang aber hätte erwähnen sollen, ist, daß die Beschäftigung — auch in letzter Zeit — ununterbrochen hinaufgegangen ist. Es gab eine leichte Rezession 1970/71 — sie hat ein Jahr gedauert —, aber das war eine sehr milde Rezession, und die Beschäftigung ist im Unterschied zur Arbeitslosigkeit ununterbrochen gestiegen — auch bis in die letzte Zeit. Die Situation ist also nicht wirklich so schlecht. Man soll sich, wie gesagt, an diesen 5 % nicht stoßen; in der amerikanischen Wirtschaft sind 5 % Arbeitslosigkeit etwas ganz anderes, als sie es hier wären.

Dr. Walter:

Herr Professor Haberler, ich möchte zur Inflation des Jahres 1973 zurückkehren. Sie sagten, es seien weder die Fischschwärme vor Peru noch andere Sonderfaktoren — auch nicht das Rohöl — entscheidend gewesen, und Sie sagten auch, die Ursache war nicht der Lohnkostendruck.

(Haberler: Nein, sicher nicht!)

Welche Erklärung haben Sie nun für das starke Anziehen der Inflationsrate in den letzten 2 1/2 Jahren, da es auch nicht — was noch nicht erwähnt worden ist — die Geldmengenentwicklung 1972/73 gewesen sein kann, denn die Rate war für amerikanische Verhältnisse zwar expansiv — sie lag bei 7 oder 8 % — aber man kann damit die jetzige Preissteigerungsrate von weit über 10 % mit Sicherheit nicht erklären.

Prof. Dr. Haberler:

Die Geldmengenvermehrung ist 1972 schon stärker geworden. Man muß, wenn man sich die Zahlen anschaut, sehr vorsichtig sein. Es macht einen Unterschied, ob man vom Januar bis zum Dezember oder vom 1. zum 3. Quartal rechnet. Aber welche Ziffern immer Sie nehmen: es war eine Beschleunigung da.

Ich habe erwähnt, daß man aufgrund der Beschleunigung der Geldmengenvermehrung 1972 nicht vorhersehen konnte, daß es eine solche Preisexplosion geben würde. Die vorsichtigen unter den Monetaristen sind sich ja darüber klar, daß der Zusammenhang zwischen Geldmenge und Preisentwicklung nicht sehr strikt ist, wenigstens nicht auf kurze Frist. Da können sich Beschleunigungen wie auch Verlangsamungen ergeben. Warum sich dann in einem Jahr so starke Steigerungen gezeigt haben, ist mir, so muß ich sagen, noch immer nicht ganz klar.

Ein Punkt, der häufiger erwähnt wird, der aber meines Erachtens gar nichts mit der Beschleunigung der Inflation zu tun hat, ist der, daß im Frühjahr 1973 die Preiskontrolle zwar nicht ganz abgeschafft, aber sehr eingeschränkt worden ist. Das hat mit der Inflation wirklich gar nichts zu tun, obwohl es in der Öffentlichkeit sehr aufgebauscht worden ist. Es hat mit ihr deshalb nichts zu tun, weil die Rohstoffe und die Lebensmittel — dort waren die ersten starken Preissteigerungen — gar nicht unter die Kontrolle fielen.

Die Abwertung des Dollar, die man hinausgeschoben hatte, war ein wichtiger Faktor. Ihre Folge war dann die, daß sich die Handelsbilanz sehr rasch verbessert hat, und eine Verbesserung der Handelsbilanz ist ein inflationistisches Element.

Ich glaube nicht, daß man viel mehr sagen kann. Man wird jetzt sicher ökonometrische Untersuchungen durchführen, um die verschiedenen Umstände quantitativ einzuschätzen, aber ich bin etwas skeptisch in bezug auf ökonometrische Modelle dieser Art.

Dr. Bartel:

Ich möchte auf die Frage von Herrn Seidler und auf die in ihr steckenden Implikationen zurückkommen. Es geht um die Zusammenhänge privater Kapitalexporte aus den USA in die europäischen Länder mit der Möglichkeit der Erhöhung der Unterbeschäftigung für die USA selbst. Ich glaube, Herr Seidler, daß in ihrem Ansatz ein systematischer Fehler steckt. Sie weisen auf einen Zusammenhang hin, der sich nach meinem Dafürhalten genau umgekehrt darstellt. Denn Sie müßten, wenn die privaten Kapitalexporte Ihrer Meinung nach diesen Effekt haben sollen, zum einen annehmen, daß das amerikanische Bankensystem extrem unelastisch ist, und zum anderen sind doch die hohen Devisenüberschüsse der europäischen Länder, insbesondere der Bundesrepublik, Ausdruck eines trotz aller privaten Kapitalexporte vorhandenen realen Nettokapitalimports seitens der Amerikaner. Daher meine ich kann von einem Zusammenhang in Ihrem Sinne nicht gesprochen werden.

Prof. Dr. Haberler:

Es gibt noch einen Punkt, den man kennen muß: Die Umlaufgeschwindigkeit des Geldes ist sehr viel größer geworden. Das ist eine klare Folge der Inflation und der hohen Zinsfüße. Die Umlaufgeschwindigkeit ist in den letzten 2 oder 3 Jahren sehr stark hinaufgegangen, wodurch sich eine verstärkte Wirkung des Geldzuwachses ergibt. Das ist ein regelmäßiger Faktor jeder langdauernden Inflation.

Vorsitzender Prof. Dr. Giersch:

Ich darf mir im Zusammenhang mit der Diskussion über die Auslandsinvestitionen eine Bemerkung erlauben. Die Wechselkurse waren bis Ende der 60er Jahre fest, und wir wissen nicht, wie falsch sie eigentlich in jener Zeit waren. In der Diskussion der 60er Jahre haben wir immer geglaubt, mit 5 % Wechselkursänderung seien die vorhandenen Ungleichgewichte zu beseitigen. Wenn wir uns jetzt die Verhältnisse im Rückblick ansehen, sind wir überrascht, welche großen Wechselkursänderungen notwendig waren, um die in der Welt bestehenden Ungleichgewichte zu beseitigen.

Es taucht die Frage auf, wie das kommt und wie sich das erklären läßt. Eines steht fest: daß der Dollar überbewertet war und daß neben dem Yen die D-Mark unterbewertet war. Das mußte notwendig die Rentabilität der Investitionen in der Bundesrepublik erhöhen und die Rentabilität der Investitionen in den Vereinigten Staaten drücken. Nur eine reale Wechselkursänderung konnte diese Verhältnisse ändern, und unter einer realen Wechselkursänderung versteht man eine, die stärker ist, als es nötig wäre, um die Unterschiede in den induzierten Inflationsraten auszugleichen. Die kräftige Abwertung des Dollar von 3,80 DM auf 2,40 DM, die in der Zeit seit Ende 1969 stattgefunden hat, gibt uns einen Eindruck davon, wie stark sich die Verhältnisse gegenüber denen der 50er Jahre offenbar geändert haben müssen.

Hier spielt ein Moment eine Rolle, das bislang nicht erwähnt worden ist: das ist die Entwicklung der multinationalen Unternehmen, die amerikanische Technologien in andere Länder — darunter die Bundesrepublik, die für Investitionen sehr attraktiv war — transferiert haben. Mit amerikanischer Technologie sowie mit deutschem und amerikanischem Management waren sie in der Lage, sich selber Konkurrenz zu machen.

Es waren, wie ein Japaner einmal gesagt hat, handelszerstörende Investitionen, die die Amerikaner im Ausland vorgenommen haben — im Gegensatz zu den von den Japanern implizite gut beurteilten handelsschaffenden Investitionen, die angeblich die Japaner im ostasiatischen Raum durchgeführt haben. Die Japaner haben nämlich nicht in konkurrierenden, sondern in komplementären Produktionszweigen investiert; sie haben in ihren Lieferländern die Halbfabrikate- und Rohstoffproduktionen ausgeweitet, was natürlich zusätzlichen Handel schafft.

Das bedeutet allerdings, in Kontrast zu den Vereinigten Staaten, daß sich in den USA die „double factoral terms of trade" verändert haben müssen, und zwar zum Nachteil der amerikanischen Arbeitskräfte und Investoren und zum Vorteil der Europäer, die nun in der Lage waren, das Reallohnniveau über die Wechselkursänderungen an das Niveau in den Vereinigten Staaten anzugleichen.

Nun haben wir die Situation, daß wir in der Bundesrepublik wahrscheinlich eher eine überbewertete als eine unterbewertete Währung haben, was auch — im Vergleich mit Frankreich oder anderen Ländern — für die europäischen Verhältnisse eine erhebliche Rolle spielt. Durch die reale Wechselkursänderung, von der ich gesprochen habe, ist wahrscheinlich die Rentabilität der Investitionen in der Bundesrepublik erheblich geringer geworden; wir wissen ja, daß die Gewinnraten deutlich zurückgegangen sind. Damit bleibt vielen Unternehmen in strukturschwachen Branchen in der Bundesrepublik nichts anderes übrig, als dem Druck des Wettbewerbs zu folgen und in jenen Ländern zu investieren, in denen die Lohn- und Arbeitskosten niedriger sind als bei uns — ein Prozeß, der für Europa praktisch darauf hinausläuft, daß das Kapital endlich dorthin geht, wo die Arbeitskräfte sind, statt daß es dort bleibt, wo es ist, und die Arbeitskräfte heranholt.

Wir hatten einige Jahre lang — in der Zeit der unterbewerteten Währung — sozusagen ein Wachstum auf Kosten anderer Länder, von denen wir reale Ressourcen und Ausbildungskapital in Form von Menschen importierten, und wir haben dabei wahrscheinlich das Entwicklungspotential mancher Länder reduziert, zugunsten eines Wachstums des Bruttoinlandprodukts und zugunsten des Wachstums des Sozialprodukts in den deutschen Währungs- und Zollgrenzen.

Dieser Prozeß scheint sich nunmehr umzukehren, wenn die Informationen, die wir über die Investitionsneigung haben, aufschlußreich sind. Das heißt, daß wir in der Bundesrepublik in verstärktem Maße mit direktem Kapitalexport in andere Länder rechnen müssen, was es also in den Vereinigten Staaten in jener Zeit auch gegeben hat. Wir haben allerdings ein erhebliches Maß an Devisenreserven, von denen wir zehren und auf diese Weise jetzt sozusagen auch Stabilität importieren können. Insofern ergibt sich eine leichte Parallele meiner Ausführungen zu denen von Herrn Rüstow.

Prof. Dr. Schmahl:

Das Thema hieß „Nationale und internationale Ursachen der Inflationsbeschleunigung". Mein Eindruck ist — aber vielleicht habe ich das nicht richtig mitbekommen —, daß wir doch etwas mehr über die Inflation als über die Inflationsbeschleunigung gehört haben; ich glaube die Fragen, die sich angeschlossen haben, bestätigen diesen Eindruck.

Wenn wir versuchen, etwas zu der akuten Frage der Inflationsbeschleunigung in den letzten 3 bis 4 Jahren zu sagen, müssen wir auf die eingangs bereits getroffene Feststellung zurückkommen, daß gerade in diesen Jahren die internationalen Geldströme aus den USA sehr viel reichlicher flossen als vorher, so daß es hier im Sinne einer zwar nicht hinreichenden, aber notwendigen Bedingung für Inflationsbeschleunigung eine Erklärung gibt.

Nun ist das sicherlich nicht alles. Ein zweiter Faktor wurde hier genannt; das war die Frage des enormen Preisanstiegs auf den Rohstoffmärkten, wobei das Erdöl ja erst ganz zum Schluß hinzukam. Herr Haberler hat meines Erachtens mit Recht darauf hingewiesen, man solle sich davor hüten, all das nur als Ergebnis von Sonderfaktoren einzustufen. Ich möchte darauf noch ein wenig eingehen.

Es fällt immerhin auf, daß wir diesen enormen Anstieg der Rohstoffpreise auf breitester Front hatten. Das spricht ganz klar gegen die These von den Sonderfaktoren. Es stellt sich dann natürlich die Frage, warum es diesen Anstieg auf breitester Front gegeben hat. Eine der Antworten wird zweifellos sein: ein Jahrzehnt oder anderthalb Jahrzehnte lang hat es überwiegend einen Preisdruck auf die Rohstoffmärkte gegeben mit der Folge, daß der Ressourcenausbau vernachlässigt worden ist. Als nun Anfang der 70er Jahre die weltweite Hochkonjunktur ausbrach, kam man relativ schnell an einen Punkt, an dem die Verarbeiter das Gefühl bekamen, die Rohstoffe würden knapp. Und dann ergaben sich die bekannten kumulativen Prozesse: bisher niedrige Lagerhaltung; jetzt das Bestreben, die Lagerhaltung aufzustocken; dazu steigender Verbrauch. Hinzu kamen Devisen- und Währungsspekulationen, die die Dinge zeitweise auch noch spekulativ übertrieben, mit der Folge, daß es ein vorher — auch in der Korea-Krise — nicht gekanntes Ausmaß des Preisanstiegs auf den Weltmärkten gab.

Dies nun mußte auf jedes einzelne Land durchaus wie ein Sonderfaktor wirken. Für kein Land konnte gelten, daß speziell seine Mehrnachfrage nach Kupfer, Kautschuk, Baumwolle usw. die Preise derart in die Höhe trieb. Für jedes einzelne Land bedeutete die Verdoppelung dieser wichtigen Preise einen enormen Anstoß.

Hier kommen nun, glaube ich, einige Dinge zusammen, die durchaus erklären können, weshalb es zu dieser weltweiten Beschleunigung des Inflationsprozesses gekommen ist. Die Erweiterung des monetären Mantels — wenn ich es einmal so ausdrücken darf —, die wir in fast allen Ländern gehabt haben, und diese enormen Kostenanstöße, die wir zunächst von den Rohstoffmärkten ohne Erdöl und dann auch vom Erdöl gehabt haben — man könnte die Verteuerung des Erdöls geradezu als ein Nachholen interpretieren, denn da ist auch etwas nachgeholt worden, was von den Anbietern 20 Jahre lang versäumt worden war —, stießen in eine Situation hinein, in der bereits eine erhebliche Bereitschaft zur Umsetzung solcher Anstöße über Lohn- und Preisforderungen in kumulative Prozesse bestand.

Ich glaube, erst das Zusammenkommen starker internationaler Geldströme und eines starken Kostenanstoßes, der dann national wieder in kumulative Prozesse umgesetzt wurde, nämlich in verstärkte Preis- und Lohnforderungen usw., scheint mir eine wesentliche Erklärung dafür zu sein, daß wir diese Entwicklung in den letzten 3 Jahren zu beobachten haben.

Dipl.Vw. Svindland:

Herr Schmahl, ich weiß nicht, ob Sie in Ihrem Kurzreferat jetzt nicht Ursachen und Folgen einer beschleunigten Inflation, d. h. einer Verstärkung des inflationären Klimas, miteinander verwechselt haben. In dem Moment nämlich, in dem ich aufhöre, Geld für etwas Wertbeständiges zu halten, steige ich etwa in die Rohstoffe ein, und dann bekomme ich diesen von Ihnen beschriebenen kumulativen Prozeß.

Prof. Dr. Schmahl:

Nur ein Satz dazu: Das hat als Verstärker zweifellos eine Rolle gespielt. Ich würde es aber ausdrücklich als Verstärker bezeichnen.

Prof. Dr. Pfleiderer:

Meine Überlegung geht in eine ähnliche Richtung. Es scheint mir sehr begrüßenswert zu sein, daß man sich darüber Gedanken macht, wie es eigentlich kommt, daß sich die Inflationsraten weltweit erhöht haben und daß sich die Inflation allgemein beschleunigt hat. Herr Haberler hat in seinem Referat dankenswerterweise auf die Bedeutung der Inflationspsychologie — oder, wie wir meist sagen, der Inflationsmentabilität —, auf das Schwinden der sogenannten Geldillusion hingewiesen. Ich glaube, daß die Geldillusion an sich schon lange sehr wacklig war und in ihrer Bedeutung stark vermindert ist; aber es ist ganz klar, daß, je mehr Schlagzeilen die Inflation macht, die Menschen desto mehr darüber nachdenken und Konsequenzen hinsichtlich der Frage ziehen, was nun eigentlich aus ihrem Geldvermögen werden soll und was für einen Sinn es noch hat, Geldvermögen zu bilden.

Und hier gilt, glaube ich, nicht nur das, was Sie, Herr Haberler, sagten, daß nämlich mit schwindender Geldillusion immer stärkere Geldspritzen notwendig sind; hier werden auch durch die Inflation selbst die Faktoren, die stabilisierend wirken könnten — nämlich Ersparnisse im Sinne von Geldvermögensbildung —, entscheidend geschwächt. Auf der anderen Seite spricht es sich immer mehr herum — das zu beobachten haben wir ja in Deutschland in den letzten Jahren bis zum Exzeß Gelegenheit gehabt —, daß die beste Methode, sein Vermögen wertbeständig anzulegen, darin besteht, Schulden zu machen und dafür in irgend welche wertbeständigen oder doch für wertbeständig gehaltenen Sachwerte hineinzugehen.

Es kommt ein drittes hinzu: In Verbindung mit dem außerordentlich starken Anstieg der Nominalzinsen und mit den Wirkungen dieses Zinsanstiegs auf den Kapitalmarkt ist infolge der außerordentlichen Höhe der Inflationsraten der Kapitalmarkt heute praktisch tot. Die Sparer halten es für völlig sinnlos, in langfristige Geldanlagen hineinzugehen. Dadurch geraten die Finanzierungsvorgänge immer stärker in diejenigen Fristigkeiten hinein, die in der einen oder anderen Weise mit Geldschöpfung verbunden sind. So ist es, glaube ich, ganz unvermeidlich, daß die Inflation die Inflation nährt, solange Geldvermögensbildung ein so schlechtes Geschäft ist und Schuldenmachen ein so gutes. Davon, daß dies auch in inflatorischen Zeiten nicht notwendig so sein muß, wird morgen noch die Rede sein.

Prof. Dr. Haberler:

Man hat immer gesagt, in der Inflation werde weniger gespart. Wenn das richtig ist, so liegt darin an und für sich schon ein inflationistisches Moment. Die Investitionen gehen ja nicht herunter; wenn weniger gespart und mehr investiert wird, so bedeutet das Inflation, und es impliziert natürlich auch eine Vergrößerung der Geldmenge.

Nur zeigt sich dann, wenn man sich die Zahlen anschaut — ich weiß allerdings nicht, wie die Ziffern hier sind —, daß in Amerika die Sparquote sich eigentlich nicht sehr stark verändert hat; das kann man nicht sagen. Es wird irgendwie anders gespart, aber die Gesamtquote ist nicht sehr gesunken.

Sie haben sehr richtig gesagt, daß es spezielle Momente gibt, aber die sind in einer Situation aufgetreten, die für die Inflation reif war. Nun, was bedeutet das? Erstens die monetäre Basis, zweitens das lange Andauern der Inflation und daher dann die inflationistische Psychologie: das würde ich als die Basis ansehen. Und dann nenne ich den bereits erwähnten Umstand, daß die Konjunkturen 1972/73 parallelgelaufen sind. Früher war das nicht in dieser Weise der Fall, aber in dieser Zeit ist die Entwicklung in Amerika, in Europa und in Japan hinaufgegangen, und das hat den Prozeß sehr verstärkt.

Was nun die Kapitalexporte betrifft, so glaube ich nicht, daß dies eine wesentliche Rolle gespielt hat. Der Kapitalexport aus Amerika ist nicht explosiv gestiegen. Wenn man hier von „Kapitalexport" spricht, darf man natürlich nicht das liquide Kapital — d. h. die Reserveverluste — einrechnen, denn dabei handelt es sich schon um eine Folge der Zahlungsbilanz. Man darf nur die direkten Investitionen in Betracht ziehen, und die sind nicht besonders gestiegen. Bis vor einem Jahr oder noch länger hat es ja noch die Restriktionen auf den direkten Kapitalexport aus Amerika gegeben. Die amerikanischen Kapitalinvestitionen im Ausland sind ja in dieser Zeit, wie Herr Giersch erwähnt hat, zum großen Teil im Ausland finanziert worden.

Prof. Dr. Pfleiderer:

Ich möchte nur eine Bemerkung zur Korrektur der Vorstellung von der Sparquote anbringen. In der Tat sind wir alle immer wieder erstaunt, wenn wir in der volkswirtschaftlichen Gesamtrechnung lesen, daß die Sparquote bei uns in der Bundesrepublik immer noch bei 13,5 % — so glaube ich — des verfügbaren Einkommens liegt.

(Haberler: Sie hat sich auch in Amerika nicht sehr stark verändert!)
— Ja, sie hat sich nicht sehr stark verändert und wird immer noch mit 13,5 % des verfügbaren Einkommens ausgewiesen.

Wenn man sich aber die Zahlen genauer ansieht, die in diese Sparquote hineingehen, wenn man also das betrachtet, was in der volkswirtschaftlichen Gesamtrechnung als „Ersparnis" gerechnet wird, so merkt man eben, daß es sich dabei gar nicht nur um Geldvermögensbildung handelt. In diese Sparquote wird nämlich die Verwendung eigener Mittel zum Wohnungsbau (einschließlich der Auszahlung von Bausparguthaben) mit eingerechnet.

Als schlichter Laie, der keinen ungeheuren Respekt vor derartigen schematischen Kategorien hat, würde ich nun sagen: Dies ist gerade ein Zeichen dafür, daß die Leute *kein* Zutrauen mehr zur Stabilität der Währung haben, sondern, statt zu sparen, ihre Mittel einschließlich ihrer ausgezahlten Bausparguthaben für den eigenen Wohnungsbau verwenden; sie bilden zwar Vermögen, aber keine Geldersparnisse.

Es ist hochinteressant, daß in diesem Sinne die Entwicklung der Ersparnisse, wie sie in der volkswirtschaftlichen Gesamtrechnung ausgewiesen werden, von der Entwicklung der eigentlichen Geldvermögensbildung deutlich abweicht. Die Geldvermögensbildung hat bei uns im Jahre 1973 sogar nominal und erst recht natürlich real, also preisbereinigt, abgenommen.

Prof. Dr. Rüstow:

Herr Pfleiderer, Sie haben sicher recht mit der Aussage, daß man die heutige Sparquote nicht unbedingt mit der früheren vergleichen kann. Und doch glaube ich, daß die Veränderung der Sparquote — auch wenn man sie modifiziert — auf das Preisniveau nicht sehr erheblich eingewirkt hat. Dagegen hat die Veränderung der Investitionsquote einen sehr starken Einfluß. Hiermit komme ich noch einmal auf die Frage von Herrn Seidler zurück, ob denn nicht in Amerika die Arbeitslosigkeit durch eine zu geringe Investitionsquote bedingt ist.

Dazu ist folgendes zu sagen: Bis 1968 hatten die Amerikaner eine Investitionsquote von 16 - 17 %; andere Länder und wir selbst hatten in jener Zeit eine Investitionsquote von 25 oder 30 %. Es ist gar keine Frage, daß in den USA bei dieser geringen Investitionsquote Arbeitslosigkeit zwangsläufig war. Aber die Amerikaner konnten sich eine höhere Investitionsquote nicht leisten, weil sie dann stärkere Lohnsteigerungen bekommen hätten und noch weniger in der Lage gewesen wären, ihren erheblichen Kapitalexport durch einen Exportüberschuß abzudecken. Sie wissen, die Amerikaner hatten bis dahin einen Kapitalexport von 30 Milliarden DM bei einem Handelsbilanzüberschuß von 20 Milliarden DM. Der Handelsbilanzüberschuß reichte also nicht ganz aus, den Kapitalexport abzudecken, dementsprechend groß war der Dollarabfluß. Dieser Prozeß wäre natürlich verstärkt worden, wenn die Lohnsteigerungen größer gewesen wären.

Die Lohnsteigerungen betrugen bis 1968 im Durchschnitt von 10 Jahren etwa 2,5 % — gleiches gilt für die Preissteigerungen —, während andere Länder schon 5, 6 oder 7 % Lohnsteigerungen und 5 bis 6 % Preissteigerungen hatten.

Die verstärkte Inflation in der letzten Zeit — seit 1969 bis heute — erklärt sich nun daraus, daß einerseits durch den Vietnam-Krieg ein riesiges Anwachsen der Staatsausgaben gegeben war und daß andererseits auch eine erheblich größere Investitionsquote die Löhne und Preise in die Höhe trieb. Seitdem hatten die Amerikaner eine viel geringere Arbeitslosigkeit, aber auch eine viel höhere Preissteigerung, die durch die Kriegsfinanzierung noch über die Lohnerhöhungen hinausgetrieben wurde.

Dies dürfte die Erklärung für die Entwicklung der Preise und der Arbeitslosigkeit in den USA sein. Hierbei scheint mir der Investitionsquote eine ganz besondere Bedeutung zuzukommen.

Ein letzter Punkt: Es wird gesagt, es sei erstaunlich, daß so starke Auf- und Abwertungen notwendig waren. Ich finde das nicht erstaunlich, wenn man sich darüber klar ist, daß z. B. die Franzosen von 1950 bis heute um mehr als 100 % stärkere Preissteigerungen hatten als wir. Diese Preissteigerungen mußten natürlich durch Paritätsänderungen ausgeglichen werden; es ist bei dieser Divergenz der internationalen Preisentwicklung nicht so erstaunlich, daß erhebliche Auf- und Abwertungen vorgenommen werden mußten.

(Vors. Giersch: Es ging um reale Wechselkursänderungen, und dabei ist dies korrigiert!)

— Verzeihung, dann gilt das natürlich nicht.

Prof. Dr. Haberler:

Darf ich eine kurze Frage einfügen: Ist die Geldumlaufgeschwindigkeit in Deutschland auch so stark gestiegen?

(Zuruf: Nach den Berechnungen des Sachverständigenrates um 6 oder 7 %, glaube ich!)

Prof. Dr. Rüstow:

Das gilt aber nur für die Umlaufgeschwindigkeit des Giralgeldes; das Bargeld hat seine Umlaufgeschwindigkeit kaum verändert, weil wir für Löhne und Gehälter feste Zahlungstermine haben.

Vorsitzender Prof. Dr. Giersch:

Vielen Dank für die Beiträge! — Inzwischen liegt die erste Wortmeldung zum Referat von Herrn Dr. Bartel vor.

Vaubel, M. A.:

Ich habe zum Referat von Herrn Dr. Bartel zwei Fragen; die erste betrifft die Methoden, die man anwenden sollte, um das Volumen der internationalen Währungsreserven zu steuern. Wenn ich Sie, Herr Dr. Bartel, richtig verstanden habe, sieht Ihr Vorschlag u. a. vor, daß die internationale Liquidität der Notenbanken mit Hilfe von restriktiven Rückzahlungsverpflichtungen und Befristungen eingeengt wird.

Meine Frage lautet: Wäre es nicht vielleicht sinnvoller, auch in diesem Bereich den Marktmechanismus einzusetzen, also nicht mehr Restriktionen einzuführen, sondern endlich dazu überzugehen, internationale Währungskredite nur noch zum Marktzins zu vergeben? Das würde für die Sonderziehungsrechte, bei denen ja die Diskussion im Moment darüber geführt wird, wie sie bewertet werden sollen und wie die Verzinsung sein soll, ein System der Bewertung und der Verzinsung gemäß einem Bündel repräsentativer Währungen und Zinssätze bedeuten. Und bei bilateralen Krediten zwischen Zentralbanken sowie natürlich bei Aufnahme von Devisen am internationalen Kapitalmarkt müßte ebenfalls der Marktzins gezahlt werden. Die Frage wäre dann, inwieweit diejenigen Notenbanken, deren Währung nun von anderen Notenbanken geliehen wird, zur Kompensation das Geldangebot erhöhen müßten, um deflationäre Effekte zu verhindern.

Meine erste Frage ist also, warum es nicht eine Volumensteuerung über den Zins geben soll. Sollte man nicht jedem Land die Freiheit geben, sich zu verschulden — vorausgesetzt, es ist bereit, das Defizit, das es beabsichtigt, also den Transfer von realen Ressourcen zum Marktzins, zu bezahlen?

Meine zweite Frage betrifft die Struktur der Währungsreserven. Sie haben ausgeführt — das ist sicher unbestritten —, daß in der Vergangenheit ein starker Shift in starke Währungen — wie z. B. die D-Mark — zu beobachten war. Sie haben aber gleichzeitig gesagt, daß die Zinsunterschiede zwischen den verschiedenen Ländern die Wechselkurserwartungen reflektieren.

Meine Frage ist: Wie ist es möglich, daß ein Shift in starke Währungen stattfindet, wenn die Zinssätze die Wechselkursänderungserwartungen kompensieren? Müssen wir hier nicht annehmen, daß es einen Zinslag gibt? Und ist die Tatsache, daß ein zunehmender Shift in die D-Mark zu beobachten ist, nicht mit der von Ihnen gemachten Aussage unvereinbar, daß das Greshamsche Gesetz nur bei fixen Wechselkursen und Annahmezwang wirkt? Haben wir hier nicht bei flexiblen Wechselkursen einen Gresham-Effekt vor uns, der sich aus dem Zins-lag erklärt?

Dr. Bartel:

Das sind natürlich Fragen, die ins Zentrum zielen. Zur ersten Frage habe ich in meinem Referat aber im Grunde das Notwendige gesagt. Die Antwort darauf — ich will das gern wiederholen — ist in dem Teil angelegt, in dem ich über eine Interventionsregelung gesprochen habe. die sich an einer Weiterinterpretation des Lutzschen Vorschlages, daß allein die Weichwährung zu intervenieren hat, orientiert. Von daher bin ich zu dem Vorschlag des Sachverständigenrates mit dem gehärteten Devisenstandard gekommen, und das ist ja im Grunde die Vorstellung, die Sie dabei haben. Eine Volumensteuerung über den Zins wäre in der

Tat auch für mich der sympathischste Weg und die sympathischste Lösung; nur habe ich gezeigt, welche Konsequenzen das bezüglich der Übernahme der Anpassungslasten hat; es heißt nämlich, daß wir den defizitären „Weichländern“ Anpassungslasten in einem Umfang aufbürden, der selbst über das hinausgeht, was die Goldwährung verlangt hat. Und da meine ich allerdings, das sind Konsequenzen, für die wir zumindest politisch Realisierungschancen kaum erwarten können.

Daraus resultiert meine — wenn Sie so wollen — „second-best“ Lösung der verordneten Steuerung der Anpassungslasten. Denn die Volumensteuerung ist eine Steuerung der Anpassungslasten im, wie man sagen kann, symmetrischen Sinne der Goldwährung — nun aber ohne Gold und mit einer Ausgestaltung der Interventionsregeln und des Saldenausgleichs.

Dipl.Vw. Svindland:

Sie legen einen großen Wert auf die Frage, ob Länder mit starker oder solche mit schwacher Währung intervenieren. Wenn nun aber Schwachwährungsländer intervenieren, so intervenieren sie mit starken Währungen, wie umgekehrt Starkwährungsländer mit ihren eigenen Währungen schwache Währungen kaufen, wenn sie intervenieren. Diese Interventionsformen unterscheiden sich also nicht in den daraus folgenden Änderungen der Auslandsforderungen und -verbindlichkeiten der beteiligten Notenbanken. Für die Beurteilung der Intervention ist deswegen allein entscheidend, in welchem Umfang und mit welcher Fristigkeit interveniert wird, d. h. wie lange das Schwachwährungsland Aufschub hat, ehe es die Kredite zurückzahlen muß.

Dr. Bartel:

Im Gegensatz zu Ihnen halte ich die Beantwortung der Frage nach dem Intervenierenden für äußerst bedeutungsvoll, weil die Antwort die Größe der Anpassungslasten impliziert. Wenn das Weichwährungsland nicht zu intervenieren braucht, braucht es sich auch nicht darum zu sorgen, wie es an Interventionswährungen kommt; das ist das Bretton-Woods-System. Die USA brauchten sich unter diesen Bedingungen nicht dafür zu interessieren, wie sie harte Interventionswährungen bekamen.

Wenn es umgekehrt ist, wenn also die Weichwährungsländer zu intervenieren haben, müssen sie sich darum kümmern, daß sie für die Intervention Hartwährungen bekommen, und das bedeutet, daß sich diese Länder je nach der Frist der Rückzahlung — in meinem Vorschlag des Saldenausgleichs durch Rückkauf — einem Deflationsprozeß unterziehen müssen.

Dipl.Vw. Svindland:

Das hat aber nur dann einen Sinn, wenn ein Interventionszwang besteht. Und ein solcher Interventionszwang kann für ein Schwachwährungsland ohne Devisenreserven gar nicht bestehen; dieses Land wird dann seinen Wechselkurs ändern.

Vaubel, M. A.:

Ja, oder es geht eben dazu über, Devisenreserven auf dem internationalen Kapitalmarkt aufzunehmen. Sie haben selbst gesagt, Herr Bartel, daß das jeder Zentralbank jederzeit freisteht. Und das würde auf genau das hinauslaufen, was ich als Alternative empfohlen habe.

Dr. Bartel:

Richtig, nur muß ich wiederholen, daß dies Konsequenzen für den Umfang der Übernahme von Anpassungslasten hat. Damit zwingen Sie das Weichwährungsland, einen deflatorischen Prozeß hinzunehmen, denn wenn Sie das nicht tun — und das habe ich zu klären versucht —, wenn das Weichwährungsland Kredite im Ausland aufnimmt, kann es sie nur zu den Zinssätzen aufnehmen, die im Hartwährungsland existieren, wenn es am freien Kapitalmarkt geschieht. Diese Zinssätze aber werden im Hartwährungsland in der Regel über denen des Weichwährungslandes liegen.

(Vaubel: Umgekehrt!)

Damit es nicht zu einer Umkehr, zu einem Rückkauf der aufgenommenen Titel durch die amerikanischen Inländer kommt und somit zu einem Verlust der Devisen, ist das Weichwährungsland gezwungen, eine sehr restriktive Geld- und Zinspolitik zu betreiben und als Konsequenz dessen auch die Anpassungslasten zu übernehmen. Das, so meinte ich, geht sogar über die Regelung im System der Goldwährung hinaus, in dem eine symmetrische — eine teilweise inflatorische, teilweise deflatorische — Anpassung angelegt ist. Ihr Vorschlag lief, meine ich, darauf hinaus, daß den Weichwährungsländern eine sehr rigorose deflatorische Anpassungslast aufgebürdet wird.

Dipl.Vw. Svindland:

Bei freiwilligen Interventionen entsteht erst dann ein Unterschied zwischen Interventionen von Ländern mit starker und Ländern mit schwacher Währung, wenn erstens diese Interventionsformen zu unterschiedlicher Valutierung der Auslandsforderungen der Notenbank mit starker Währung führen und zweitens die Leute sich von diesem Unterschied beeinflussen lassen. Wenn die Leute sich beeinflussen lassen, ist allerdings bei allen Interventionsformen eine wichtige Frage, ob die Forderung auf eine schwache, angekaufte Währung oder auf die eigene oder eine andere starke Währung lauten soll.

Dr. Bartel:

Wenn Sie es beliebig laufen lassen, kommt es wahrscheinlich wieder auf die Funktionsbedingungen des Bretton-Woods-Systems hinaus, indem Sie nämlich die Hartwährungsländer, damit der Wechselkurs gehalten wird, zur Intervention zwingen, während die Weichwährungsländer darauf vertrauen, daß die Hartwährungsländer intervenieren. Und damit haben Sie das Inflationspotential und via Inflation sozusagen die gesamte Anpassungslast den Hartwährungsländern aufgebürdet. Die Regelung einer beiderseitigen Intervention — und diese Regelung müßte in diesem System eingehalten werden — soll ja gerade, so einfach kann man es im Grunde sagen, das simulieren, was die Goldwährung hinsichtlich der Verteilung der Anpassungslasten in etwa auch geleistet hat.

Dipl.Vw. Svindland:

Die Erfahrungen der letzten Jahre dürften wohl, meine ich, hinreichend gezeigt hat, daß die Devisenbilanz keinen Zwang zur internen Anpassung an das Ausland ausübt. Im Bedarfsfalle ändert man den Wechselkurs oder läßt ihn gar frei. Interventionen werden also nur auf freiwilliger Basis erfolgen. Und dann stellt sich die Frage, die Sie in Ihrem Referat meines Erachtens zu wenig beachtet haben: In welchem Umfange und zu welchen Bedingungen würde man intervenieren und für wie lange würden diese Kredite gegeben werden?

Prof. Dr. Pfleiderer:

Meine Frage führt etwas weiter ins Prinzipielle. Ich versuche — bis jetzt, offen gestanden, vergeblich —, die Brücke zwischen dem Referat von Herrn Haberler und dem von Herrn Bartel zu schlagen.

Die Probleme des Multireservenstandards, der Interventionen der starken Währungen, der symmetrischen und der asymmetrischen Interventionen, gehören, so scheint es mir, in die Welt fester, aber anpassungsfähiger — oder auch fester und nicht so leicht anpassungsfähiger, jedenfalls grundsätzlich fester — Wechselkurse. Da ist es wichtig, zu wissen, inwieweit die einzelnen Länder auf ihre erworbenen Devisenreserven angewiesen sind, inwieweit sie — wie früher — auf ihre Goldbestände angewiesen sind, inwieweit die Goldbestände durch Devisenbestände ergänzt werden, inwieweit sie Ziehungsrechte beim Internationalen Währungsfonds haben, die es ja auch schon vor der Einführung der Sonderziehungsrechte gegeben hat; heute ist es allerdings längst Mode geworden, nur noch von den Sonderziehungsrechten zu reden, als ob es die normalen Kreditfazilitäten nicht schon vorher gegeben hätte; und man hat die Sonderziehungsrechte eingeführt, bevor das System der festen, aber anpassungsfähigen Wechselkurse überhaupt verlassen wurde.

Und nun erleben wir hier einen interessanten Nachklang zu dieser Diskussion, deren Prämissen inzwischen eigentlich ganz entfallen sind. Wenn es nämlich so ist, wie Herr Haberler es dargestellt hat — und er hat ja in diesem Kreise mit Recht, wie mir scheint, sehr viel Zustimmung gefunden —, daß die festen, aber anpassungsfähigen Paritäten insgesamt voller Problematik sind und daß wir mindestens zur Zeit gar keine andere Möglichkeit haben, als von den festen und nur mehr oder weniger anpassungfähigen Paritäten abzugehen, also in einer Welt des Floating zu leben, dann frage ich mich, welche Relevanz eigentlich noch das Volumen der internationalen Liquidität und die Prinzipien der Intervention durch Defizit- oder Überschußländer sowie der Fristigkeit ihrer Rückkaufverpflichtungen und dgl. haben.

Sind dann nicht eigentlich alle diese Interventionen ein Eingriff in das Funktionieren des die gegenseitige Bewertung der Währungen bestimmenden Marktmechanismus? Liegt hier nicht das vor, was Herr Schiller auf den nicht sehr schönen, aber einprägsamen Begriff „Verschmutztes Floaten" gebracht hat? Oder haben Sie, Herr Bartel, irgendeine Idee, wie man die Welt des Floating — die Welt der eigentlichen (oder doch vermeintlichen) internationalen währungspolitischen Wahrheit — von der weniger hoch angesehenen Welt, gleichsam von der Unterwelt, einer gewissen Rückkehr zu Interventionen, — durch die ja das Ergebnis des Marktmechanismus notwendig „verfälscht" wird — abgrenzen könnte und sollte? Ich will damit nicht sagen, daß ich derartige Interventionen für grundsätzlich falsch halte. Nur müssen wir uns darüber klar sein, daß dies zwei verschiedene Welten sind und daß wir irgendwie versuchen müssen, diese beiden Welten zusammenzubringen oder sie doch in einer einleuchtenden Weise gegeneinander abzugrenzen.

Dr. Zweig:

Wir sind eigentlich schon wieder in dieser Zwischenwelt. Ich möchte auf die Kreditaufnahmen Italiens und Frankreichs auf dem Euromarkt hinweisen, die insoweit ein verschmutztes Floaten bedeuten, als hier von Schwachwährungsländern Dollarkredite aufgenommen werden, um die eigene Währung zu stützen. Damit gerät natürlich alles ins Schwimmen.

Sie können sicherlich fragen: Können die Italiener und Franzosen diese Kredite je zurückzahlen, können sie sich also am Ende der Laufzeit die Dollars wieder beschaffen — und, wenn ja, gegen was dann? Ich würde Ihnen, Herr Dr. Bartel, in gewissem Sinne recht geben, weil nämlich die Notenbanken langsam wieder anfangen, mit Multiinterventionen zu arbeiten.

Dr. Bartel:

Herr Pfleiderer, ich wäre mit Ihnen begeistert, wenn es tatsächlich schon so wäre, wie Sie sagen, wenn wir schon in dieser Welt der floatenden Kurse wären. Das Fazit meines Referats war ja, daß ich versucht habe, Regeln für feste Kurse ohne Goldwährung aufzuzeigen und die Anpassungslasten, die zugegebenermaßen nicht ganz einfach darzustellen sind, auseinanderzufilzen. Wären wir schon bei den flexiblen Wechselkursen in dem Sinne, wie Sie es hier, so meine ich, vorwegnehmen, hätten wir uns um dieses Thema in der Tat nicht mehr zu kümmern.

Ich habe am Anfang gesagt, die Bundesregierung ist mit Ihnen der Meinung, daß wir zu solchen „festen, aber anpassungsfähigen" Kursen in absehbarer Zeit nicht zurückkehren. Aber immerhin, hier ist der Einwand schon gekommen, daß es beim Blockfloaten — innerhalb dieses Miniblocks — doch noch um diese Dinge geht.

(Pfleiderer: Da wird ja auch nicht gefloatet!)

— Richtig, und deswegen meine ich, daß es sich hier — ganz abgesehen von dem prinzipiellen Interesse, das man diesem Problem entgegenbringen kann — um eine praktische Frage handelt. Und immerhin haben die Vertreter der Zwanzig und ihre Direktoren bisher, wenn Sie so wollen, von einer Interimsphase gesprochen.

Wenn die faktische Entwicklung auf flexible Wechselkurse und keine Rückkehr zuläuft, bin ich mit Ihnen einverstanden: dann können wir das — Gott sei Dank — vergessen.

Der Übergang zwischen den beiden Referaten — das muß ich jetzt einfach zur Verteidigung sagen — ist der, daß ich meine, daß Stabilität insbesondere für ein Land mit hohem Exportanteil wie die Bundesrepublik — für ein Land wie die USA stellt sich das Problem gar nicht in dieser Weise — nicht ohne außenwirtschaftliche Zusammenhänge gedacht werden kann. Da liegt der Zusammenhang, da ist die Brücke zwischen den beiden Themen: Ich habe versucht, die Ordnungskategorien aufzuzeigen, die bei festen und bei flexiblen Wechselkursen notwendig sind. Dabei konnte ich angesichts des Themas zu den flexiblen Kursen nur kurz etwas sagen; es ging mir um die Regeln, die bei festen Wechselkursen eingehalten werden müssen, damit wir nationale Stabilitätspolitik betreiben können und damit die Keynessche Weisheit tatsächlich überspielt werden kann.

Prof. Dr. Willgerodt:

Zunächst zum Problem des Anpassungszwanges: Ich glaube, bei dieser Diskussion liegt des Rätsels Lösung darin, daß ein Einfluß auf die Geldschöpfung des Defizitlandes ausgeübt werden muß, der in unserem System wegen des Fehlens von Deckungs- und Einlösungsvorschriften systematisch nicht angelegt ist. Das ist das entscheidende Problem. Herr Rüstow hat ja in seinem Vorschlag für eine EG-Währungsunion die 100 %ige Deckung vorgeschlagen; das ist das Currency-Prinzip, ins 20. Jahrhundert übertragen; und vielleicht wäre es sogar einmal ganz gut, dies in der Diskussion wieder kennenzulernen.

Herr Bartel hat gemeint, daß man durch den Rückzahlungszwang etwas, was die alte Goldwährung mit ihren Deckungsvorschriften geleistet hat, ersetzen könnte. Es wäre ein Diskussionspunkt, ob das gelingen kann.

Dazu habe ich eine Frage an Herrn Vaubel, nämlich die, ob die Notenbanken wirklich zinsempfindlich genug wären, daß sie durch eine solche Zinssteigerung, wenn sie am Kapitalmarkt des Partnerlandes zustande kommt, tatsächlich daran gehindert wären, sich bis über die Halskrause zu verschulden.

In diesem Zusammenhang möchte ich auch an beide Referenten noch eine Frage stellen, nicht nur um zu zeigen, daß beide Referate zusammenhängen, sondern auch, weil es mich wirklich bewegt: Wie deuten Sie die italienische Verhaltensweise — ein Problem, das eben schon angeklungen ist? Wir haben doch eine floatende Lira, und trotzdem wird eine Maßnahme getroffen, die man normalerweise in einem Währungssystem erwarten würde, in dem ein fester Lira-Kurs verteidigt werden muß. Handelt es sich — wie ich vermute; aber ich bitte um Aufklärung — dabei um einen nationalökonomischen Bildungsnotstand wie möglicherweise seinerzeit bei der 10 %igen amerikanischen Importsteuer? Oder waren es damals in den USA politische Gründe, die zu Reaktionen bei den anderen Ländern führen sollten — denn daß die amerikanische Importsteuer bei flexiblem Dollar keinerlei Wirkungen hat und vollkommen sinnlos ist, braucht, glaube ich, nicht näher bewiesen zu werden.

Wie also erklärt man diese Verhaltensweise? Daß wir teilweise auch einen ökonomischen Bildungsnotstand vor uns haben, zeigt die Konferenz von Nairobi, die eigentlich gar nicht hätte stattzufinden brauchen; sie war, abgesehen von der schönen Reise dorthin, so überflüssig wie nur irgendetwas; sie paßt in die Welt der stabilen Wechselkurse. Und wenn man dann auch noch „stabile, aber anpassungsfähige Wechselkurse" sagt, weiß ich überhaupt nicht, ob man wirklich Bretton Woods mit der Stufenflexibilität gemeint hat oder ob es sich um einen dilatorischen Formelkompromiß handelte, der dazu dienen sollte, alte, mit neuen Konzepten unvereinbare Konzepte weiterhin am Leben zu erhalten.

Daher meine Frage auch an Sie, Herr Dr. Bartel: Haben Sie hier nicht im Grunde genommen eine Utopie aus der guten alten Zeit der stabilen Wechselkurse vorgeführt, oder wollten Sie klären, ob man nicht dann, wenn man wirklich nur den ersten Teil dieser ominösen Formel will, nämlich stabile Wechselkurse — und allein das hätte Sinn: permanent stabile Wechselkurse —, so harte Regeln anwenden muß, daß ihre Verwirklichung heute politisch utopisch erscheint? Und wäre es dann nicht die Schlußfolgerung Ihrer Konzeption, den Politikern sozusagen nur vor Augen zu führen: das ist politisch utopisch; also bitte flexible Wechselkurse ohne diese Erinnerungen an Bretton Woods. Und dann, wenn man wirklich zu einer Stabilisierung der nationalen Währungen übergehen kann, könnte man eines Tages wieder darüber nachdenken, ob man zu stabilen Wechselkursen — mit den entsprechenden harten Regeln, die Sie uns vorgeführt haben — zurückkehren kann.

Vorsitzender Prof. Dr. Giersch:

Bevor wir fortfahren, möchte ich Herrn Vaubel Gelegenheit geben, die an ihn gerichtete Frage zu beantworten.

Vaubel, M. A.:

Es ging um die Zinsempfindlichkeit, und darüber kann man natürlich bloß spekulieren. Ich meine nur, daß die Frage nicht so sehr die ist, ob sich die Notenbanken verschulden würden, sondern die, ob sie nicht das Recht haben sollen, sich zu verschulden, wenn sie Leute finden, die ihnen das Geld zu einem Zins geben, den die Notenbanken selbst zu akzeptieren bereits sind. Das ist im Grunde einfach das Prinzip der Vertragsfreiheit.

Nun zu Ihrem Einwand, man bürde hier den Defizitländern eine Anpassungslast auf, die nicht tragbar ist.

(Bartel: Die höher ist als die bei der Goldwährung!)

— Ganz sicher höher, aber Sie sagten darüber hinaus, sie sei politisch nicht akzeptabel und auch unbillig. Dazu muß man sagen: Es ist ja nicht so, daß den Defizitländern etwas aufgebürdet werden soll, ohne daß sie dafür etwas im Tausch bekommen; denn sie bekommen etwas. Wenn sie ihre Defizite machen, können sie reale Ressourcen anderer Länder in Anspruch nehmen. Im Grunde geht es um genau dasselbe Prinzip, das wir auch sonst im privaten Bereich anwenden: wenn jemand auf Pump leben will, muß er Zinsen zahlen, und zwar Marktzinsen.

Vorsitzender Prof. Dr. Giersch:

Zunächst möchte Herr Pohl die ihm gestellte Frage beantworten.

Dr. Pohl:

Ich habe scharf nachgedacht und einfach einmal meine Graphiken angeschaut. Ich habe die Zuwachsrate des Geldvolumens in der Bundesrepublik Deutschland mit der Zuwachsrate des nominalen Bruttosozialprodukts von 1968 bis heute verglichen. Das Geldvolumen M 1 ist definiert als Bargeldumlauf plus Sichteinlagen.

Zunächst, von Mitte 1968 bis Frühjahr 1971, war die Expansionsrate des nominalen Bruttosozialprodukts ständig stärker als die Expansionsrate des Geldvolumens. Das bedeutet, die Umlaufgeschwindigkeit des Geldes war in der Tat permanent gestiegen.

Dann kam eine kurze Gegenbewegung: Die Umlaufgeschwindigkeit des Geldes ging bis Ende 1972 zurück. 1973 hatten wir wieder eine Verstärkung der Geldumlaufgeschwindigkeit. Im Trend ist die Umlaufgeschwindigkeit also von 1968 an gestiegen. Das deckt sich übrigens auch mit der Entwicklung des Preisindex für den privaten Verbrauch: er ist nach 1968 beschleunigt gestiegen.

Vorsitzender Prof. Dr. Giersch:

Können Sie noch etwas über M 2 sagen?

Dr. Pohl:

Bei M 2 — Bargeld, Sichteinlagen und mittelfristige Termingelder — ist die Entwicklung anders gewesen. Die Umlaufgeschwindigkeit von M 2 ist zunächst, 1968 und 1969, gesunken, 1970 gestiegen, und dann wieder, bis heute, gesunken.

Vorsitzender Prof. Dr. Giersch:

Und die Zuwachsrate selbst?

Dr. Pohl:

Der Expansionswert von M 2 betrug in den letzen Jahren 15 bis fast 20 %.

Dr. Seidler:

Ich hoffe, Herr Pohl verzeiht mir, wenn ich eine vielleicht etwas böse klingende Frage stelle, aber er hat ja nur versucht, eine vorher gestellte Frage zu beantworten. Ich frage mich, ob die Umlaufgeschwindigkeit und ihre Veränderung nicht nur ein anderer Ausdruck für das sind, was wir sonst beim Zusammenhang zwischen M 1 oder M 2 und der Wachstumsrate des Sozialprodukts als „time lag" ansprechen, und deswegen frage ich mich, wieso das eigentlich so schrecklich interessant ist.

Dr. Pohl:

Ich wollte ja nur die Frage nach der Statistik beantworten. Es ist schon richtig: Wenn man sagt, die Beschleunigung der Inflation in den

USA sei auch mit der Vergrößerung der Umlaufgeschwindigkeit zu erklären, so gebraucht man damit natürlich nur ein anderes Wort für eine Sache, die man erst noch erklären muß.

Dr. Bartel:

Herr Vaubel, ich komme auf das Greshamsche Gesetz und die flexiblen Wechselkurse. Die generelle oder zumindest von der Mehrzahl unterstützte These lautet ja: Umkehrung, d. h. eine Art negatives Greshamsches Gesetz bei flexiblen Wechselkursen, weil alle anderen Währungen außer der härtesten gewissen kontinuierlichen Paritätsänderungsrisiken unterliegen und weil damit die private Reservehaltung jeweils in die härteste Währung drängt.

Sie haben nun gefragt, ob sich denn nicht das Greshamsche Gesetz auch bei flexiblen Wechselkursen über einen Zins-lag durchsetzt. Ich bin der Meinung, daß Sie so wirklich nur auf dem Hintergrund der Stufenflexibilität argumentieren können, nicht aber bei flexiblen Wechselkursen. Ich kann nicht sehen, wie es bei flexiblen Wechselkursen zu einem solchen Zins-lag, der entgegen der Paritätsänderungserwartung zu einer Bewegung in die schwache Währung führt, kommen sollte.

Vaubel, M. A.:

Und warum wird dann die D-Mark bei flexiblen Wechselkursen von ausländischen Zentralbanken gehortet?

Dr. Bartel:

Wenn Sie mir diesen Test vorführen, wäre ich Ihnen sehr dankbar. Ich weiß nicht, wie Sie beim Blockfloaten auseinanderhalten wollen, was hier aufgrund des Blocks und was aufgrund des Floatens passiert. Ich habe keine statistischen Zahlen finden können, die mir eine solche Aufdividierung erlaubt hätten.

Was dabei Greshamsches Gesetz und was Umkehrung ist, weil die Kurse, wie wir ja vorhin gesehen haben, teilweise fest und teilweise flexibel sind, das wage ich nicht zu beantworten.

Dipl.Vw. Svindland:

Aber Sie haben vorhin selbst die D-Mark-Haltung ausländischer Institutionen bei deutschen Banken erwähnt. Solche Positionen werden im Rahmen des Blockfloatens auch bei der Bundesbank gehalten.

Dr. Bartel:

Ich kann Ihnen zur Entwicklung der Auslandsverbindlichkeiten seit dem Übergang zum Floaten vom Frühjahr 1973 nur sagen: Die 6 Milliarden, die im April 1973 an Auslandsverbindlichkeiten im gesamten

Bankensystem gelegen haben und die diese These von der Differenzierung erst haben aufkommen lassen, sind innerhalb eines Jahres trotz eines weiterbestehenden Miniblocks auf 1,4 Milliarden gesunken. Und wenn die gesamten Verbindlichkeiten, womit nicht nur die D-Mark-Auslandsverbindlichkeiten, sondern auch die in fremden Währungen gemeint sind, von 6 auf 1 reduziert werden, geben Sie mir sicher zu, daß damit in dieser Zeit auch die Komponente der D-Mark-Auslandsverbindlichkeiten erheblich reduziert worden ist.

Prof. Dr. Rüstow:

Ich möchte die Frage stellen, warum denn bei flexiblen Wechselkursen nicht auch das Halten von D-Mark rentabel sein soll, wenn man, wie man es ja tut, mit einer Aufwertung der D-Mark rechnet, weil die D-Mark bei Flexibilität dauernd höher bewertet wird?

Vaubel, M. A.:

Insbesondere wenn, wie Herr Bartel sagt, die Zinsdifferenzen die Wechselkursänderungserwartungen voll widerspiegeln.

(Rüstow: Was sie aber nicht tun!)

— Ja, was sie wegen eines Zins-lags nicht tun. Dann verbietet es sich, D-Mark zu halten.

Vorsitzender Prof. Dr. Giersch:

Ich glaube, daß dieser Fragenkomplex abgeschlossen ist.

Ich bitte Sie, Herr Haberler, zur Frage nach den italienischen Maßnahmen Stellung zu nehmen.

Prof. Dr. Haberler:

Ich habe dafür nicht positiv eine Erklärung, sondern nur normativ eine Beurteilung: das ist eine sehr unschöne Politik. Es wäre viel besser gewesen, die Lira heruntergehen zu lassen. Ich habe eigentlich auch keine rationale Erklärung. Was die amerikanische Importsteuer betrifft, ist zu sagen, daß sie ein Ersatz für eine Abwertung sein sollte, und sie ist ja auch wieder abgeschafft worden.

Dr. Steuer:

Ich würde die Situation so sehen: Italien hat, worauf hingewiesen worden ist, durch die Entwicklung beim Öl eine Belastung der Zahlungsbilanz. Diese Belastung wurde dadurch aufgefangen oder zumindest gemildert, daß man in hohem Maße privates wie staatliches Kapital im Ausland aufgenommen hat. Ich möchte nicht so weit gehen wie Herr Zweig, der sagt, dies sei ein verschmutztes Floating. Denn würden wir den gesamten Kapitalverkehr, der über den Devisenmarkt läuft, als verschmutztes Floaten betrachten, müßten wir das Floating ganz neu definieren, nämlich so: freie Wechselkurse nur, soweit der Warenverkehr davon beeinflußt wird. Ich glaube, man kann als verschmutztes Floaten einvernehmlich nur solche Eingriffe am Devisenmarkt ansehen, die von der Notenbank durch den Einsatz von Devisenreserven vorgenommen werden.

Aber zurück zum Beispiel Italien: Die Italiener haben — so sehe ich es — die Belastung ihrer Zahlungsbilanz, die ja nichts anderes bedeutet als ein Hergeben von italienischem Lebensstandard an die Ölländer, durch Kapitalimporte aufzufangen versucht, wie es die Franzosen und die Engländer auch tun.

Vorsitzender Prof. Dr. Giersch:

Aber dazu braucht man doch jetzt nicht diese Restriktionen!

Dr. Steuer:

Richtig! Genau das ist der Punkt. Herr Haberler hat eben durchaus richtig gesagt, die Italiener hätten doch voll floaten können. Insofern spricht das, was die Italiener jetzt tun, überhaupt nicht gegen das System freier Wechselkurse, sondern nur für eine Inkonsequenz der italienischen Regierung, die — so deute ich den Schritt — glaubt, durch die jetzt ergriffenen Maßnahmen den Verteuerungseffekt des Vollfloatens vermeiden zu können.

Vorsitzender Prof. Dr. Giersch:

Und das, indem man einen Einfuhrzoll einführt?

Dr. Steuer:

Ja, der hat natürlich auf das Preisniveau genau denselben Einfluß.

(Svindland: Ich glaube, Italien hat beim Floaten die ganze Zeit immer noch starke Devisenbewirtschaftungsmaßnahmen in Geltung!)

Dr. Zweig:

Ich wollte nur sagen, daß die betreffenden Mittel als Geldmittel auf dem Euromarkt aufgenommen worden sind und daß sie damit selbstverständlich inflatorisch sind.

Dr. Seidler:

Vielleicht liegt die Erklärung für das italienische Verhalten darin, daß — wie international allgemein zu beobachten war — die Elastizität der Einfuhr- und Ausfuhrmengen auf wechselkursbedingte oder andere Preisverschiebungen wesentlich geringer als 1 ist. Die Hoffnung, das Problem mit reinem Floaten zu bereinigen, besteht dann vielleicht für übernächstes Jahr, aber nicht für die absehbare Zeit.

Vorsitzender Prof. Dr. Giersch:

Vielen Dank! — Es ist ohne Zweifel richtig, daß bei Wechselkursänderungen die Anpassungsprozesse Zeit erfordern. Das gilt für alle Änderungen; wir dürfen da nicht gleich von einer Krise oder davon reden, daß das System nicht funktioniert. Das marktwirtschaftliche System funktioniert kurzfristig nie, weil die Elastizitäten zu klein sind; langfristig funktioniert es immer, weil dann die Elastizitäten groß genug sind.

Was das Verhältnis von flexiblen Wechselkursen und Geldpolitik anlangt, so nur dies: Wenn man eines flexibel macht, nämlich den Wechselkurs, muß man eine klare und feste Geldpolitik betreiben. Wenn man alles flexibel macht, führt das in die Inflation, denn dann steht der Aggressivität nur noch Permissivität gegenüber, und das führt natürlich, weil dies ein ganz instabiles System ist, zur Explosion.

Ich möchte die Diskussion damit schließen. Ich bedanke mich bei allen Teilnehmern, vor allem aber bei den Vortragenden, die uns für unsere Debatte so viel Stoff geliefert haben. Herzlichen Dank!

Der Sinn des Nominalprinzips und seine Bedeutung für das Rechts- und Wirtschaftsleben

Referat von Prof. Dr. Otto Pfleiderer (Stuttgart)

Herr Vorsitzender! Meine Damen und Herren! Mein Thema ist sehr abstrakt und theoretisch formuliert, aber es ist angefüllt mit einiger wirtschafts- und rechtspolitischer Brisanz. Das Nominalprinzip — das ich im Augenblick bewußt nicht streng definieren will; Sie wissen alle ungefähr, worum es sich handelt — ist in den letzten Jahren zu so etwas wie einer heiligen Kuh der deutschen Wirtschafts- und Rechtspolitik geworden, und wie es bei heiligen Kühen zu sein pflegt: die bloße Tatsache, daß etwas zur heiligen Kuh geworden ist, erspart offenbar das Nachdenken, warum dies eigentlich so sein muß.

Es ist nun freilich bemerkenswerterweise gerade in den letzten Monaten in zunehmendem Maße eine Ambivalenz in der Bewertung des Nominalprinzips zu beobachten. Auf der einen Seite wird natürlich nach wie vor seine fundamentale Bedeutung für das Wirtschafts- und Rechtsleben hervorgehoben. Manchen Äußerungen könnte man sogar entnehmen, daß es ohne Nominalprinzip überhaupt kein geordnetes Wirtschafts- und Rechtsleben geben könne. Auf der anderen Seite macht sich im Zuge einer fortschreitenden Geldentwertung ein wachsendes Unbehagen bemerkbar. Denn es liegt auf der Hand, daß steigende Inflationsraten das Nominalprinzip mehr und mehr ad absurdum führen.

Schon um dem Genius loci zu huldigen, darf ich Ihnen zwei Sätze aus einem genau ein Jahr alten Gutachten des Instituts Finanzen und Steuern, erschienen in Bonn 1973[1], vorlesen, wo es in dem einleitenden Abschnitt mit der Überschrift „Problemstellung" abschließend heißt — es sind zwei Thesen, von denen die zweite eigentlich die erste wieder aufhebt, wobei die erste These eben jene heilige Kuh ist —:

„Das Nominalwertprinzip ist ein tragender Eckpfeiler unserer Rechts- und Wirtschaftsordnung, der grundlegend alle geldwirtschaftlichen Beziehungen und Verhältnisse regelt. Ohne dieses Prinzip ist ein geregelter Rechtsverkehr nicht möglich."

---

1 Institut „Finanzen und Steuern", **Brief 134: Nominalwertprinzip, Geldentwertung und Besteuerung — Ein Diskussionsbeitrag —, Bonn, Mai 1973, S. 4.**

Ohne jede Einschränkung heißt es hier also: „Ohne dieses Prinzip ist ein geregelter Rechtsverkehr nicht möglich." — Aber unmittelbar darauf folgt die zweite These:

> „Die Entwicklung der tatsächlichen ökonomischen Verhältnisse muß jedoch dann zu einer Überprüfung des Nominalwertprinzips zwingen, wenn Nominalwert und Realwert infolge anhaltender, deutlich spürbarer Geldwertentwicklung auseinanderfallen."

Das Gutachten fährt fort:

> „Da in dieser Situation die tatsächlichen Wertverhältnisse unter Benutzung des Nominalwertprinzips nicht mehr wiedergegeben werden, muß nach Lösungen gesucht werden, wie die bei dieser Sachlage auftretenden Verzerrungen vermieden werden können."

These 1 also: Ohne Nominalwertprinzip geht es nicht. These 2: Mit Nominalwertprinzip geht es in Zeiten anhaltender Inflation auch nicht.

Wir haben allen Anlaß, über diese Fragen eingehend nachzudenken und die verschiedenen Aspekte des Nominalprinzips im einzelnen zu untersuchen. Dabei geht es einmal um die geldtheoretischen Grundlagen; denn das Nominalprinzip hat ja seinen Ursprung sicherlich im Bereich der qualitativen Geldtheorie. Zum zweiten geht es um die Bedeutung des Nominalprinzips für die Rechtsprechung, drittens — davon deutlich zu trennen — um den rechtspolitischen Befund, viertens — für uns Ökonomen das Wichtigste — um die ökonomischen Wirkungen positiver und negativer Art, die vom Nominalprinzip ausgehen.

I.

Der Ursprung des Nominalprinzips liegt, wie gesagt, in der qualitativen Geldtheorie, nämlich in der Staatlichen Theorie des Geldes von Georg Friedrich Knapp[2]. Diese hat sich bekanntlich zu der Zeit, in der sie entstand, keineswegs der allgemeinen Zustimmung der Zunft erfreut, sondern blieb lange Zeit eine zwar formal bewunderte, aber inhaltlich doch im wesentlichen abgelehnte Außenseiterleistung. Knapp war es, der, wenn schon vielleicht nicht als erster, so doch sicherlich am klarsten und logisch konsequentesten das Wesen der Werteinheit — um diese handelt es sich hier, nicht um das Zahlungsmittel —, die man bis dahin in der Geldtheorie üblicherweise das Wertmaß zu nennen pflegte, darin sah, daß es sich bei ihr um eine rein nominale Einheit handelt, also um nichts als einen gemeinsamen Nenner für Bewertungen jeder Art. In der herkömmlichen Geldtheorie, die vor Knapp und auch nach ihm noch

---

[2] Georg Friedrich *Knapp:* Staatliche Theorie des Geldes (1. Aufl. 1905) 4. Aufl. 1923, § 1.

weiter blühte, kam es demgegenüber für die Funktion des Geldes als Wertmaßstab — wie es in den Lehrbüchern immer so schön hieß — in erster Linie auf die Definition dieses Wertmaßes an. Man hielt das Bewerten für ein Messen, d. h. ein Vergleichen mit einem vorgegebenen, unveränderlichen Standardwert, so wie man bei der Längenmessung mit dem vorgegebenen Erdumfang vergleicht. Das hat nicht nur in der Geldtheorie, sondern auch in der Praxis des Währungsrechts eine erhebliche Rolle gespielt. Für selbstverständlich hielt man es, daß ein solcher Wertmaßstab der Definition bedürfe.

Demgegenüber besagt der geldtheoretische Nominalismus, daß die Definition für das Wesen der Werteinheit nicht entscheidend ist, daß die Werteinheit vielmehr in sich selbst besteht, eben als gemeinsamer Nenner für Preisbildung und Bewertung durch den Markt, daß es sich bei dieser Bewertung durch den Markt nicht um ein Messen an einer vorgegebenen Größe, sondern um einen Entscheidungsprozeß handelt. Knapp hat insbesondere darauf hingewiesen, daß die Werteinheit auch bei einer Änderung der Definition ihre Identität mit sich selbst behält, also auch wenn etwa der „Goldgehalt“ oder der „Silbergehalt“ der Geldeinheit reduziert wird, wie das bei den meisten Währungen häufig der Fall war, oder erhöht wird, wie im Falle einer Aufwertung. Das, was man früher für die Definition eines Wertmaßes hielt, ist — auch dies stammt von Knapp — richtig zu verstehen als eine währungspolitische Norm, eine Anweisung an die Währungspolitik, eine bestimmte Austauschrelation — etwa zwischen Geldeinheit und Gold — herzustellen, kurz und deutlich gesagt: den Goldpreis mittels „Valorisierung“, d. h. mittels Interventionen am Goldmarkt innerhalb enger „Bandbreiten“ (Margen) zu stabilisieren. Diese Norm kann faktisch — wie jede Norm — entweder eingehalten werden oder nicht eingehalten werden. Wenn sie nicht eingehalten wird, ändert das jedoch nichts an der Identität der Werteinheit mit sich selbst Die alte Mark hatte währungsrechtlich ihre Identität behalten, auch als die Reichsbank ihre Interventionen am Goldmarkt einstellte, ebensowenig wie die Deutsche Mark nach den diversen Aufwertungen. Für uns ist das heute selbstverständlich geworden. Vor 70 Jahren, als Knapp diese Theorie in der Stille seines Straßburger Studierzimmers entwickelte, hat sie wahrhaft revolutionär gewirkt und wurde für durchaus abwegig gehalten.

Bemerkenswerterweise ist die Deutsche Mark von vornherein und mit voller Absicht ohne eine „Definition“ ins Leben getreten. Ich glaube, das Währungsgesetz von 1948 ist das erste Währungsgesetz, in dem der Gesetzgeber es nicht nötig fand, die Werteinheit zu definieren, wie man es früher für unerläßlich hielt und wie man es für die Sonderziehungsrechte immer noch für unerläßlich hält.

Es handelt sich hier — ich sagte es schon — nicht primär um das Geld als gesetzliches Zahlungsmittel, sondern um die Werteinheit. Allerdings setzt jedes Zahlungsmittel, gleichviel ob es sich um ein gesetzliches Zahlungsmittel handelt oder um ein nur in der Praxis verwendetes Zahlungsmittel, wie etwa das Giralgeld, das Bestehen einer Werteinheit voraus. Zahlungsmittel, wie auch immer sie beschaffen sein mögen, lauten notwendigerweise auf nominale Werteinheiten. Es geht hier mithin nicht etwa um verschiedene Funktionen derselben Sache „Geld", wie das in den Lehrbüchern immer noch zu lesen ist, sondern um zwei verschiedene Erkenntnisobjekte: die Werteinheit und das Zahlungsmittel.

Die Frage ist nun: was ist eine Werteinheit, z. B. eine Deutsche Mark, als Werteinheit wirklich, was bedeutet es, wenn wir sagen: eine Deutsche Mark? Es gibt hier zwei mögliche Antworten, eine formale und eine materiale:

Die formale Antwort ist unbezweifelbar, aber ziemlich nichtssagend: Eine Deutsche Mark ist eine Deutsche Mark. Das ist gewiß nicht nur eine Tautologie, sondern es steckt materiell einiges Bemerkenswerte dahinter, nämlich alles das, was ich vorhin sagte über die intertemporale Identität der Werteinheit (und damit selbstverständlich auch der auf die Werteinheit lautenden Zahlungsmittel) mit sich selbst, die auch über die Änderungen einer etwaigen Definition hinweg bestehenbleibt. Diese erste Aussage ist freilich für den Ökonomen zugleich auch durchaus unbefriedigend. Sie hat immerhin auch ökonomisch einige Relevanz, solange man sich darauf verlassen kann, daß bestimmte währungspolitische Normen — wie etwa früher die Goldeinlösung oder später die Aufrechterhaltung einer festen Kursrelation zu einer Standarddevise — eingehalten werden. Aber wie lange kann man sich auf die Einhaltung solcher Regeln verlassen, und was dann?

Die andere Antwort auf die Frage, was eine Deutsche Mark ist, ist wirtschaftlich-materieller Art. Sie lautet: Eine Deutsche Mark ist das Äquivalent dessen, was der Markt jeweils für eine Deutsche Mark hergibt an Waren, an Dienstleistungen, an Devisen, Gold oder was immer wir als Austauschgegenstand wählen. Hier liegt dann der Nachdruck auf dem Wort „jeweils". Jeweils, pro tempore: das bedeutet, daß das heute etwas anderes ist, als es vor einem Jahr war, und daß es mit großer Wahrscheinlichkeit in einem Jahr, in zehn Jahren und in dreißig Jahren wiederum etwas anderes sein wird. Intertemporal also ist das wirtschaftliche Äquivalent der Werteinheit in allen Ländern und bei allen Währungen notwendigerweise der Veränderung unterworfen, und die Vernachlässigung dieser intertemporalen Veränderungen der wirtschaftlichen Äquivalente der Werteinheit durch eine Nichtberücksichtigung des Inflationsfaktors ist eben der Grund für die zunehmende Problematik des Nominalprinzips.

Die Statistiker haben es natürlich gut; sie haben die Indexzahlen. Die volkswirtschaftlichen Gesamtrechner haben es auch gut; sie haben den sogenannten Deflator, wie man aus für den Laien wenig einleuchtenden Gründen die Berücksichtigung des Inflationsfaktors nennt. Die Wirtschaftssubjekte, die eigentlichen Träger des Wirtschaftslebens, haben es dagegen nicht gut. Wenn das wirklich richtig wäre, was das Institut für Finanzen und Steuern in Übereinstimmung mit sozusagen allen Autoritäten vertritt — ich bin zum Glück keine Autorität, deswegen brauche ich die Nichtübereinstimmung mit mir nicht hervorzuheben — wenn es also richtig wäre, daß ohne das Nominalprinzip ein geregelter Rechtsverkehr nicht möglich wäre, dann hätten die Wirtschaftssubjekte nichts, womit die intertemporalen Veränderungen des Geldwertes überhaupt berücksichtigt werden könnten. Aber zum Glück ist das nun doch nicht richtig.

Das Nominalprinzip hat einen doppelten Aspekt: einmal rückwärtsgewandt, für die Erfüllung bestehender Geldschulden, zum anderen vorwärtsgewandt, für die Begründung neuer Schuldverhältnisse. Gerade weil der geldtheoretische Nominalismus, wie ich ihn kurz umrissen habe, in seinem bewußten Absehen von den jeweiligen güterwirtschaftlichen Äquivalenten — einschl. etwaiger variabler „Definitionen“ in Gold — richtig ist, wird das Nominalprinzip wirtschaftlich um so problematischer, je stärker die Diskrepanz zwischen der intertemporalen Identität der Werteinheit mit sich selbst und der unaufhörlichen Veränderung der wirtschaftlichen Äquivalente für jeweils eine Werteinheit wird. Dies wird in der zweiten These des eingangs genannten Gutachtens deutlich hervorgehoben.

II.

Für die Behandlung bestehender, durch Zahlung von Gold zu erfüllender Schuldverhältnisse ist das Nominalprinzip zweifellos eine nützliche und auch durchaus berechtigte Regel. Aber die Ausnahme bestätigt die Regel, so ist hier beim Nominalprinzip auch.

Die Essenz des Nominalprinzips als Auslegungsregel für die Behandlung bestehender Schuldverhältnisse ist, daß, ebenso wie Währungsänderungen irgendwelcher Art — etwa Definitionsänderungen und Paritätsänderungen — auch Kaufkraftänderungen im Zeitverlauf grundsätzlich — und das heißt im Zweifelsfall: ohne Bedeutung für die Erfüllung von Zahlungsverbindlichkeiten sind, die auf die Werteinheit schlechthin (also auf D-Mark schlechthin) lauten. Nur unter diesem

Blickwinkel, nämlich daß es sich um eine Frage der Auslegung durch die Rechtsprechung, eine Frage der Rechtsanwendung handelt, und mit dieser doppelten Qualifikation, daß es sich um eine grundsätzliche Regel und um Verbindlichkeiten handelt, die auf die Werteinheit schlechthin lauten, ist die vielzitierte Bemerkung des Bundesfinanzhofs in seinem berühmten Urteil von 1967 über einen Steuerstreit aus dem Jahre 1961[3] überhaupt zu verstehen. Das geht aus der Lektüre dieses Bundesfinanzhofsurteils ganz deutlich hervor. Es handelte sich dort um die Frage, wie der Begriff „Zinsen" im Einkommensteuerrecht zu verstehen sei, ob er auf alle Fälle als Nominalzins zu verstehen sei oder ob er unter Umständen auch als Realzins, d. h. als Saldo aus den im Steuerjahr zugeflossenen Nominalzinsen und der während eben dieser Periode infolge des Inflationsprozesses eingetretenen Entwertung des Vermögensstammes, verstanden werden könne. Der Bundesfinanzhof hat in diesem Urteil ausgeführt, eine Besteuerung des Realzinses, also des Nominalzinses abzüglich der laufenden Geldentwertungsrate, wäre mit der dem Einkommensteuergesetz zugrunde liegenden Trennung zwischen Vermögens- und Einkommensebene an sich vereinbar[4], aber — dieses Aber ist entscheidend — durch das Nominalprinzip sei nun einmal der Zinsbegriff eindeutig festgelegt.

Ich will mich mit dem Urteil des Bundesfinanzhofs materiell nicht auseinandersetzen, sondern nur zeigen, daß der Bundesfinanzhof die erwähnten Qualifikationen durchaus im Auge gehabt hat. Er stellt diese doppelte Qualifikation mit großem Nachdruck fest, nämlich daß die „Beurteilung bestehender Schuldverhältnisse und ihrer Rechtsgrundlagen" in Frage steht und daß es sich um Schuldverhältnisse handelt, bei denen „weder Wertsicherungen bedungen sind, noch sich die Sachwertbezogenheit schon aus der Natur des Rechtsverhältnisses ergibt". Er weist ausdrücklich darauf hin, daß bei der Gestaltung von Rechtsverhältnissen — also im Gegensatz zur Beurteilung bestehender Rechtsverhältnisse — das Nominalprinzip, da abdingbar (dispositiv), keine unbedingte Geltung besitzt[5]. Er behauptet also nicht, daß durch das Bestehen nichtnominaler Schuldverhältnisse öffentlich-rechtlichen oder zivil-rechtlichen Ursprungs die Ordnung des Rechts- und Wirtschaftslebens gefährdet werde oder gar durch Unordnung abgelöst würde, sondern er stellt nur fest, daß im Ordnungsgefüge des Zivilrechts das Nominalprinzip als Auslegungsregel unbeschränkt gilt, und er fährt fort: „ausgenommen die Fälle der Aufwertung nach § 242 des BGB", also nach dem Grundsatz von Treu und Glauben, auf dem ja auch

[3] BFH, Az. IV 300/64 (abgedruckt u. a. im Bundessteuerblatt 1967, III, S. 690), Abschn. IV, 2.

[4] Ebenda, Abschn. IV, 1.

[5] Ebenda, Abschn. IV, 2.

das berühmte Urteil des Reichsgerichts von 1923[6] zur Aufwertung beruht.

Der Hinweis des Bundesfinanzhofs, wonach der Geldnominalismus — so drückt er sich an dieser Stelle aus — eine der Grundlagen der geltenden Währungsordnung und der staatlichen Wirtschaftspolitik darstelle, bedeutet somit lediglich eine Feststellung des bestehenden Zustands, wie er durch die Rechtsordnung, so wie sie ist, und die diesbezügliche Überzeugung der maßgeblichen Stellen — der Regierung, der Notenbank, der Wissenschaft, soweit sie als maßgebend anzusehen ist — bestimmt ist. Der Hinweis bedeutet aber nicht, daß es nicht auch anders sein könnte, wenn vom dispositiven Charakter des Nominalprinzips, also seiner grundsätzlichen Abdingbarkeit, stärker Gebrauch gemacht würde. Tatsächlich bestehen schon heute aufgrund einer großen Anzahl von Faktoren — von denen ich die dynamische Rente, die zahlreichen „wertbeständigen" Versorgungsverträge, langfristige Pacht- und Erbbaurechtsverträge und viele andere Verträge mit Wertbeständigkeitsklauseln erwähne — Millionen von Geldschuldverhältnissen auf nichtnominaler Basis, die sich bruchlos in unser Rechts- und Wirtschaftssystem einfügen, da ja in jedem Augenblick, d. h. jeweils im Augenblick der Fälligkeit, durch Anwendung dieser Klauseln eindeutig feststeht, wieviel der Schuldner zu zahlen und der Gläubiger zu fordern hat. Es wäre also völlig irrig anzunehmen, daß unser Rechts- und Wirtschaftsleben durch die Alleinherrschaft des Nominalprinzips bei der Gestaltung von Rechtsverhältnissen bestimmt wäre. Davon kann überhaupt keine Rede sein.

So viel zu der ersten Qualifikation: grundsätzlich Geltung des Nominalprinzips für Verbindlichkeiten, die auf die Werteinheit schlechthin lauten, und zugleich dispositiver Charakter des Nominalprinzips.

Sodann zur zweiten Qualifikation: auch das Nominalprinzip hat seine Grenzen in § 242 BGB, also in dem Grundsatz von Treu und Glauben; man könnte auch von naturrechtlichen Grenzen des Nominalprinzips sprechen und die Frage nach dem Bestehen eines etwaigen Verstoßes gegen Verfassungsnormen stellen. Diese Grenzen sind — ich sagte es schon — dem Bundesfinanzhof durchaus bewußt gewesen. Er hat auch eingehend geprüft, ob in dem vorliegenden Fall — wie gesagt —, ein Streitfall aus dem Jahre 1961 — diese Grenzen erreicht waren. Er kam seinerzeit zu dem Ergebnis, daß das Erreichen dieser Grenzen zu verneinen sei, wies aber ausdrücklich darauf hin, daß er sich nur mit den damaligen Verhältnissen befaßt habe, insbesondere

---

[6] Urteil des 5. Zivilsenats des Reichsgerichts vom 28. November 1923 — V 31/1923 — (RGZ 107, 78).

mit den damaligen Geldentwertungsraten, die noch sehr gering waren, wenn wir sie mit den heutigen Geldentwertungsraten vergleichen. Er hat in seinem Urteil von 1967 ausgeführt:

> „Die rechtliche Unangreifbarkeit des Grundsatzes „Mark gleich Mark“ schließt nicht aus, daß eine Geldentwertung infolge des Nominalprinzips zu unerträglichen Spannungen in einzelnen Bereichen der Rechtsordnung führen und die Verfassungswidrigkeit einzelner Normen zur Folge haben kann[7].“

An einer anderen Stelle hat er auf die Möglichkeit hingewiesen, daß

> „auf der Grundlage des rechtlich nicht angreifbaren Nominalprinzips infolge staatlicher Maßnahmen oder Unterlassungen in einigen Bereichen der Rechtsordnung, so auch im Steuerrecht, unerträgliche Verzerrungen auftreten, denen dann auf rechtlichem Weg, durch Gesetz oder durch Richterspruch, Rechnung getragen werden muß“[8].

An einer dritten Stelle heißt es:

> Von einem mit der Eigentumsgarantie des Grundgesetzes unvereinbaren Eingriff in die Substanz könnte erst dann gesprochen werden, wenn die jährliche Geldentwertungsrate mindestens die Zinssätze für langfristig angelegtes Kapital übersteigt. Im Streitjahr 1961 bewegte sich die Geldentwertung jedoch unterhalb dieser Grenze[9].

Nur das war der Grund, warum der Beschwerdeführer in jenem Urteil abgewiesen wurde.

Inzwischen sind die Dinge ganz zweifellos anders geworden. Es kann keine Rede mehr davon sein, daß die jährliche Geldentwertungsrate nicht mehr die Zinssätze für langfristiges Sparkapital übersteigt. Dies wird insbesondere dann offensichtlich, wenn wir uns nicht täuschen lassen durch den zwar formal unangreifbaren, aber materiell leicht in die Irre führenden Begriff der „Umlaufsrendite“ von Wertpapieren, die in der diesbezüglichen Diskussion eine nicht unproblematische Rolle spielt. Wenn man nämlich von „Umlaufsrendite“ spricht, so könnte dies den Anschein erwecken, als ob die umlaufenden Wertpapiere diese Rendite erbrächten. Das tun sie aber natürlich ganz und gar nicht für diejenigen, die sie seit ihrer Emission besitzen, sondern nur für diejenigen, die diese Papiere im jeweiligen Zeitpunkt zu einem weit unter pari liegenden Kurs erwerben. Zur Zeit liegt der Börsenkurs bei Sechsprozentern, die wohl immer noch mehr als die Hälfte des Wertpapierumlaufs ausmachen, bei etwa 60, und für jemanden, der ein Papier zu 60

---

[7] a.a.O., Abschn. VI.
[8] a.a.O., Abschn. IV, 2.
[9] a.a.O., Abschn. VI, 2.

erwirbt, errechnet sich in der Tat eine sogenannte Umlaufsrendite von mehr als 10 %. Aber es ist nicht richtig, wenn gesagt wird: mit der Umlaufsrendite ist es gar nicht so schlimm; wir haben einen riesigen Wertpapierumlauf, und dabei beträgt die Umlaufsrendite immer noch 10 bis 11 %. Wie irreführend dieses Argument ist, wird insbesondere klar, wenn wir an die Leute denken, die unserer Währungspolitik einen besonderen Dienst getan haben, indem sie vor zehn oder mehr Jahren ihr Geld langfristig am Kapitalmarkt angelegt und seitdem ihre Papiere behalten haben. Wer im Jahre 1963 ein 6 %iges Wertpapier zu einem Kurs nahe an pari gekauft hat — und dafür ist damals von Bundesregierung und Bundesbank kräftig Propaganda gemacht worden, und es fehlte auch nicht der Hinweis darauf, daß die langfristige Festlegung der Ersparnisse beim Wertpapiersparen im Gegensatz zum Kontensparen mit seinen Remonetisierungsmöglichkeiten besonders stabilitätswirksam sei —, und wer dieses Papier behalten hat, der ist heute der Dumme geworden; denn er bekommt heute auf einen stark entwerteten Kapitalbetrag einen gleichermaßen entwerteten Coupon von nach wie vor 6 % Nominalzinsen, hat also schon „vor Steuern" einen negativen Realertrag und muß diese 6 % noch dazu voll versteuern, ganz abgesehen davon, daß er bei einem Verkauf seiner Papiere vor Fälligkeit ein Opfer der inflationsbedingten Erhöhung des Landeszinsfußes wird, also insoweit sozusagen sekundär auch noch ein Opfer der Stabilitätspolitik. Die vom Bundesfinanzhof dargelegte Voraussetzung für ein Nicht-mehr-Hinnehmen der inflationsbedingten Schäden ist inzwischen längst erfüllt.

Bemerkenswerterweise haben nun gerade im Jahre 1973 einige oberste Gerichte, zuerst das Bundesarbeitsgericht[10] und dann auch der Bundesgerichtshof[11] mit einem ganz ähnlichen Urteil, das Festhalten am Nominalprinzip in konkreten Fällen als im Widerspruch zu § 242 BGB stehend bezeichnet, beide im Zusammenhang mit Versorgungsverträgen, deren Schuldner sich darauf berufen hatten, daß nur eine Versorgung mit nominaler Festlegung des Betrages vereinbart worden sei. In beiden Fällen wurde festgestellt, daß seit dem Abschluß dieser Versorgungsverträge der Lebenshaltungskostenindex sich um mehr als 40 % erhöht habe und daß es unter diesen Umständen für den Gläubiger nicht mehr zumutbar sei, sich auf dem Nominalprinzip festhalten zu lassen, daß also der Schuldner sich nicht mehr auf das Nominalprinzip als ein angeb-

---

10 Urteil dem III. Senats des Bundesarbeitsgerichts vom 30. März 1973, Aktenzeichen 3 AZR 26/72, abgedruckt u. a. in: Neue Juristische Wochenschrift 1973, S. 959.

11 Urteil des Zweiten Zivilsenats des Bundesgerichtshofs vom 28. Mai 1973, Aktenzeichen II ZR 58/71, abgedruckt u. a. in: Neue Juristische Wochenschrift 1973, S. 1599.

liches Fundamentalprinzip unseres Rechts- und Wirtschaftslebens berufen könne, sondern verpflichtet sei, mit dem Gläubiger über eine Anpassung der Versorgungsbezüge zu verhandeln.

Das klassische Urteil über das Verhältnis des Nominalprinzips zu den fundamentalen Prinzipien von Treu und Glauben hat bekanntlich das Reichsgericht im November 1923 gesprochen[12]. Es ist eine Ironie des Schicksals, daß dieses Urteil wenige Tage nach der Stabilisierung der Mark, nämlich in der zweiten Hälfte des Monats November 1923, ergangen ist. Aber es ging auch damals um einen Fall, der schon einige Zeit zurücklag, weit vor dem totalen Verfall der Mark-Währung, nämlich um einen Fall aus dem Jahre 1920. Durch dieses Urteil des Reichsgerichts — damals hat es sich um eine Hypothek gehandelt —, daß nämlich ein weiteres Festhalten am Nominalprinzip mit den Grundsätzen von Treu und Glauben nicht mehr zu vereinbaren sei, hat das Reichsgericht den Anstoß zur Aufwertungsgesetzgebung gegeben. Besonders betrüblich ist, daß die damalige Reichsregierung — und es ist kein Ruhmesblatt für die damalige Regierung und das damalige Parlament, daß sie sich dazu praktisch vom Reichsgericht zwingen lassen mußten — allen Ernstes plante, gesetzgeberische Maßnahmen zu treffen, um die durch das Urteil des Reichsgerichts notwendig gewordene Aufwertung zu verhindern, also auch für die Zukunft für die alten Mark-Schuldverhältnisse die Herrschaft des Nominalprinzips aufrechtzuerhalten. Dieser Plan des Gesetzgebers ist dann, wenn ich recht sehe, an einer klassischen Verlautbarung gescheitert, die in der „Juristischen Wochenschrift" von 1924 unter der Rubrik „Vereine" erschienen ist[13]. Unter dem Stichwort „Richterverein beim Reichsgericht" gab dieser Verein in zurückhaltender Sprache, aber mit nicht zu überbietender Deutlichkeit zu erkennen, daß er ein solches Gesetz nicht anzuwenden bereit wäre. Die Richter beim Reichsgericht haben in dieser Verlautbarung einen authentischen Kommentar zum Reichsgerichtsurteil vom November 1923 gegeben; es heißt dort:

Gestützt ist die Entscheidung
— nämlich vom November 1923 —
auf den großen Gedanken von Treu und Glauben, der unser Rechtsleben beherrscht, gestützt auf die Erkenntnis, daß ein ferneres Festhalten an der Vorstellung, Mark sei gleich Mark, zu einem höchsten Maß des Unrechts führen würde, unerträglich in einem Rechtsstaat.

Immerhin eine bemerkenswerte Sprache für Richter, die damals gewohnt waren, nur nach dem positiven Recht zu urteilen!

---

[12] s. Fußnote 6.

[13] Juristische Wochenschrift 1924, S. 90.

Die Frage, von welchem Punkt an Recht zu Unrecht wird, ist in allen bisherigen theoretischen Verlautbarungen zu diesem Thema und in allen Urteilen einigermaßen unbestimmt geblieben. Es ist auch sehr schwer, hier eine konkrete Grenze zu setzen. Wir werden nicht bezweifeln können, daß ein wirklich kleines Maß an materiellem Unrecht im Interesse der Rechtssicherheit und der Vereinfachung toleriert werden könnte. Aber über diesen Punkt eines wirklich kleinen Unrechts, das toleriert werden könnte, sind wir nach meiner Überzeugung inzwischen längst hinausgekommen. Es stellt sich also für uns die Frage: sollen wir wieder, wie es in der großen Inflation Anfang der zwanziger Jahre geschehen ist, auf die höchsten Gerichte warten, oder sollen wir nicht vielleicht, ehe wir in unserem bisherigen Verhalten von den höchsten Gerichten desavouiert werden, unsererseits schon Schritte tun und uns darauf einrichten, daß ein weiteres Festhalten am Nominalprinzip nicht mehr ein Faktor der Ordnung, sondern ein Faktor der Unordnung wäre?

III.

Damit komme ich zur rechtspolitischen Bedeutung des Nominalprinzips. Die Bundesrepublik ist durch das Währungsgesetz von 1948 eines der ganz wenigen Länder, ja, wenn ich recht sehe, sogar das einzige Land, in dem das Nominalprinzip für die Gestaltung von Rechtsverhältnissen im positiven Recht etabliert ist. Früher war das völlig anders; da gab es hierüber keine Bestimmungen. Die Älteren unter uns wissen aus der Erfahrung, und die Jüngeren werden es möglicherweise aus der Literatur wissen, daß etwa in den 20er Jahren und zu Beginn der 30er Jahre die Wertsicherungsklauseln am deutschen Kapitalmarkt in verschiedenen Formen absolut dominierten, mindestens in der Form der Gold- oder Dollarklauseln, aber auch in der Form von Warenwertklauseln (z. B. Roggenklauseln).

Der berühmte § 3 des Währungsgesetzes von 1948 enthält zwar keineswegs ein absolutes Verbot von Wertbeständigkeitsklauseln, aber ein bedingtes Verbot, ein Verbot mit Erlaubnisvorbehalt. Von diesem Erlaubnisvorbehalt wird ja auch kräftig Gebrauch gemacht, wie Sie aus den laufenden Statistiken der Bundesbank über die Erteilung von Genehmigungen nach § 3 des Währungsgesetzes ersehen können. Diese Bestimmung war zweifellos gedacht als eine Starthilfe für die Deutsche Mark, die damals sozusagen nackt und bloß, ohne jegliche Devisenreserve, ohne einen Vertrauensvorschuß in einem darniederliegenden Land mit gelähmter Wirtschaft ins Leben trat. Eine solche Starthilfe war psychologisch durchaus verständlich. Militärregierungsrecht bzw. Besatzungsrecht ist zwar vorkonstitutionelles Recht, aber es steht gewiß nicht außerhalb der Reichweite der Fundamentalprinzipien des Grundgesetzes. Das ist in mehrfacher Hinsicht bedeutsam, verfassungsmäßig bedeutsam etwa für die Frage nach den Grundsätzen für die Ausfüllung dieses Rahmens — damit werde ich mich hier nicht weiter beschäftigen —, bedeutsam aber auch für etwaige materielle Kollisionen mit fundamentalen Verfassungsgrundsätzen, etwa dem Schutz des Eigentums gegen die kalte Enteignung durch die Inflation oder für die Kollision mit dem fundamentalen Grundsatz der Vertragsfreiheit und anderen Grundsätzen der Verfassung.

Der Hamburger Jurist Bettermann hat sich vor einiger Zeit in einem sehr lesenswerten Aufsatz[14] mit diesen Fragen ausführlich auseinandergesetzt. Er hat dabei vor allem auf die Einschränkung der im Grundgesetz garantierten Vertragsfreiheit hingewiesen. Eine Einschränkung der Vertragsfreiheit müßte jedenfalls — das ist die Meinung von Bettermann und auch meine Meinung — einwandfrei begründet sein durch übergeordnete Interessen, und gerade darauf ist bisher leider allzuwenig Mühe verwendet worden. Der bloße Hinweis auf die Heiligkeit des Nominalprinzips verfängt hier natürlich gar nicht; das würde ja auf die logische Figur einer *petitio principii* hinauslaufen.

Das Bundesverfassungsgericht selbst hat sich mit diesen Grundsatzfragen meines Wissens nur am Rande beschäftigt. Im Jahre 1969 wurde es mit der Frage der verfassungsmäßigen Zulässigkeit der Nichtberücksichtigung der Geldentwertung bei der Besteuerung von Zinserträgen — also genau mit dem Problem, mit dem sich der Bundesfinanzhof 1967 auseinandergesetzt hat — befaßt. Es ist damals zu dem Ergebnis gekommen, die Zulässigkeit der Nichtberücksichtigung der Geldentwertung zu bejahen. Aus der Begründung des Bundesverfassungsgerichts[15] ist ein Passus sehr bemerkenswert — Beschluß vom 21. Januar 1969 —:

> Das Sozialstaatsprinzip ist durch die Besteuerung der Kapitalzinsen nach dem Nominalprinzip nicht verletzt. Bei der Beurteilung der Schutzbedürftigkeit der „armen Sparer“

— die „armen Sparer“ hat das Bundesverfassungsgericht aus mir nicht ganz erfindlichen Gründen in Anführungsstriche gesetzt —

> kann nicht unberücksichtigt bleiben, daß der Steuerpflichtige die Art seiner Kapitalanlage und Altersversorgung unter Abwägung des Sicherheitsbedürfnisses, des Kursrisikos, der realen Substanzerhal-

---

14 Karl August *Bettermann:* Die Geldentwertung als Rechtsproblem. Zeitschrift für Rechtspolitik, 1974, S. 13 ff.

15 Aktenzeichen BvR 346, 598/68, abgedruckt im Bundessteuerblatt Teil II, 1969, S. 347.

tung, der Liquiditätsvorliebe und der Ertragserwartung selbst bestimmen kann.

Diese Bemerkung des Bundesverfassungsgerichts entbehrt nicht eines gewissen Zynismus. Denn ich frage: wie kann denn nun eigentlich der „arme Sparer“, der wirklich ein armer Sparer ist, den ich nicht in Anführungszeichen setzen möchte, unter der Herrschaft des Nominalprinzips alles das tun, nämlich die Art seiner Kapitalanlage und Altersversorgung abwägen unter Berücksichtigung des Sicherheitsbedürfnisses, des Kursrisikos, der realen Substanzerhaltung, der Liquiditätsvorliebe und der Ertragserwartung, wenn wir ihm dies durch das Festhalten am Nominalprinzip unmöglich machen? Er kann es tun, indem er in die Sachwerte flieht, etwa in das „Beton-Gold“, wobei allerdings seiner Liquiditätsvorliebe nicht besonders gedient ist, dem Sicherheitsbedürfnis auch nicht so sehr. Ich komme gerade von der Insel Sylt, wo das „Beton-Gold“ an jeder Straße mit Händen zu greifen ist, und an ungefähr der Hälfte der halb- oder dreiviertelfertigen Bauten, in denen Eigentumswohnungen erstellt werden, konnte ich lesen: „zu verkaufen“. Da ist es also mit der Sicherheit und den Ertragserwartungen auch nicht mehr so weit her. — Kurzum, die Sparer sind wirklich arme Sparer; da kann ich dem Bundesverfassungsgericht nur aus vollem Herzen zustimmen.

Eine andere Frage stellt sich hier auch noch — ich will sie nur der Vollständigkeit halber am Rande erwähnen —, nämlich die Frage einer Kollision des Nominalprinzips mit dem Verfassungsgrundsatz der Tarifhoheit; auch darauf weist Bettermann hin. Die Frage, ob die Tarifhoheit durch das Nominalprinzip eingeschränkt wird, ist abhängig von der durchaus kontroversen Antwort auf die Frage, ob Wertbeständigkeitsklauseln in Tarifverträgen überhaupt unter den § 3 des Währungsgesetzes fallen. Gute Sachkenner des Arbeitsrechts — zu denen ich mich nicht zähle — sind der Meinung, daß sie nicht von § 3 des Währungsgesetzes erfaßt werden, da Tarifverträge keine Schuldverhältnisse begründen, sondern Normen setzen, der § 3 des Währungsgesetzes aber ausdrücklich auf die Eingehung von Geldschulden abhebt. Das kann jedoch hier auf sich beruhen bleiben.

Tatsächlich können nichtnominale Schuldverhältnisse nach den Grundsätzen der Bundesbank schon heute in weitem Umfang begründet werden. Die einzigen, die von dieser Möglichkeit nachhaltig total ausgeschlossen sind, sie die Geldvermögensbesitzer (Sparer), diejenigen also, die durch Ersparnis wirklich zur Stabilisierung des Geldwertes im Sinne der stabilitätspolitischen Bemühungen von Bundesregierung und Bundesbank beitragen. Dagegen können z. B. die Grundvermögensbesitzer beim Verkauf von Grundstücken jederzeit eine wertbeständige

Leibrente oder wertbeständige Abzahlungsmodalitäten für Grundstücksverkäufe u. dgl. vereinbaren. Auch diese unterschiedliche Behandlung von Geldvermögensbesitz und Sachvermögensbesitz, insbesondere Grundvermögensbesitz, erscheint mir rechts- und gesellschaftspolitisch außerordentlich bedenklich.

Die einzige Möglichkeit, Geldvermögen wertbeständig anzulegen — wenigstens in Form einer Anwartschaft auf eine nicht inflationsgefährdete Leibrente —, wurde durch die Öffnung der Sozialversicherung für alle geschaffen. Hierbei wurde eine Chance gegeben, unter dem Schein der Nachzahlung von Beiträgen größerer Kapitalbeträge bei der Sozialversicherung einzuzahlen und dadurch an der Wertbeständigkeit der Sozialrenten zu partizipieren. Aber damit wiederum wird ja weiterhin beigetragen zur Diskriminierung der individuellen gegenüber der kollektiven Altersvorsorge, und auch das ist gewiß nicht ohne gesellschaftspolitische Bedenken. — Im übrigen hat der Gesetzgeber selbst durch die Rentenreform von 1957 Millionen von nichtnominalen Geldschuldverhältnissen geschaffen.

Wenn man das alles in Betracht zieht, so kann faktisch ganz gewiß nicht davon die Rede sein, daß das Nominalprinzip heute unser Rechts- und Wirtschaftsleben allein beherrsche, sondern wir haben ein gemischtes System, und die Prinzipien dieser Mischung müßten ökonomisch und insbesondere stabilitätspolitisch eingehend untersucht und gerechtfertigt werden. Aber gerade das ist bisher trotz einiger diesbezüglicher Versuche, zu denen ich auch das Gutachten des Essener Instituts vom Juni 1973[16] rechne, noch nicht in befriedigender Weise geschehen. Jedenfalls sind die stabilitätspolitischen Erfolge des bisherigen Mischungsverhältnisses, die ja durch eine fortgesetzte Steigerung des inflationären Trends über alle Zyklen hinweg gekennzeichnet sind, nicht ermutigend.

Ich frage mich manchmal, was geschehen wäre, wenn wir etwa im Jahre 1968, als wir so forsch darangingen, eine expansive Politik zur Überwindung der damaligen Rezession zu betreiben, auf die Idee gekommen wären, die inflationären Risiken der damaligen Politik einzuschränken durch Zulassung wertbeständiger Schuldverhältnisse im Kapitalverkehr. Wenn sich dann — was nur eine Hypothese ist — die Inflationsrate so entwickelt hätte, wie sie sich tatsächlich seit 1969 entwickelt hat, so wäre mit absoluter Sicherheit die Schuld auf die Indexklauseln geschoben worden. Man hätte gesagt: Da seht ihr es; seit wir die Indexklauseln haben, geht die Inflationsrate steil nach oben,

---

[16] Rheinisch Westfälisches Institut für Wirtschaftsforschung: Geldwertsicherungsklauseln als Indikator von Inflationserwartungen — Vor- und Nachteile von Indexklauseln, Essen, Juni 1973.

während bisher alles noch in Ordnung war; das ist der empirische Beweis dafür, daß die Indexklauseln einen negativen Einfluß ausüben! — Die umgekehrte Frage, ob nicht die Steigerung der Inflationsrate in diesen fünf Jahren seit 1969 vielleicht doch etwas mit dem Festhalten am Nominalprinzip zu tun habe, wird schamhafterweise nie gestellt. Aber gerade diese Frage ist natürlich dringend untersuchungsbedürftig. Ich persönlich bin der Überzeugung, daß das Festhalten am Nominalprinzip zwar sicherlich nicht die Inflation bewirkt, aber doch zu einer Selbstverstärkung der Inflation geführt hat.

IV.

Zum Abschluß noch einige Worte über die ökonomische Bedeutung des Nominalprinzips.

Das Nominalprinzip macht eine wirtschaftlich sinnvolle Bemessung von aufgeschobenen Zahlungsverpflichtungen absolut unmöglich. Ich darf daran erinnern, daß die mittlere Laufzeit etwa eines Lebensversicherungsvertrages zwischen 25 und 30 Jahren liegt, also von jetzt an gerechnet rund bis zum Jahre 2000 reicht. Was hat es für einen Sinn, für das Jahr 2000 auf Nominalbasis eine Versicherungssumme von 100 000 DM zu vereinbaren? Das kann, wenn alles einigermaßen gutgeht, noch ziemlich viel sein, das kann fast nichts mehr sein, das kann irgend etwas zwischen „noch ziemlich viel" und „fast nichts mehr" sein. Man kann versuchen, die Frage durch Extrapolation der gegenwärtigen Inflationsrate zu beantworten. Aber das ist ziemlich sinnlos, denn das einzige, was wir mit hinreichender Sicherheit voraussagen können, ist, daß die Inflationsrate nicht 26 Jahre lang konstant bleiben wird. Tatsächlich werden trotzdem noch jedes Jahr Tausende von Lebensversicherungsverträgen abgeschlossen — freilich nicht, weil die Leute glauben, daß sie da wirklich etwas Vorausberechenbares vereinbaren, sondern weil die komparativen steuerlichen Vorteile des Abschlusses von Lebensversicherungsverträgen gegenüber anderen Kapitalanlagen außerordentlich hoch sind und weil auch gar keine andere Möglichkeit bleibt, um den Risiken hinsichtlich der individuellen Lebenserwartung Rechnung zu tragen.

Ganz unbestreitbar besteht ökonomisch ein dringendes Bedürfnis nach dem, was man im englischen Sprachbereich einen *standard for deferred payments* nennt. Dieses Bedürfnis bleibt heute notwendigerweise ungestillt. Damit ist auch das ökonomisch fundamentale Prinzip der Äquivalenz von Leistung und Gegenleistung, wenn Leistung und Gegenleistung zeitlich auseinanderfallen, um so mehr gefährdet, je stärker das zeitliche Auseinanderfallen ist, je stärker die Inflationsrate in der Zeit zwischen Leistung und Gegenleistung ansteigt, und je weniger sie vorausberechenbar ist.

Ich sagte schon, die volkswirtschaftlichen Gesamtrechner haben es gut, da sie ihren Deflator haben. Aber was hilft das, wenn den Wirtschaftssubjektiven nichts Adäquates zur Verfügung steht! Die allgemeine Erwartung jedenfalls geht heute — ich lasse dahingestellt, ob zu Recht oder zu Unrecht — auf eine Extrapolation der bisherigen Erfahrung hinaus, daß in der Inflation stets die Gläubiger verlieren — salopp ausgedrückt: daß die Sparer immer die Dummen sind — und daß die Schuldner gewinnen. Das letztere wird meist schamhaft verschwiegen. Es gibt sehr viele Publikationen über das Inflationsproblem, in denen einseitig nur auf die Verluste der Gläubiger hingewiesen und so getan wird, als ob eine Inflation sozusagen für die Volkswirtschaft im ganzen einen Verlust bedeute, den man auf alle verteilen müsse, weil Katastrophen leichter zu tragen sind, wenn sie von allen getragen werden. Davon kann überhaupt keine Rede sein. Jedem Inflationsverlust der einen entspricht ein Inflationsgewinn der anderen. Wir sind freilich leicht geneigt zu vergessen, daß die Inflation genauso viel an individuellen Gewinnen bringt wie an individuellen Verlusten. Dieses immer wieder ins Gedächtnis zurückzurufen, gehört meines Erachtens zu unseren wichtigsten publizistischen Pflichten. Daß Inflation grundsätzlich ein schlechtes Geschäft für Gläubiger — lies: für Sparer — und ein gutes Geschäft für Schuldner — lies: für Sachwertbesitzer, insbesondere Grundbesitzer — ist, gilt freilich genau gesagt, nicht für die Inflation als solche, sondern nur für eine Inflation, die mit der Herrschaft des Nominalprinzips für langfristige Schuldverhältnisse einhergeht. Es gilt also nicht z. B. für Brasilien seit 1964, wo man sich in einer Zeit, in der die Inflationsrate auf 90 % im Jahr gestiegen war, endlich zu einer „monetären Korrektur“ für sämtliche Schuldverhältnisse entschloß und wo es immerhin — es bleibe dahingestellt, ob wegen oder trotz dieser „monetären Korrektur“ — in den zehn Jahren, die seitdem verflossen sind, gelungen ist, die Inflationsrate von 90 auf etwa 15 % pro Jahr zu reduzieren.

Bei uns geht, jedenfalls zunächst, der Erwartungshorizont dahin, das Schuldenmachen ein gutes und Sparen ein schlechtes Geschäft ist. Dieser Erwartungshorizont ist aber als solcher, ganz gleich, ob er sich später verifiziert oder nicht, schon ein maßgebender (wenn auch sicher nicht der allein maßgebende) Faktor für den Fortgang des Inflationsprozesses. Diese Erwartungen bedeuten nämlich: Inflationszeiten sind schlechte Zeiten für Geldvermögensbesitzer, das bedeutet Entmutigung der Ersparnisbildung. Mir scheint, für die konjunkturpolitische, die stabilitätspolitische Wirkung kommt es vor allem darauf an, den Faktor Geldvermögensbildung in den Vordergrund zu stellen und nicht jenes

Mixtum compositum aus Geldvermögensbildung und Sachvermögensbildung, das wir in dem in der Volkswirtschaftlichen Gesamtrechnung verwendeten Begriff der „Ersparnis“ vorgesetzt bekommen. Wenn wir die Geldvermögensbildung allein in Betracht ziehen, so kann keine Rede mehr davon sein, daß wir heute eine Sparquote von 13,5 % des verfügbaren Einkommens haben und daß diese Sparquote kaum zurückgegangen ist. Die Quote der Geldvermögensbildung, gemessen am verfügbaren Einkommen, ist erheblich zurückgegangen. Die Geldvermögensbildung ist, wenn ich die Zahlen richtig interpretiere, im Jahre 1973 real, d. h. nach Bereinigung der Geldvermögensbildung der privaten Haushalte durch den „Deflator“, sogar kräftig negativ gewesen.

Gute Zeiten für den Schuldner bedeuten Spekulation auf Schuldnergewinne, Anreiz zur kreditfinanzierten Investition. All dies hat zusammen mit den schon erwähnten Kursrisiken für festverzinsliche Wertpapiere und wegen des Substanzschwundes der langfristig festgelegten Geldvermögensbestände praktisch bei uns den Kapitalmarkt weitgehend ruiniert. Am Kapitalmarkt ist eine permanente Tendenz zur Fristenverkürzung zu beobachten, eine Präferenz für Finanzierungsmethoden, die, was das Aktivgeschäft angeht, viel stärker mit Geldschöpfung einhergehen als dies bei funktionierendem Kapitalmarkt der Fall ist.

Auch dieses alles gilt offensichtlich nur unter der Herrschaft des Nominalprinzips. Daher scheint mir, daß ein Abgehen vom Nominalprinzip zwar selbstverständlich nicht eine Stabilisierung mit einem Schlage, aber doch eine Abschwächung der sekundären Inflationstendenzen bedeuten würde, d. h. der Tendenzen, die zu einer Selbstverstärkung der Inflation beitragen und die übrigens auch in der großen Inflation der frühen 20er Jahre eine erhebliche Rolle gespielt haben. Diese Selbstverstärkung der Inflation bedeutet leider zugleich — nicht zuletzt unter sozialpsychologischem Blickwinkel — auch eine Verstärkung der gesellschaftspolitischen Schäden der Inflation, und wir haben allen Anlaß, hier sehr wachsam zu sein.

Wir sollten uns auch nicht damit beruhigen, daß — wie manchmal gesagt wird — genau dasselbe wie durch wertbeständige Schuldverhältnisse auch durch das sogenannte inflatorische Gleichgewicht erreicht werden könnte, indem man einfach die zu erwartende Inflationsrate zu den Zinsen hinzuschlägt. Dieses sogenannte inflatorische Gleichgewicht, eine Idee, die wohl auf Irving Fisher zurückgeht, ist sicherlich ein interessantes Modell, ist aber ganz und gar nicht realistisch und niemals realisierbar. Es setzt z. B. eine zutreffende Vorausschätzung und ein langfristiges Gleichbleiben der Inflationsraten voraus; beides ist offensichtlich unmöglich. Es verwischt die Trennungslinie zwischen Einkommen und Vermögen — denken Sie an die steuerlichen Aspekte —;

auch dies ist ein ernstes und meines Erachtens durchschlagendes Bedenken gegen das Modell des inflatorischen Gleichgewichts. Schließlich macht es — das ist vielleicht noch wichtiger — ein nachhaltiges und substantielles Herabdrücken der Inflationsrate unmöglich, weil ein solches Herabdrücken der Inflationsrate automatisch zu einer Erhöhung des Realzinses führen würde. Wenn die gegenwärtigen Nominalzinsen zu einem großen Teil nur Ausgleich für Inflationsverluste bzw. -gewinne sind, so steigen, wenn die Inflationsraten sinken, in langfristigen Schuldverhältnissen notwendigerweise die Realzinsen. Das müßte auf der Seite der Schuldner zu Zusammenbrüchen und dergleichen führen, und es gehört wenig Phantasie, sondern nur etwas Kenntnis unserer politischen Landschaft dazu, um vorauszusehen, daß das in Kürze zu einem notgedrungenen Abbruch der Stabilisierungspolitik führen würde.

Meine Damen und Herren, ich komme zum Schluß. Selbst wenn das Abgehen vom Nominalprinzip auf dem Gebiet des langfristigen Kapitalverkehrs nur die gesellschaftspolitische Wirkung hätte, die durch die Inflation bewirkte ärgerliche laufende Vermögensumverteilung zwischen Gläubigern und Schuldnern zu inhibieren, so wäre schon dies ein gesellschaftspolitischer Gewinn von nicht zu unterschätzender Bedeutung. Aber darüber hinaus hätte ein Abgehen vom Nominalprinzip auf diesem Gebiet nach meiner Überzeugung eine nicht geringere Bedeutung in stabilitätspolitischer Hinsicht. Indexklauseln im Kapitalverkehr würden nämlich ein entscheidendes Hilfsmittel zur Vermeidung des erwähnten Mechanismus der Selbstverstärkung der Inflation, somit zur Erhöhung der Wirksamkeit einer Politik der Inflationsbekämpfung darstellen[17].

Die Inflation hat heute ein Ausmaß erreicht, das nicht nur wirtschaftspolitisch, sondern auch (und vielleicht mehr noch) gesellschaftspolitisch höchst alarmierend ist. Sie hat einen auf die Dauer nicht mehr tolerablen Prozeß, einer gigantischen Vermögensumverteilung zwischen Geldvermögensbesitzern und Sachvermögensbesitzern in Gang gesetzt und sekundär zu einer bedenklichen Fehlallokation von Ressourcen geführt. Aber sie konnte das nur tun, weil wir bisher *bona fide* geglaubt haben, gerade auf dem Gebiet des langfristigen Kapitalverkehrs um keinen Fußbreit vom Nominalprinzip abweichen zu sollen. Hier werden wir lernen müssen, kritisch umzudenken. Es handelt sich dabei nicht um Wahrheit und Irrtum in der nominalistischen Geldtheorie, nicht um den rechtspolitischen Wert und die Grenzen des Nominalprinzips als Auslegungsregel für die Rechtsprechung, sondern es handelt sich darum, ob wir es uns leisten können, die Verzerrungen als Fatum hinzunehmen,

---

[17] Siehe dazu neuerdings meinen Beitrag „Indexklauseln im langfristigen Kapitalverkehr als Hilfsmittel der Inflationsbekämpfung“, in: Probleme der Indexierung, hrsg. v. Werner Ehrlicher. Beiheft 2 zu „Kredit und Kapital“, Berlin 1974.

die unvermeidlich sind, wenn wir bei hohen Inflationsraten weiterhin an der Fiktion Mark = Mark festhalten, und ob es wirklich ratsam ist, der dadurch bedingten und mehr und mehr um sich greifenden Lähmung des Kapitalmarkts mit verschränkten Armen zuzusehen und bei problematischen Notbehelfen Zuflucht zu suchen. Ich meine, es sei in dieser Hinsicht höchste Zeit, die heilige Kuh des Nominalprinzips mutig zu schlachten und dadurch einen neuen Start der Stabilitätspolitik zu ermöglichen.

Erfahrungen mit Lohn-Preis-Index-Bindungen in anderen Ländern

Referat von Dr. Oscar-Erich Kuntze (München)

Herr Vorsitzender! Meine Damen und Herren! Bevor ich in die Retrospektive eintrete, möchte ich Ihnen eine Prognose über den Problembereich Inflation/Indexierung zur Kenntnis bringen. Fast auf den Tag genau vor zehn Jahren, am 9. Mai 1964, zu einer Zeit also, als die Geldentwertung weder in der Schweiz noch bei uns besondere Probleme aufwarf, hielt Professor Jöhr, St. Gallen, ein Referat über das Thema „Gedanken über die Wirtschaft in 100 Jahren". Im Zuge seiner Ausführungen wagte er auf die selbstgestellte Frage, ob das Inflationsproblem die Menschheit auch im Jahre 2064 noch beschäftigen werde, folgende visionär anmutende Antwort — ich zitiere —:

> Dies wird sicher nicht der Fall sein. Das Problem der Inflationsbekämpfung ist schon einige Jahrzehnte vorher aus Abschied und Traktanden gefallen, nicht in erster Linie, weil es keine inflatorischen Prozesse mehr gibt, sondern weil bei sämtlichen auf nominelle Werte lautenden längerfristigen Verträgen und gesetzlichen Verpflichtungen des Staates und der Bürger die automatische Berücksichtigung von Geldwertänderungen stipuliert ist. Sollten sich noch inflatorische Prozesse abspielen, so würden sie bloße Schönheitsfehler darstellen, die wohl nur noch von der älteren Generation beklagt werden.

Soweit Walter Adolf Jöhr. Eine derart unproblematische Sicht des Inflationsproblems klingt heute einigermaßen wie Zukunftsmusik, denn Tatsache ist doch, daß trotz des Bestehens weitreichender Indexklauseln in sehr vielen Ländern gerade heute, also zehn Jahre nach dieser Prognose, die Inflationsmisere wohl das brisanteste Problem der Weltwirtschaft ist. Aber die bestechende Möglichkeit einer Neutralisierung des Inflationsprozesses läßt in unserem Lande Initiativen Raum greifen, um Entsprechendes auch hier zu installieren.

So wird als Alternative zu einer Stabilisierungskrise vorgeschlagen, sowohl Zins- als auch Lohngleitklauseln zu erwägen, mit deren Hilfe man der Inflation den Zahn ziehen könne, ohne Beschäftigungseinbrüche in Kauf nehmen zu müssen. Erst kürzlich hat sich auch Professor Gutowski in diesem Sinne geäußert und gemeint, daß man auf eine ungewöhnliche Gegebenheit, wie die derzeit gegebene Inflationsrate eine ist, nur mit derart unkonventionellen Mitteln reagieren könne.

Nun, so unkonventionell, wie sie unter bundesrepublikanischen Verhältnissen erscheinen mögen, sind diese Mittel aber im Grunde nicht. Denn zumindest Lohngleitklauseln gehören in den meisten westeuropäischen Ländern schon mehr oder minder lange zum ökonomischen Alltag, und auch außerhalb Europas ist derlei für viele Industrieländer nichts Neues. Selbst auf die Gefahr hin, Sie zu langweilen, möchte ich Ihnen kurz einen Überblick darüber geben, in welchen Ländern und wie lange derartige Lohngleitklauseln bereits praktiziert werden bzw. praktiziert wurden.

Die Lohn-Preis-Index-Bindung ist in Belgien seit 1948 allgemein gebräuchlich. In Dänemark wurde sie bereits 1946 per Kollektivabmachung zwischen den Sozialpartnern eingeführt. Finnland kannte generell geltende Lohngleitklauseln gut zwanzig Jahre, bis sie 1968 per Gesetz verboten wurden. In Frankreich konnte man vor und nach dem 2. Weltkrieg jahrzehntelang Erfahrungen auf diesem Gebiet sammeln. Neuerdings schießen dort indexgesicherte Arbeitsverträge seit 1971 wieder ordentlich ins Kraut, nachdem Staatspräsident Pompidou einem seit 1959 bestehenden diesbezüglichen Verbot zum Trotz der Zweckmäßigkeit derartiger Indexierungen öffentliches Lob gespendet hatte. Großbritannien entschloß sich Ende letzten Jahres zu einer derartigen Regelung. In Irland wurden Lohngleitklauseln erst 1971 allgemein eingeführt, während die Isländer bereits mehr als ein Jahrzehnt und die Italiener seit 1948 indexgesicherte Arbeitseinkommen beziehen. Luxemburg kennt die Indexierung der Löhne bereits seit gut zwei Jahrzehnten, und in den Niederlanden wurde sie 1965 öffentlich sanktioniert. Die Löhne und Gehälter auch der norwegischen Arbeitnehmer sind seit Mitte der fünfziger Jahre weitestgehend indexiert. In der Schweiz ist man bezüglich einer Zeitangabe auf Vermutungen angewiesen. doch kann man unterstellen, daß mindestens seit 1966 fast alle Arbeitnehmer indexgesicherte Einkommen beziehen. Australien konnte vom Ende des 2. Weltkriegs bis 1953 Erfahrungen mit der Lohn-Preis-Index-Bindung sammeln. Und in Israel schließlich ist es seit dem Vorjahr allgemein gebräuchlich, Arbeitsverträge mit Indexklauseln zu versehen.

Dem Beobachter bieten sich also sowohl unter zeitlichen als auch unter geographischen Aspekten teilweise recht weite Horizonte. Aber auch was die Indextechnik im einzelnen, also die Art der Verkettung zwischen Verbraucherpreisindex und Löhnen, anbelangt, zeigt sich ein reich facettiertes Bild. Hier wird die Verteuerung der Lebenshaltung ex post und da ex ante ausgeglichen. Hier gilt eine Indexklausel einheitlich für alle unselbständig Beschäftigten, dort wird der Modus der Indexierung branchenweise ausgehandelt. In einigen Ländern wird der Teuerungsausgleich vierteljährlich, in anderen halbjährlich und in dritten alle zwei oder vier Monate ausgerichtet. Weiterhin gibt es Länder, in denen sich die Laufzeit von Tarifverträgen danach richtet, wann ein bestimmter, vorher festgelegter Indexwert erreicht wird. Es ist dies eine verwirrende Szene, deren Überschaubarkeit durch die laufend erfolgenden Modifikationen der Indextechnik noch zusätzlich erschwert wird.

Gleichwohl lassen sich aus diesem Wust von Tatsachen und Methoden gewisse Erfahrungen destillieren, die nach meinem Dafürhalten eine Antwort auf die Frage erlauben, ob — und wenn ja, inwiefern — Lohngleitklauseln den Inflationsprozeß beeinflussen. Ich habe die wichtigsten dieser Erfahrungen in vier Punkten zusammengefaßt.

Punkt 1:

Die Bindung der Löhne an den Index der Lebenshaltungskosten kommt nicht als einer der verschiedenen Auslöser einer Inflation in Frage. Hierzu einige Fakten: Bei der Betrachtung einer Graphik, auf der die Verteuerung der Lebenshaltung während der vergangenen Jahre für jede der eben erwähnten Volkswirtschaften in Kurvenform aufgezeichnet ist, kommt man zu der zunächst verblüffenden Feststellung, daß — mit zwischengeschalteten Abstufungen — Länder mit stark verbreiteter Lohn-Preis-Indexierung sowohl die niedrigsten als auch die höchsten Inflationsraten Westeuropas aufzuweisen haben. So machte der Geldwertverfall in Belgien und Luxemburg die langsamsten Fortschritte, während für Dänemark und Norwegen überdurchschnittlich stark ansteigende Kurven zu registrieren sind, ganz zu schweigen von Island, das im Durchschnitt der letzten zehn Jahre gar eine zweistellige Inflationsrate aufzuweisen hat. Mit der Existenz von Lohngleitklauseln ist die augenfällige Diskrepanz zwischen relativ preisstabilen und inflationsgeplagten Volkswirtschaften nicht zu erklären. Ja, es sei sogar ausdrücklich auf den Fall Italien verwiesen, wo die Lohn-Preis-Index-Mechanik einem Rückgang der Teuerungsrate von 5,9 % im Krisenjahr 1964 auf international beispielhafte 1,4 % im Jahre 1968 nicht im Wege stand.

Wenn man sich indes die in der Vergangenheit in den einzelnen Ländern verfolgte Wirtschaftspolitik ins Gedächtnis zurückruft, so erhält man schon eher einen gewissen Aufschluß über die Ursachen der unterschiedlichen Inflationstempi. In Belgien und Luxemburg wurde beispielsweise eine sehr liberale und wettbewerbsfreundliche Wirtschaftspolitik betrieben unter Verzicht auf überzogene Wachstumsziele und forcierte soziale Verbesserungen, so daß keine allzu starken gesamtwirtschaftlichen Disproportionen auftreten konnten. Und im Falle Italiens hielten sich die Gewerkschaften nach 1964 mit ihren Aktivitäten sogar so weit zurück, daß die Realeinkommen der Beschäftigten teilweise hinter den Steigerungsraten der gesamtwirtschaftlichen Produktivität zurückblieben.

Anders in den Niederlanden und in den skandinavischen Volkswirtschaften. Hier hatte man anspruchsvollere Vorstellungen bezüglich des Wachstums, der Vollbeschäftigung und sozialer Reformen mit der Folge, daß vielfach gesamtwirtschaftliche Disproportionen entstanden, im wesentlichen hervorgerufen durch inflatorisch wirkende Fiskal-, Kredit- und Sozialpolitik. Das Resultat war jedes Mal, wie nicht anders zu erwarten, eine Beschleunigung der Inflation, wobei sich die erreichten relativ hohen Inflationsraten als bemerkenswert zählebig erwiesen, als ausgesprochen resistent gegenüber den stabilitätsorientierten Bemühungen der wirtschaftspolitischen Instanzen. Dabei muß allerdings eingeräumt werden, daß diese stabilitätsorientierten Bemühungen nicht gerade mit äußerster Konsequenz praktiziert wurden, da man in der Hauptsache das Beschäftigungs- und Wachstumsziel im Auge hatte. Es ist aber auch festzuhalten, daß diese stabilitätspolitischen Bemühungen durch die Existenz von Lohngleitklauseln nicht gerade erleichtert wurden.

Damit bin ich bei Punkt 2:

Dieser Punkt lautet kurz gefaßt: *Lohngleitklauseln haben die Tendenz, bei deutlich beschleunigtem Preisauftrieb als Schwungrad der Inflation zu wirken und der Verstetigung oder auch der Beschleunigung des inneren Kaufkraftverfalls einer Währung Vorschub zu leisten.* Hierzu einigen Tatsachen: In Dänemark beispielsweise hat man sich diese Erkenntnis schon an den Schuhsohlen abgelaufen. Denn bereits während des sogenannten Korea-Booms hatte die dortige Regierung irritiert feststellen müssen, daß sich der Preisauftrieb wie durch Zauberhand mehr und mehr beschleunigte und daß sich auch ihre Versuche, die Inflation per Verbrauchsteuererhöhung zu dämpfen, als Schlag ins Wasser erwiesen. Denn es erfolgte nur jeweils ein weiterer Teuerungs- und Einkommensschub, da die Steueranhebung in den Index der Lebenshaltungskosten einging und damit automatisch neue Lohnerhöhungen fällig wurden. Da ferner auch die direkten Steuern bei der Indexberechnung Berücksichtigung fanden, kam auch eine Heraufsetzung derselben zum Zwecke der Nachfragesteuerung nicht in Frage, so daß sich die Regierung auf fiskalpolitischem Gebiet zu weitgehender Handlungsunfähigkeit verdammt sah. Später hat das Dänische Statistische Amt dann errechnet, daß nicht weniger als 75 % der Preissteigerungen während des Korea-Booms der Existenz des Lohnindexsystems anzulasten waren und lediglich 25 % der Teuerung auf die gestiegenen Einfuhrpreise zurückgeführt werden konnten. — Auch in den folgenden Jahren erschwerte es diese fatale Klausel den Regierungen, die Inflationsrate auf den europäischen Durchschnitt zu drücken, die Vollbeschäftigung ständig zu sichern und die defizitäre Zahlungsbilanz ins Gleichgewicht zu bringen.

Nachdem die dänische Krone hauptsächlich infolge dieser verfahrenen Lage Ende 1967 im Gefolge der britischen Abwertung ebenfalls abgewertet worden war, glaubte man seitens der Regierung die Zeit reif für eine grundlegende Sanierung der Volkswirtschaft. Bemerkenswerterweise beinhaltete das Mitte Dezember 1967 eingebrachte Stabilisierungsprogramm als Kernpunkt die Suspendierung der Lohngleitklausel für ein Jahr. Über diesen Programmpunkt stürzte dann das Kabinett, wobei festzuhalten ist, daß dieses Kabinett getragen war von der sozialdemokratischen Partei, also von einer Partei, der man nicht so leicht den Vorwurf machen kann, sie betreibe Stabilitätspolitik auf dem Rücken der Arbeitnehmer. Bald darauf versuchte eine bürgerlich geführte Exekutive die Lohn-Preis-Indexierung zunächst auszusetzen und schließlich ganz zu verbieten. Diese Versuche scheiterten jedoch, als die Gewerkschaften mit Generalstreik drohten. Im Herbst 1970 schließlich versuchte dieselbe Administration den Gewerkschaften nochmals eine temporäre Außerkraftsetzung der Lohngleitklausel schmackhaft zu machen — wieder ohne Erfolg. Der bis dato letzte Versuch einer dänischen Regierung, im Rahmen eines Inflationsbekämpfungsprogramms die zeitweilige ersatzlose Aussetzung der Indexierung zu erreichen, datiert vom Januar dieses Jahres. Auch dieser Versuch ließ sich nicht realisieren. Es ist also schon recht eindrucksvoll, zu sehen, wie hier über Jahre hinweg von der Exekutive geradezu verzweifelte Klimmzüge gemacht worden sind, um von der als inflationsfördernd erkannten Lohn-Preis-Index-Bindung loszukommen.

Als weiteres Beispiel sei auf den Fall Island verwiesen: Bald nach Einführung der Lohn-Preis-Index-Bindung gingen Mitte der sechziger Jahre die Fischfänge bei gleichzeitig scharf sinkenden Weltmarktpreisen für Fischerzeugnisse stark zurück. Ein analoges Zurückschrauben der Realeinkommen wurde durch die Indexautomatik gleichwohl zunächst verhindert mit der Folge, daß die Inflation galoppierte, die Währungsreserven bald aufgezehrt waren und die Wirtschaft in ernste Schwierigkeiten geriet. Ein Ende 1967 beschlossenes überfälliges Sanierungsprogramm sah als zentrale Komponente die zeitweilige Aussetzung der Lohn-Preis-Index-Bindung vor, wobei man explizit auf ihre praktisch erwiesenen inflationsstimulierenden Eigenschaften verwies. Zwar scheiterte das Programm am gewerkschaftlichen Widerstand, aber schon wenig später gelang wenigstens eine kurzzeitige Suspendierung der Index-Regelung.

Nächstes Beispiel Italien: Hier warnten Regierungen und Notenbank seit 1956 häufig vor den inflationistischen Wirkungen der „scala mobile“ — wie man dort die Lohn-Preis-Index-Bindung nennt —, nachdem man entdeckt hatte, wie sehr diese Mechanik die Lira-Stabilisierung Anfang der fünfziger Jahre erschwert hatte.

Das Beispiel Schweiz: Hier ist sich der Bundesrat spätestens seit dem ölpreisbedingten Teuerungsschub Ende letzten Jahres darüber im klaren, daß die im Lande weit verbreitete Praxis der Indexierung der Inflation Vorschub leistet. Diese Einstellung wird von der dortigen Wirtschaft und teilweise sogar von den Gewerkschaften geteilt. Der vor kurzem zurückgetretene Präsident der Schweizerischen Nationalbank Dr. Edwin Stopper vertrat aber bereits 1972 die Auffassung, daß eine wichtige Triebkraft der Inflation in der Lohn-Preis-Index-Automatik zu sehen sei, da sie eine permanente gegenseitige Aufschaukelung der Löhne und Preise bewirke. Wem dieses Statement zu sehr nach Bankerideologie riecht, der sollte aber doch nachdenklich werden, wenn er hört, daß auch Professor Kneschaurek, der schweizerische Delegierte für Konjunkturfragen, vor dem tendenziell inflationsfördernden Index-Mechanismus und der hierdurch drohenden Aushöhlung des konjunkturpolitischen Instrumentariums warnt.

Ein Wort zu Israel: Hier ist man über die erst im Vorjahr generell eingeführte Lohngleitklausel durchaus nicht glücklich. Denn sie erschwert die durch die Kriegskosten notwendig gewordene Zurückbildung der Realeinkommen und heizt die Geldentwertung noch mehr an.

Nun noch kurz zu den Fällen, in denen bestehende Lohn-Preis-Index-Klauseln explizit wegen ihrer inflationsstimulierenden Eigenschaften von Amts wegen verboten wurden:

In den USA erging 1943 ein derartiges Verbot, weil diese Klauseln als den preis- und lohnpolitischen Stabilitätsabsichten der Regierung zuwiderlaufend angesehen wurden.

In Australien wurde die Lohn-Preis-Index-Bindung im September 1953 ersatzlos abgeschafft, und zwar mit dem ausdrücklichen Hinweis, daß sie die Inflation nachweislich angeheizt habe. In der Tat registrierte man bis dahin jährliche Inflationsraten von bis zu 20 %, wohingegen bereits im Jahre 1954 dann schlagartig fast vollständige Preisstabilität herrschte. Das ist aber natürlich nicht ausschließlich auf die Abschaffung dieser Klausel zurückzuführen. Interessant ist aber folgendes: Anfang 1973 drängten die australischen Gewerkschaften erneut auf Lohn-Preis-Indexierung. Von der zuständigen Commonwealth Conciliation and Arbitration Commission wurde dieses Ansinnen mit dem Hinweis auf die hohe Inflationsrate und mit dem Bemerken zurückgewiesen, daß eine derartige Indexierung auf Grund ihrer inflationsfördernden Wirkung gerade bei dem derzeitigen Inflationstempo den stabilitätspolitischen Anstrengungen der Regierung eindeutig entgegenstehe.

Erinnern wir uns ferner der französischen Wirtschaftsmalaise gegen Ende der fünfziger Jahre! Eines der Kernstücke der schließlich unumgänglichen Wirtschaftssanierung durch Antoine Pinay war das Verbot von Indexklauseln.

Schließlich sei noch auf den Fall Finnland hingewiesen, wo das gesetzliche Verbot der Lohngleitklauseln erst die notwendige Voraussetzung zur Stabilisierung der ins Chaos abschwinmmenden finnischen Wirtschaft bildete.

Um es noch einmal festzuhalten: Nicht etwa die Einführung oder Beibehaltung, sondern gerade die Abschaffung der Lohngleitklauseln und anderer Formen der Indexierung schuf in diesen Fällen die Voraussetzung für eine Festigung des Geldwertes und eine Normalisierung des Wirtschaftslebens. Die Erfahrung lehrt jedoch, daß Suspendierung oder gar Abschaffung der Index-Automatik zu den Ausnahmen gehört. Einmal eingeführt, gestaltet sich eine Eliminierung aus politischen Gründen — wie wir am Beispiel Dänemarks gesehen haben — unerhört schwierig. Da die Regierungen indes gegen die immer schneller trabende Inflation etwas tun mußten, die Existenz der Indexbindung aber als gegeben hinzunehmen war, neigten sie dazu, in ihren stabilitätspolitischen Bemühungen auf Umwege — um nicht zu sagen auf ordnungspolitische Abwege — auszuweichen.

Dementsprechend lautet auch mein Punkt 3 kurz gefaßt folgendermaßen:

Die staatliche stabilitätsorientierte Einkommenspolitik degeneriert nur allzu leicht zu einer Beeinflussung des Verbraucherpreisindex. Auch hierzu ein paar Fakten: Die Möglichkeiten, aber auch die Beispiele für derartige Einflußnahmen sind Legion. Die Schweregrade sind unterschiedlich. Da wäre zunächst als besonders abenteuerliche Methode etwa die frühere französische Praxis zu nennen, statt der indexwirksamen fälligen Tariferhöhungen bei Gas und Elektrizität nur die entsprechenden Grundgebühren anzuheben, weil letztere nicht in den Index eingingen. So kamen zwar die Versorgungsunternehmen auf ihre Kosten, doch wurden den Arbeitnehmern die entsprechenden Einkommensverbesserungen vorenthalten.

Daneben nimmt sich — sozusagen als Gegenpol — eine unlängst in der Schweiz praktizierte Maßnahme geradezu rührend aus. Dort hat man nämlich im Spätherbst vergangenen Jahres damit begonnen, den Verbraucherpreisindex doppelt zu berechnen: einmal in der hergebrachten Weise, und zum anderen unter Ausklammerung der Preise von Heizöl und Benzin. Man hatte sich einen stabilitätspolitischen Gewinn von diesem Schritt versprochen insofern, als man hoffte, daß die Teuerungszulagen nun allgemein nach der zweiten Indexreihe berechnet würden und solcherart eine gewisse Durchbrechung der Lohn-Preis-

Spirale möglich sein könnte. Es blieb indes bei diesem frommen Wunsche.

Andere Regierungen suchten ihr Heil in einer Demontage des Index, welcher der Lohngleitklausel zugrunde lag. So wurden beispielsweise 1963 in Dänemark die indirekten Steuern aus dem Verbraucherpreisindex für die Zukunft ausgeklammert. In Island beschloß das Parlament, daß eine im Februar 1973 erfolgte Steuererhöhung bei der Berechnung des Verbraucherpreisindex ebenso außer Betracht bleiben sollte wie eine zum gleichen Zeitpunkt erfolgte Anhebung der Tabak- und Alkoholsteuern.

Ein hübsches Beispiel für Indexmanipulation lieferte erst unlängst Belgien: Nachdem sich die Regierung schließlich doch genötigt sah, den Forderungen nach Anhebung der Mineralölpreise zu entsprechen, andererseits aber der hierdurch zu erwartende Teuerungsschub ausgesprochen unerwünscht war, wandte man folgenden Trick an: Das erst mittelfristig und nur mittelbar in den Index eingehende schwere Heizöl wurde massiv verteuert, während die kurzfristig und unmittelbar den Index beeinflussenden Preise für Kraftstoffe und leichtes Heizöl nur wenig angehoben wurden. Ferner zeigt sich die belgische Preiskontrollbehörde bei der Genehmigung von Preiserhöhungen indexrelevanter Artikel überaus zurückhaltend, während bei der Genehmigung von Preiserhöhungen für Güter, deren Preise keinen Einfluß auf den Index haben, kaum Schwierigkeiten gemacht werden.

Vielfach bildete aber auch die Staatskasse eine wichtige und beliebte Ausweichmöglichkeit, wenn es galt, die Konsumentenpreise im Hinblick auf die an sie geketteten Löhne möglichst stabil zu halten. An erster Stelle steht dabei die Subventionierung der Lebensmittelpreise. Diese ist vor allem in den skandinavischen Ländern seit Jahrzehnten sozusagen eine preispolitische Pflichtübung. Ein Beispiel aus Norwegen ist besonders gut geeignet, dies zu demonstrieren. Dort hatte die Regierung unter Aufwendung beträchtlicher Mittel ihre Anstrengungen ab Ende 1958 darauf konzentriert, den Verbraucherpreisindex nicht über einen bestimmten Schwellenwert steigen zu lassen. Dies geschah mit dem ausdrücklichen Hinweis auf die mit dem Erreichen dieses Schwellenwertes automatisch fälligen Teuerungszulagen, die dann wieder als Kosten in die Kalkulation der Wirtschaft eingehen und das Lohn-Preis-Karussel zum Schaden der gesamten Volkswirtschaft erneut in Drehung versetzen würden. Immerhin konnte diese Linie bis Anfang 1961 durchgehalten werden; dann aber war die Belastung des Staatshaushalts durch die hohen Subventionen untragbar geworden.

Schließlich möchte ich noch an das gerade jetzt zu beobachtende dänische Beispiel erinnern. Dort wurde nämlich auf Grund der Lohn-

Preis-Index-Bindung eine neue Teuerungszulage fällig, und diese Teuerungszulage wird zwar von der Wirtschaft ausgezahlt, aber die Wirtschaft bekommt die daraus entstehenden Kosten aus der Staatskasse ersetzt mit dem Bedeuten, daß die Preise stabil zu halten seien, d. h. daß die an sich fällige Lohnkostensteigerung nicht auf die Preise durchschlagen soll.

Es ist auch eine beliebte Praxis, mit Hilfe staatlicher Subventionen die öffentlichen Tarife stabil zu halten. So hat man beispielsweise in Italien aus Angst, einen Anstieg des Verbraucherpreisindex zu provozieren, die Eisenbahntarife während der letzten zehn Jahre unverändert gelassen — mit nicht allzu guten Ergebnissen für die italienische Staatsbahn. Aber auch die ebenfalls in Italien gerade während der letzten Jahre so oft praktizierte sogenannnte Fiskalisierung der Soziallasten fällt unter diese Rubrik. Der Staat übernahm dabei soziale Verpflichtungen, die von Rechts wegen von den Unternehmern zu tragen gewesen wären, um den Produktionskostenanstieg zu dämpfen und damit die Notwendigkeit von Preiserhöhungen zu reduzieren.

Das gleiche Motiv lag der großangelegten Steuersenkungsaktion zugrunde, die Anfang vergangenen Jahres in Frankreich inszeniert wurde und die der Staatskasse Milliardenbeträge an Umsatzsteuern entgehen ließ.

In einer Vielzahl von Fällen entschloß man sich jedoch zu schwererem Geschütz in Form von drastischen marktordnungswidrigen Eingriffen in das Wirtschaftsgeschehen und suchte Zuflucht bei Preisstopps und Preiskontrollen. Theoretisch versprach ein derartiger Eingriff gerade beim Vorhandensein von Lohngleitklauseln einen so befriedigenden Erfolg, daß auch das praktische Ergebnis nur das allerbeste sein konnte, wie man meinte. Es klingt so einfach: Gestoppte Preise verhindern einen weiteren Indexanstieg, daraufhin entfallen Teuerungszulagen; die Aufblähung der Personalkosten und damit der kostenmotivierte Zwang zu Preiserhöhungen läßt nach. Doch erwies sich in praxi, daß Preisdirigismen in der Regel ebenso dürftige Resultate in punkto Geldwertstabilisierung zeitigten wie die verschiedentlich parallel hierzu erlassenen Lohndirigismen.

Es bedarf keiner besonderen Erwähnung, daß die beliebte Indexkosmetik mit Hilfe von Subventionen die für das marktwirtschaftliche Prinzip zentrale Funktion des Preises als Gradmesser für Knappheitsverhältnisse immer mehr verwässert — ein Tatbestand, der im Falle von Preisdirigismen in geradezu beängstigender Intensität gegeben ist.

Schließlich Punkt 4:

Man führt im Zusammenhang mit der Lohn-Indexierung gern das Argument ins Feld, daß Lohngleitklauseln dem sozialen Frieden be-

sonders förderlich seien. Nach der Theorie muß ja jetzt um den Teuerungsausgleich nicht mehr gerungen werden, sondern man braucht sich nur noch ins Benehmen darüber zu setzen, welchen Produktivitätsanstieg man unterstellt und welche Einkommensumverteilungskomponente man gewahrt wissen möchte. Diese Behauptung ist so allgemein nicht zu halten. Besieht man sich nämlich die Streikstatistiken derjenigen Länder, in denen Lohngleitklauseln bereits über eine Reihe von Jahren hinweg praktiziert werden, dann kommt man zunächst zu dem Schluß, daß ein mäßigender Einfluß der Indexautomatik auf Schwere und Häufigkeit der Sozialkonflikte ebensowenig empirisch nachweisbar ist wie ein gegenteiliger Effekt. Denn es ist auffallend, daß in einem Teil der betreffenden Volkswirtschaften Streiks geradezu endemisch sind — wie etwa in Finnland und Italien — oder zumindest keine ungewohnte Erscheinung darstellen; so beispielsweise in Belgien, Dänemark und Island. Demgegenüber wird in den Niederlanden verhältnismäßig wenig, in Luxemburg und in der Schweiz so gut wie überhaupt nicht gestreikt. Nimmt man also die Streiktätigkeit als Indikator für Sozialkonflikte, so scheint im Hinblick auf letztere eher eine Indifferenz der Lohn-Preis-Indexierung gegeben zu sein.

Es ist allerdings festzuhalten, daß in Frankreich, vor allem aber in Irland mit Einführung der Index-Automatik über einen gewissen Zeitraum hinweg eine konfliktmindernde Wirkung auf sozialem Gebiet zu konstatieren war.

In jüngster Zeit gibt es jedoch auch Beispiele dafür, daß trotz des Bestehens von Lohngleitklauseln Streiks explizit um Teuerungszulagen bzw. um erhöhte Teuerungszulagen geführt wurden. Beispiele dafür kennen wir aus Belgien: Bei den belgischen VW-Werken, bei der FN-Waffenfabrik in der Nähe von Lüttich und bei den belgischen Kohlengruben. Ferner erinnere ich an den Generalstreik in Italien vom Februar dieses Jahres und an einen ebenfalls noch nicht lange zurückliegenden Generalstreik in Island mit dem gleichen Motiv.

Außerdem gibt es aus jüngster Zeit auch Exempel dafür, daß sich der Streit um den Teuerungsausgleich nur verlagert hat in Richtung auf ein Gerangel um Zusammensetzung und Gewichtung des Index oder um die Konstruktion der Indexklausel selbst. So sei zunächst daran erinnert, daß seitens der italienischen Gewerkschaften mit zunehmender Intensität die Antiqiertheit des maßgebenden Konsumentenpreisindex kritisiert und außer einer, ihren Vorstellungen gemäßen Revision desselben auch eine Neufassung der geltenden Indexklauseln gefordert wird. Demgegenüber vertritt die italienische Industrie den Standpunkt, daß zwei Anpassungszeitpunkte gegenüber jetzt vier im Jahr genügen und daß der maßgebliche Index zwar erneuerungsbedürftig sei, dies jedoch in einer den gewerkschaftlichen Intentionen entgegengesetzten Richtung. Der soziale Konflikt ist hier also vorprogrammiert.

Als weiteres Beispiel die Entwicklung in Dänemark: Im Frühjahr vergangenen Jahres legte eine Streikwelle in einem seit dreißig Jahren nicht mehr gekannten Ausmaß die Wirtschaft des Landes für annähernd drei Wochen lahm. Der Grund bestand darin, daß man sich über die Höhe der Teuerungszulagen pro Punkt des Indexanstiegs nicht einigen konnte.

Und noch ein Wort zur Schweiz: Dort ist man bekanntlich schon seit einiger Zeit damit befaßt, den Index der Lebenshaltungskosten neu zu berechnen. Dieses Unterfangen gestaltet sich nun zu einem Politikum ersten Ranges und zu einem ständigen Zankapfel zwischen den wirtschaftlichen und politischen Gruppierungen des Landes.

Es gibt also Indizien dafür, daß sich mit zunehmender Inflation die vor fast genau fünfzig Jahren von Zwiedineck-Südenhorst geäußerte Behauptung bewahrheitet, die Indexierung der Löhne bedeute im wesentlichen nur eine Verschiebung der Auseinandersetzung um den Kaufkraftausgleich auf ein anderes Terrain, nämlich auf das der Indexfestsetzung und der Indextechnik.

Das Ergebnis dieser Kämpfe um den Teuerungsausgleich auf dem Umweg über die Indextechnik ist zuweilen ganz merkwürdig, nämlich indem etwa der Kompromiß darin liegt, daß man einen neuen Index kreiert. So prüft z. B. gegenwärtig der Schweizerische Bundesrat die Möglichkeit, neben dem zu revidierenden Konsumentenpreisindex einen weiteren Index zu berechnen, der den Erfordernissen der Indexierungspraxis besser gerecht wird. Eine derartige Parallelität von „regulärem" Index der Lebenshaltungskosten und einer für die Lohngleitklausel relevanten Indexreihe gibt es bereits seit langem in Italien und Dänemark. Ferner sei daran erinnert, daß dem sogenannten Accord Berliet, mit dem die Indexbindung der Löhne Anfang 1970 in Frankreich wieder eingeführt wurde, nicht nur der vom Staatlichen Statistischen Amt INSEE errechnete „reguläre" Index zugrunde liegt, sondern auch die von den drei großen Gewerkschaften errechneten Indizes sowie die Indexberechnung der Familienausgleichskassen. Anders bei der staatlichen Regie Renault; hier ist eine Mischung von INSEE-Index und dem Index der kommunistischen CGT maßgebend. Für die Mindestlöhne schließlich gilt wieder eine andere Indexreihe. Ob die Wirkungsweise des Preismechanismus durch diese Blüten des Indexdenkens verbessert wird, erscheint mir zweifelhaft.

Ich darf noch einmal kurz zusammenfassen:

1. Die Bindung der Löhne an den Index der Lebenshaltungskosten kommt nicht als auslösendes Element für eine Inflation in Frage.

2. Lohngleitklauseln haben offenbar die Tendenz, bei raschem Preisauftrieb als Schwungrad der Inflation zu wirken.

3. Die staatliche Einkommens- und Stabilitätspolitik degeneriert nur allzu leicht zu einer Beeinflussung des Verbraucherpreisindex mit der Folge gravierender Verzerrungen des gesamtwirtschaftlichen Preisgefüges.

4. Es besteht Grund zu der Annahme, daß gerade bei schneller werdendem Geldwertverfall der Kampf um den Kaufkraftausgleich nur in eine andere Arena verlegt und nunmehr um Indexkonstruktion und Indexierungstechnik gerungen wird.

Aus diesen Gründen halte ich die Einführung von Lohngleitklauseln gerade in Zeiten mit trabender oder gar galoppierender Inflation kaum für ein geeignetes Instrument zur Stabilisierung des inneren Geldwerts. So befriedigend die Stabilisierungsergebnisse der Lohngleitklausel im Modell auch sein mögen, — in der Praxis angewandt birgt sie doch zu viele Risiken in sich, nicht nur für die Erhaltung des Geldwertes, sondern auch für die Erhaltung der marktwirtschaftlichen Ordnung schlechthin.

Indexklauseln im Rahmen einer Stabilisierungsstrategie — die Erfahrungen in Finnland und Brasilien

Referat von Dipl.-Vw. Adolf Ahnefeld (Kiel)

1. Im Zentrum der Diskussion um Indexklauseln steht die Frage, ob diese im Rahmen einer Stabilisierungspolitik hilfreich sein können. Zwar wird auch von Gegnern der Indexbindung anerkannt, daß sich mit einer Indexierung Ungerechtigkeiten für bestimmte Gruppen (vor allem Sparer) ausräumen ließen. Dies würde aber durch den Nachteil überwogen, daß Indexklauseln einer Kapitulation vor der Inflation gleichkämen, d. h. die Anstrengungen der Stabilisierungspolitik nachließen und folglich eine Verstetigung oder gar Beschleunigung des Preisauftriebs zu erwarten sei. Wolle man die Inflationsrate verringern, so müsse man sich zu einer Restriktionspolitik entschließen, die das Beschäftigungsrisiko bewußt in Kauf nimmt.

Zur Bekräftigung dieser Argumentation wird vor allem das Beispiel Finnland angeführt, wo man nach dem Kriege ein umfassendes Indexsystem installierte, dessen Abschaffung im Jahre 1968 dann aber als großer Sieg im Kampf gegen die Inflation hingestellt wurde.

2. Befürworter der Indexbindung betonen dagegen, daß Gleitklauseln die Voraussetzung für eine Preisniveaustabilisierung ohne Stabilisierungskrise schaffen würden. Die Begründung dafür lautet folgendermaßen: Die sozialen Gruppen würden sich dann einer Stabilisierungsstrategie nicht verschließen, d. h. sie würden sich bei ihren nominalen Einkommensforderungen bei Vertragsabschluß zurückhalten, wenn sie sicher sein könnten, daß real nachträglich nicht weniger herauskommt als anfänglich geplant. Genau dies werde ihnen aber durch Indexklauseln garantiert.

Sei damit die Mitarbeit der verschiedenen Gruppen gewonnen, so könnten die nominalen Spielräume eingeengt werden, ohne daß es bei bestimmten Gruppen zu unbeabsichtigten Realeinkommenssteigerungen kommt, die die Aufrechterhaltung eines hohen Beschäftigungsstandes gefährden. Um die Preiserhöhungsspielräume zu verringern, sei eine Geldpolitik zu betreiben, die die Expansion der Geldmenge nach und nach auf das Wachstum des Produktionspotentials zurückführt.

Als Beispiel dafür, daß Indexklauseln durchaus mit einer Verringerung der Inflationsrate vereinbar sind, wird oft Brasilien genannt; ein

Land, das gleichzeitig seit einigen Jahren den stärksten Anstieg des Sozialprodukts in der westlichen Welt überhaupt verzeichnet.

3. Im folgenden soll nun die Stichhaltigkeit der Argumente überprüft werden, die Indexgegner aus dem Beispiel Finnland und Indexbefürworter aus dem Beispiel Brasilien ableiten.

Finnland

Finnlands Wirtschaftspolitik und die Rolle der Indexbindung

4. Finnland ist das Land, das nach dem Kriegsende das umfassendste Indexsystem installierte: Nahezu alle Einkommensarten (Löhne, Mieten, Kapitalerträge, Agrareinkommen, Renten) wurden mehr oder weniger eng mit der Entwicklung des Preisniveaus verknüpft. Die Bedeutung der Indexierung schwankte mit dem Ausmaß des Preisauftriebs, das seinerseits während der gesamten Nachkriegszeit starken Veränderungen unterlag (Tabelle 1). Damit einher gingen nicht weniger stark ausgeprägte Konjunkturbewegungen. Diese wurden jeweils durch Schwankungen der Auslandskonjunktur induziert, erhöhte sich doch der Anteil der Exporte am Sozialprodukt ständig — Anfang der siebziger Jahre ging er über 25 vH hinaus; zudem änderte sich bisher nur wenig an der recht einseitigen Ausrichtung der Ausfuhren auf Holz und Holzprodukte.

5. Wie sah nun die Wirtschaftspolitik über die verschiedenen Konjunkturzyklen hinweg aus?

— Es läßt sich feststellen, daß die Geld- und Fiskalpolitik regelmäßig so angelegt war, daß sie die zyklischen Schwankungen verstärken mußte. Das sah so aus, daß man während exportinduzierter Aufschwünge — insbesondere 1958 und 1968 nach vorheriger Abwertung — noch zusätzlich zu stark expansiven Maßnahmen griff. Damit wollten die jeweiligen Regierungen möglichst schnell wieder einen hohen Beschäftigungsstand erreichen, obwohl ein hoher Teil der Unterbeschäftigung strukturell bedingt war. Es nimmt daher nicht wunder, daß sich immer wieder rasch Tendenzen zur Übernachfrage herausbildeten. Wenn die Geld- und Fiskalpolitik einmal restriktiv gestaltet wurde, so war dies jedesmal durch hohe Zahlungsbilanzdefizite bedingt.

— Wechselkursänderungen wurden ganz im üblichen Verständnis des Bretton-Woods-Systems so lange wie irgend möglich hinausgezögert. So zeigten sich bereits Anfang der fünfziger sowie Mitte der sechziger Jahre Überbewertungen, die man aber aus Furcht, man könne den Preisauftrieb anheizen, nicht durch Abwertungen abbaute. Vielmehr bemühte man sich, den Abwertungsbedarf ein wenig durch re-

Tabelle 1: **Indikatoren zur wirtschaftlichen Entwicklung Finnlands 1955 - 1973**

Jahr	BSP real	Defla-tor	Industr.-produk-tion	Arbeits-produk-tivität	Lohn-stück-kosten[a)]	Std.-verdien-ste (In-dustrie)	Verbrau-cher-preise	Arbeits-losen-quote	Geld-menge (M_1)	Zahlungsbilanz: Lau-fende Bilanz	Zahlungsbilanz: Langfr. Kapital-verkehr	Devisen-reserven
	Veränderung in vH gegenüber dem Vorjahr									Mill. Fmk		Mill. $
1955	8,3	2,2	11,4	.	3,7	4,1	– 3,0	.	6,4	148	.	219
56	2,5	10,0	2,4	.	11,9	10,0	10,8	.	7,8	– 130	.	174
57	0,8	7,1	3,0	.	4,7	7,6	11,1	.	6,4	– 19	15	171
58	0,1	7,6	– 4,0	.	4,9	4,2	6,3	3,1	11,1	251	10	250
59	7,2	1,4	9,0	.	1,0	5,4	2,4	2,3	11,5	92	– 29	316
1960	10,0	2,3	12,5	.	1,9	5,1	2,3	1,5	2,8	– 137	76	325
61	8,0	3,1	11,1	.	3,2	8,5	2,2	1,2	10,7	– 219	179	344
62	4,3	2,6	6,7	2,4	6,0	4,5	4,4	1,2	4,2	– 293	128	303
63	2,5	6,2	4,2	3,0	9,4	7,5	5,3	1,5	15,7	– 67	326	333
64	6,6	7,6	7,0	5,1	9,4	12,0	10,0	1,5	2,5	– 563	492	370
1965	5,1	4,4	6,5	4,2	6,2	8,9	5,5	1,4	1,5	– 607	98	278
66	2,4	5,0	5,3	1,3	7,2	7,4	3,4	1,6	5,2	– 633	154	157
67	2,7	5,6	3,3	4,4	6,9	9,2	5,8	2,8	– 1,6	– 489	484	184
68	2,4	10,7	5,6	3,5	8,8	11,9	8,7	4,0	23,1	269	129	354
69	10,4	3,4	13,7	6,2	1,3	8,8	2,8	2,9	18,3	87	101	317
1970	8,3	3,1	12,1	5,5	4,6	11,1	2,7	1,9	10,2	– 1005	330	390
71	2,4	8,0	1,4	3,3	11,2	15,0	6,1	2,2	16,8	– 1422	1582	594
72	7,0	8,2	11,8	4,5	8,4	13,9	7,1	2,6	23,6	– 480	1304	615
73	5,5	13,2	2,6				11,4	2,3	23,4			486

a) Arbeitseinkommen (einschl. Arbeitgeberbeiträge zur Sozialversicherung)/BSP real.

Quellen: Economic Survey, Ministry of Finance. OECD Economic Survey, Finland. Statistika Översikter, Central Statistical Office. Jeweils lfd. Nr.

striktive Maßnahmen abzubauen. Ansonsten verschuldete man sich so lange wie möglich auf dem internationalen Kapitalmarkt. Natürlich mußte es dann 1957 und 1967, zu Zeitpunkten, als die Auslandsnachfrage stark nachließ und die Konditionen für eine Auslandsverschuldung immer schlechter wurden, zu um so höheren Abwertungen kommen (28 bzw. 24 vH gegenüber dem Dollar); nur mit dem Unterschied, daß deren Bewältigung nun ungleich schwieriger wurde.

— Angesichts der ungenügenden, prozyklischen Nachfragesteuerung mit dem Mittel der Geld- und Fiskalpolitik kam der Einkommenspolitik große Bedeutung zu. Während der frühen fünfziger Jahre sowie nach den Abwertungen von 1957 und 1967 war sie es nahezu allein, die die Preisauftriebstendenzen dämpfen sollte. Ab 1968 wurden Lohn- und Preiskontrollen mit anderen Maßnahmen zu jährlichen nationalen Stabilisierungsabkommen zusammengefaßt. Die so aufgebauten Friktionen führten allerdings nur dazu, daß sich ein Inflationsdruck aufstaute, der sich dann nach gewissen Zeitabständen Bahn brechen mußte.

6. Immer dann, wenn die Inflation als Folge vorangegangener oder fortdauernder Nachfrageübersteigerungen an Kraft gewonnen hatte, wurde die Indexbindung propagiert. Das Motiv dafür waren durchweg Gerechtigkeitsüberlegungen; stabilisierungspolitische Absichten waren damit — jedenfalls bewußt — kaum verbunden. So wurden Indexklauseln Ende der vierziger Jahre eingeführt, als die finnische Wirtschaft nicht zuletzt zur Erfüllung der Reparationsverpflichtungen alle Produktionsreserven ausschöpfte. Dies galt auch bei der Reaktivierung der Lohnindexierung 1964, als die finnische Wirtschaft, forciert durch kräftige geld- und fiskalpolitische Spritzen, erneut eine starke Aufschwungsphase erlebte.

Indexbindung und Stabilisierungsversuche

7. Welche Rückwirkungen hatte nun die Indexbindung, wenn die Geldpolitik durch anhaltende Zahlungsbilanzdefizite auf Restriktionskurs gebracht wurde? Veranlaßte die Indexbindung die Tarifpartner dazu, beim Abschluß von Lohnverträgen eine geringere Inflationsrate zu antizipieren, sich also stabilisierungskonform zu verhalten? Um dies nachzuprüfen, bieten sich nur kurze Zeitspannen in der zweiten Hälfte der fünfziger und sechziger Jahre an:

Die Phase 1956 - 1958

8. Im Jahre 1956 war die Situation insofern schwierig, als sich die finnische Konjunktur — angesichts einer stark nachlassenden Auslands-

nachfrage nicht nur abkühlte — und es zu hohen Leistungsbilanzdefiziten kam. Darüber hinaus zog der Preisauftrieb überaus stark an, und zwar nicht zuletzt als Folge der Aufhebung der noch aus der Kriegszeit stammenden Preiskontrollen sowie der aus Budgetgründen vorgenommenen Senkung der Preissubventionen.

Nachdem die Gewerkschaften noch zu Jahresbeginn zur Durchsetzung von Teuerungszulagen einen Generalstreik ausgerufen hatten, einigten sich die Tarifvertragsparteien danach — vor dem Hintergrund des Konjunkturabschwungs — auf nur mäßige Reallohnerhöhungen. Dabei, und dies ist entscheidend, wurde der bis dahin hohe Preisanstieg in den Tarifverträgen nicht fortgeschrieben, sondern es wurden Indexklauseln vereinbart. Tatsächlich kam es jedoch 1957 u. a. als Folge von Steuererhöhungen und Abwertung zu einem stärkeren Preisauftrieb als unterstellt. Angesichts der bis dahin in der Nachkriegszeit höchsten Arbeitslosigkeit bestanden die Gewerkschaften jedoch nicht auf den vereinbarten Inflationsausgleich in voller Höhe. Infolgedessen sank der Reallohn sogar noch 1958, als der Produktivitätszuwachs im Zuge des beginnenden Aufschwungs wieder deutlich anstieg.

Fazit: Hätten die Tarifvereinbarungen keine Indexklauseln vorgesehen, wären 1956 sicher höhere Nominallohnsteigerungen durchgesetzt worden, zumal zu der Zeit das volle Ausmaß des einsetzenden Konjunkturabschwungs noch nicht abzusehen war.

Die Phase 1964 - 1968

9. 1964 wurde die Lohnindexierung aktiviert, nachdem man sie 1959 suspendiert hatte. Der Hintergrund war die Erwartung, daß sich der seit 1962 verstärkende Preisauftrieb unter dem Einfluß der vorangegangenen Expansionspolitik sowie als Folge der Mehrwertsteuereinführung noch beschleunigen werde. Tarifverträge ohne Indexklauseln ließen also beträchtlich steigende Nominallöhne erwarten, wollte man nur das bisherige Reallohnniveau aufrechterhalten.

Tatsächlich ermöglichte die Vereinbarung von Indexklauseln, daß der Anfang 1964 abgeschlossene zweijährige Tarifvertrag in etwa stabilisierungskonform ausfiel: Für 1964 einigte man sich auf 6 vH, für 1965 auf 3,6 vH höhere Nominallöhne. Damit fielen sowohl der vereinbarte Reallohnanstieg als auch die eingerechnete Inflationsrate (die wir als „unvermeidliche“ Inflationskomponente kennzeichnen würden) hinter den Vorjahreswerten zurück. Gleichzeitig nahm die monetäre Expansion vor allem unter dem Einfluß steigender Zahlungsbilanzdefizite merklich ab. Dies konnte aber nicht verhindern, daß es zunächst noch zu einer Beschleunigung des Preisauftriebs kam und dadurch ein Inflationsausgleich für die Löhne fällig wurde.

10. In dem dreijährigen Tarifvertrag, den man Anfang 1966 abschloß, wurde die Indexbindung gelockert. Es wurde vereinbart, nur für 1967 und 1968 einen möglichen Inflationsausgleich zu gewähren (d. h. für den Fall, daß der Preisauftrieb höher ausfällt, als für diese Jahre unterstellt wurde). Zudem sollte die erste Inflationszulage erst Anfang 1968 ausgezahlt werden.

Gemessen an der tatsächlichen Entwicklung, die im Zeichen eines erneut exportinduzierten Abschwungs stand, bedeutete die tarifliche Nominallohnerhöhung um etwa 6 vH für das Jahr 1966 — für das, wie gesagt, keine Indexbindung vereinbart worden war —, daß eine zu hohe Geldentwertung, aber auch ein etwas zu hoher Produktivitätsanstieg unterstellt worden war. Folge: Der Reallohnanstieg ging deutlich über den Produktivitätszuwachs hinaus.

Für 1967 lag man zwar mit der Produktivitätsschätzung richtig, doch war man nicht davon ausgegangen, daß sich der Preisauftrieb wieder beschleunigen würde, wozu vor allem die Abwertung beitrug. Dies begründete einen Teuerungsausgleich. Nachdem dieser Anfang 1968 gewährt worden war, Mitte 1968 aber schon wieder ein Kaufkraftausgleich gezahlt werden mußte, wurde die Indexbindung in allen Bereichen im Rahmen einer nationalen Stabilisierungsaktion abgeschafft. Begründung: Man wollte es im Gefolge der starken Abwertung nicht zu einer Preis-Lohn-Eskalation kommen lassen.

11. Fazit für die Periode 1964 - 1968:

— 1964 verhalf die Indexbindung zu einem stabilisierungsrechten Tarifabschluß.

— 1966 (ohne Indexbindung) wurden die Beschäftigungsrisiken der zahlungsbilanzbedingten Restriktionspolitik durch einen wohl unbeabsichtigt hohen Reallohnanstieg erhöht.

— In den Jahren 1967 und 1968 (mit Indexbindung) fiel der Reallohnanstieg geringer aus als der Produktivitätsanstieg, weil es nach der Abwertung zu einer Beschleunigung des Preisauftriebs kam. Diese war bei Abschluß des Tarifvertrages im Jahre 1966 nicht abzusehen. Um die Preisauftriebsimpulse der Abwertung zu dämpfen, war der geringere Reallohnanstieg allerdings willkommen. Da dies unter den gegebenen Umständen von den Gewerkschaften auch eingesehen wurde — als Indiz dafür muß ihr Mitwirken im Rahmen der nationalen Stabilisierungsaktion gewertet werden —, leiteten sich daraus für die nächste Zeit auch keine stabilitätswidrigen Verhaltensweisen ab.

12. In beiden Untersuchungszeiträumen dürften nachlassende Reallohnsteigerungen zur Abschwächung des Beschäftigungsrückgangs beigetragen haben, der durch einen rückläufigen Auslandsabsatz herbeigeführt wurde. In den Perioden 1956/58 und 1964/65 erwiesen sich

Indexklauseln im Rahmen eines Stabilisierungsprozesses als hilfreich: sie verhinderten, daß es zu unbeabsichtigten Reallohnsteigerungen kam.

Indexbindung und Sparverhalten

13. Ab 1957 wurden von allen Bankenorganisationen indexgesicherte Sparkonten angeboten. Diese sahen nach Wahl eine 50- oder 100-prozentige Kaufkraftsicherung vor. Ausschlaggebend dafür war, daß der Staat durch die Ausgabe von Indexanleihen — aus der Sicht der Banken — einen immer größeren Teil der Sparmittel an sich zu ziehen drohte. Ab 1954 wurde mehr als die Hälfte der emittierten Anleihen indexgebunden (Tabelle 2).

14. Betrachtet man die Entwicklung der kaufkraftgesicherten Sparkonten, so stellt man fest, daß der Anteil der Indexeinlagen an den gesamten Bankeinlagen immer dann spürbar zunahm, wenn sich der Preisauftrieb stark beschleunigte. So geschah es 1957, 1964 und 1967, obwohl Indexkonten einer einjährigen Sperrfrist unterlagen. Grund dafür: Trotz einer höheren Normalverzinsung versprachen nicht-indexgesicherte Sparkonten keine oder nur eine ungenügende reale Verzinsung.

Beispiel: Allein von September 1967, einen Monat vor der letzten Abwertung, bis März 1968 nahmen die Einlagen auf Indexkonten um über 45 vH zu; ihr Anteil an den gesamten Einlagen stieg von 25 vH auf 35 vH.

Dies war den eingeschlagenen Stabilisierungsbemühungen überaus förderlich. Die Sparneigung wurde aufrechterhalten und so eine Flucht in die Sachwerte — wie sonst zu erwarten — verhindert.

15. Die Finanzierung der Realwertsicherung der Spareinlagen wurde von den Geschäftsbanken über einen Aufschlag zu den Kreditzinsen sichergestellt. Dieser Aufschlag variierte mit dem Ausmaß der durch die Inflation ausgelösten Teuerungszulage sowie mit dem Umfang der Indexkonten. Nur ein geringer Teil der Kreditverträge enthielt eine direkte Indexklausel.

16. Im Frühjahr 1968 wurde die Indexbindung für nahezu alle Bereiche untersagt, und zwar im Rahmen einer „nationalen Stabilisierungsaktion“; ausgenommen blieben nur Alt-Anleihen, Lebensversicherungen und Sozialrenten. Der wichtigste Grund für die Suspendierung der Indexkonten war, daß andernfalls die Zulage zu den Kreditzinsen hätte beträchtlich erhöht werden müssen. Dies hielt man aber nicht für wünschenswert: angesichts einer hohen Arbeitslosigkeit waren alle Anstrengungen darauf gerichtet, die konjunkturellen Aufschwungstendenzen nachhaltig zu unterstützen.

Tabelle 2: **Indexklauseln auf dem finnischen Kapitalmarkt 1952 - 1967**

Jahr	Bruttoabsatz festverzinslicher Wertpapiere			Umlauf festverzinslicher Wertpapiere[a)]			Einlagen bei Kreditinstituten		
	Insgesamt	Indexgebunden	Anteil in vH	Insgesamt	Indexgebunden	Anteil in vH	Insgesamt	Indexgebunden	Anteil in vH
	Mill. Fmk			Mill. Fmk			Mill. Fmk		
1952	45	6	13,3	516	6	0,1	.	.	.
1953	279	46	16,5	600	51	8,5	.	.	.
1954	142	96	67,6	675	145	21,5	.	.	.
1955	94	69	73,4	724	204	28,2	3 158	3	0,1
1956	121	102	84,3	901	284	31,5	3 230	225	7,0
1957	122	101	82,8	899	348	38,7	3 390	824	24,3
1958	210	111	52,9	924	412	44,6	3 852	833	21,6
1959	190	56	29,5	999	422	42,2	4 542	281	6,2
1960	216	173	80,1	1 077	544	50,4	5 405	151	2,8
1961	220	112	50,9	1 089	589	54,1	6 270	38	0,6
1962	406	299	73,6	1 295	807	62,3	6 707	68	1,0
1963	518	125	24,1	1 611	844	52,4	7 185	281	3,9
1964	478	224	46,9	1 803	919	51,0	8 158	1 287	15,8
1965	768	472	61,5	2 073	1 163	56,1	9 199	1 670	18,2
1966	704	427	60,7	2 221	1 468	66,1	10 437	2 217	21,2
1967	276	216	78,3	2 022	1 502	74,3	11 538	3 997	34,6

a) Stand am Jahresende.

Quelle: Kari Puumanen, The Index Change in Financial Markets: The Finnish System in Retrospect. In: Kansallis - Osake - Pankki, Economic Review, 1973, 3.

17. Ergebnis:

Insgesamt kann man wohl feststellen, daß Indexklauseln auch in Finnland — sieht man einmal von den ausgesprochenen Krisensituationen im Zusammenhang mit den starken Abwertungen ab — durchaus die erhofften Wirkungen hatten, d. h. einer Stabilisierung eher förderlich als hinderlich waren.

Brasilien

18. Am weitesten verbreitet sind Indexklauseln heute ohne Zweifel in Brasilien. Sie fanden seit 1964 in durchweg allen Bereichen Anwendung. Im gleichen Jahr hatte es sich die erste Militärregierung primär zur Aufgabe gesetzt, die seit Anfang der sechziger Jahre stark ansteigende Inflation zu bekämpfen. Es wurde eine Reihe von Reformmaßnahmen ergriffen, deren erstes Ziel es war, die Effizienz der konventionellen Stabilisierungsinstrumente zu erhöhen. Da man aber nicht hoffen konnte, die Inflation rasch zu beseitigen, propagierte man gleichzeitig Indexklauseln, um inflationsbedingte Allokationsschäden zu mildern. Mit dieser Strategie schuf man eine wesentliche Voraussetzung dafür, die Entwicklung dieses Landes voranzutreiben und zwar unter weitgehender Anwendung marktwirtschaftlicher Prinzipien.

Der 1964 eingeschlagene wirtschaftspolitische Kurs hatte im Hinblick auf das Wachstumsziel sowie bei der Inflationsbekämpfung den erhofften Erfolg (Tabelle 3). Zwar führten insbesondere die scharfen fiskalpolitischen Restriktionen in den ersten beiden Jahren dazu, daß die Produktion gedrosselt blieb; seit 1966 verzeichnete aber Brasilien ständig höhere Zuwachsraten des realen Sozialprodukts. Seit Anfang der siebziger Jahre fallen diese mit durchschnittlich 10 vH höher aus als selbst in Japan. Gleichzeitig gelang es, die Inflationsrate merklich zu verringern: belief sie sich 1964 noch auf fast 90 vH, so sank sie 1970 erstmals unter 20 vH ab.

Konsequente Stabilisierungspolitik ...

19. Das stabilitätspolitische Programm ab 1964/65 sah vor allem einen rigorosen Abbau der Haushaltsdefizite des Staates vor. Diese waren in den Jahren zuvor, in denen ehrgeizige Programme (Brasilia) verfolgt wurden, nahezu allein für die überaus starke Geldmengenexpansion verantwortlich. Um die Defizite abzubauen (1964 machten sie 4,4 vH des gesamten GNP aus, 1966 nur noch 1,1 vH), setzte man sowohl auf der Einnahmen- als auch auf der Ausgabenseite des Budgets an: Man erhöhte die Steuereinnahmen, indem im Zuge einer weitreichenden Steuerreform die Steuersätze heraufgesetzt und das Steuereinzugsverfahren

Tabelle 3: **Indikatoren zur wirtschaftlichen Entwicklung Brasiliens 1955 - 1972**

Jahr	Brutto-inlands-produkt (real)	BIP pro Kopf	De-flator	Indu-strie-produk-tion	Land-wirt-schaft	Monats-ver-dienste (Indu-strie)	Geld-menge (M1)a)	Zahlungsbilanz: Exporte (fob)	Zahlungsbilanz: Importe (fob)	Zahlungsbilanz: Lau-fende Bilanz	Zahlungsbilanz: Kapital-bilanz	Devisen-reser-vena)
	Veränderung in vH gegenüber dem Vorjahr							Mill. US-$				
1955	6,9	3,7	16,3	9,9	7,7	.	17,4	1 419	1 099	2	3	.
1956	3,2	0,2	23,2	6,9	– 2,4	.	22,1	1 483	1 046	57	151	.
1957	8,1	4,9	13,2	5,7	9,3	.	33,1	1 392	1 285	– 264	255	.
1958	7,7	4,6	11,1	16,2	2,0	.	21,4	1 244	1 179	– 248	184	465
1959	5,6	2,4	29,2	11,9	5,3	.	41,8	1 282	1 210	– 311	182	366
1960	9,7	6,6	26,3	9,6	4,9	.	38,2	1 270	1 293	– 478	58	345
1961	10,3	7,2	33,3	10,6	7,6	.	50,6	1 405	1 292	– 222	288	470
1962	5,3	2,3	54,8	7,8	5,5	.	63,3	1 215	1 304	– 389	181	291
1963	1,5	– 1,3	78,0	0,2	1,0	.	64,0	1 406	1 294	– 114	– 54	215
1964	2,9	0,0	87,3	5,2	1,3	.	85,9	1 430	1 086	140	82	244
1965	2,7	– 0,1	55,4	– 4,7	13,8	.	75,4	1 595	941	368	– 6	483
1966	5,1	2,2	38,8	11,7	– 3,2	.	15,0	1 741	1 303	54	124	421
1967	4,8	1,8	27,1	3,0	5,7	26,6	42,6	1 654	1 441	– 237	27	198
1968	9,3	6,3	27,8	13,2	1,5	28,6	43,7	1 881	1 885	– 508	541	257
1969	9,0	5,9	22,3	19,8	6,0	35,0	33,6	2 311	1 993	– 281	850	656
1970	9,5	6,4	19,8	11,1	5,6	25,8	25,3	2 739	**2 507**	– 562	1 015	1 187
1971	11,3	8,2	20,4	11,2	11,4	.	31,3	2 904	3 245	– 1 307	1 896	1 723
1972	10,4	7,3	17,0	13,8	4,5	.	41,5	3 991	4 235	– 1 481	3 566	4 183

a) Jahresende.

Quelle: Conjuntura Econômica, Getulio Vargas Foundation, Dec. 1973. — Monthly Bulletin of Statistics, UN, lfd. Nr.

effektiver gestaltet wurden. Auf der Ausgabenseite wurde die Expansion aller Aufwendungen stark gedrosselt — es wurden sogar Gehaltskürzungen vorgenommen —, die nicht in unmittelbarem Zusammenhang mit dringenden Investitionsvorhaben standen.

Um die Einwirkungsmöglichkeiten der Geldpolitik zu erhöhen, schuf man die bis dahin nicht vorhandene Institution einer Notenbank. Dennoch gelang es bis 1966 nicht, die Geldmengenexpansion unter Kontrolle zu bringen. Grund dafür: Die bis dahin allein betriebene Mindestreservepolitik erwies sich als untauglich, den verstärkt einsetzenden Zustrom von Auslandsgeldern zu neutralisieren. Erst die Entwicklung eines funktionsfähigen Geld- und Kapitalmarkts, wofür nicht zuletzt Indexklauseln Voraussetzung waren, setzte die Notenbank in die Lage, die monetäre Expansion über Offen-Markt-Operationen zu steuern. Daran vermochte auch der verstärkte Kapitalimport ab 1970 nichts zu ändern, den man vor allem über den Verkauf von Schatzwechseln kompensierte.

... bei umfassender Indexierung

20. Das Einschwenken der Geld- und Fiskalpolitik auf einen Stabilisierungskurs genügte aber nicht. Nach Jahren starker Inflationsbeschleunigung war es ein Problem, den Wirtschaftssubjekten klar zu machen, von nun an von einer abnehmenden Inflationsrate auszugehen. Um den Übergang zu stabilisierungskonformen Verhaltensweisen zu erleichtern, entschloß man sich, eine möglichst umfassende Indexierung zu fördern:

— Im Steuerrecht wurde verankert, daß bei der Einkommenbesteuerung Freigrenzen, Freibeträge und Progressionsstufen entsprechend der Preisentwicklung aufgewertet werden, um inflationsbedingte Steuererhöhungen zu vermeiden. Ebenso wurden Steuerschulden der Geldentwertung angepaßt.

— Weiterhin wurde gesetzlich fixiert, daß die Vermögenswerte eines Unternehmens sowie die Abschreibungen eine jährliche Wertberichtigung erfahren. Damit soll der Besteuerung von Scheingewinnen entgegengewirkt werden.

— Der Staat emittierte Indexanleihen mit der Folge, daß sich Indexklauseln im Laufe der Zeit auch bei allen anderen Geld- und Kapitalgeschäften durchsetzten. Diese sehen entsprechend der Preisentwicklung entweder eine Heraufsetzung der Nominalwerte (Anleihen, Schatzanweisungen, Spareinlagen) und/oder eine Anpassung des Zinssatzes vor (Bankkredite). In allen Fällen bleiben inflationsbedingte Nominalwerterhöhungen steuerfrei.

— Die Lohnindexierung beschränkt sich formal auf die Mindestlöhne, wird aber auf allen Lohnstufen praktiziert. Die Fixierung der regional unterschiedlichen Mindestlöhne erfolgt jährlich unter Zugrundelegung der vorausgegangenen und der voraussehbaren Preisentwicklung sowie — seit 1968 — des Produktivitätszuwachses.

Den Wertberichtigungen liegt zumeist ein allgemeiner Preisindex der Getulio Vargas Foundation zugrunde — einem international anerkannten Forschungsinstitut. Dieser Index wird aus dem Großhandels-, Verbraucher- und Baukostenindex ermittelt. Das Bestreben geht allerdings dahin, für verschiedene Rechtsgeschäfte verschiedene Preisindikatoren anzuwenden.

Rasche Wechselkursanpassungen

21. Ein weiterer integraler Bestandteil des wirtschaftspolitischen Konzepts ist seit 1968 auch das System des „crawling peg“ bei den Wechselkursen. Zuvor hatte man zu sporadischen, dafür aber jeweils stärkeren Abwertungen gegriffen, die stets mit erheblichen spekulativen Kapitalbewegungen sowie kräftigen Preisauftriebsimpulsen verbunden waren. Seit 1968 wird der Cruzeiro im Abstand von nur wenigen Wochen abgewertet, und zwar entsprechend der Differenz zwischen der internen Inflationierung und dem Preisauftrieb in den wichtigsten Außenhandelspartnerländern. Nachdem zunächst jeden Monat um 1 bis 2 vH abgewertet wurde, verringerte sich der Abwertungssatz für 1972 insgesamt auf etwa 10 vH. Mit dieser Strategie gelang es, auf den Weltmärkten konkurrenzfähig zu bleiben: Seit 1968 stiegen die Dollareinnahmen aus dem Export jährlich um über 20 vH. Angesichts eines starken Importbedarfs sowie hoher Zinstransfers blieb die Bilanz der laufenden Posten dennoch anhaltend defizitär. Dieses Defizit konnte aber durch Kapitalimporte mehr als wettgemacht werden. Sicherlich trug dazu das „crawling peg“-System insofern bei, als dadurch die Unsicherheit im Hinblick auf zukünftige Wechselkursänderungen spürbar verringert wurde.

Wirkungen der Indexbindung

22. Sicherlich fielen die 1964 abrupt eingeleiteten Restriktionsmaßnahmen vor allem auf steuerlichem Gebiet zu scharf aus, als daß sich über das Indexsystem — zumal erst nach und nach installiert — Beschäftigungsrückgänge vermeiden ließen. Doch wurde die Beschleunigung des Sozialproduktsanstiegs ab 1966 keineswegs dadurch erreicht, daß man zu einer globalen Expansionspolitik zurückkehrte.

Vielmehr war dies bei einer gleichzeitigen Verringerung des Inflationsgrades möglich. Das lag nicht zuletzt daran, daß das Indexsystem den Unternehmen ein marktgerechtes Preisverhalten nahelegte, d. h.

die Anpassung an veränderte monetäre Rahmenbedingungen erleichterte:

- — zum einen, weil die Indexierung im Steuerrecht sowie die Wertsicherung der Staatsanleihen die Glaubwürdigkeit der staatlichen Stabilisierungsbemühungen erhöhte. Denn wegen dieser Indexklauseln konnte die Regierung kein Interesse mehr an einer Inflationsbeschleunigung haben: sie hätte ihr — wegen der indexierten Steuerstufen — keinen höheren Steueranteil eingebracht; sie hätte — wegen der Anleiheindexierung — auch keine Minderung der realen Zinslast zur Folge gehabt, so daß von daher die Verschuldungsbereitschaft der Gebietskörperschaften gedämpft wurde;
- — zum zweiten, weil Kostenbelastungen mit dem Abschluß von Verträgen nicht mehr über einen längeren Zeitraum starr vorgegeben waren, sondern mit der Höhe der — abnehmenden — Inflationsrate variieren (Löhne, Zinsen).

Insbesondere solange das Indexsystem noch nicht vollständig installiert war, versuchte die Regierung zusätzlich auch dadurch auf ein zurückhaltendes Preisverhalten sowie gleichzeitig auf eine stärkere Produktionsausweitung hinzuwirken, daß sie zu steuerlichen Anreizen, in verschiedenen Bereichen auch zu Preiskontrollen, griff.

23. Darüber hinaus dürfte die Stabilisierung dadurch erleichtert worden sein, daß die Indexbindung zu einer Ausweitung des Angebotsspielraums beitrug. Sie half, die für eine verstärkte Investitionstätigkeit notwendigen Ressourcen zu beschaffen:

- — Nachdem Spareinlagen 1964 eine positive reale Verzinsung verzeichneten, nahm die inländische Ersparnisbildung spürbar zu. Diese Mittel wurden vor allem über die Placierung von Anleihen und Aktien aufgebracht, erlaubten also den Ausbau der langfristigen Finanzierung der Unternehmen.
- — Stärker noch, und zwar auch relativ zum BSP, stiegen die Mittel, die man im Ausland zur Finanzierung von Investitionsgüterimporten mobilisieren konnte. Dies ist insbesondere seit Anfang der siebziger Jahre der Fall, als sich die Inflation weltweit beschleunigte und die internationalen Kapitalmärkte überaus liquide waren. Gleichzeitig zeichneten sich brasilianische Anlagen durch eine hohe reale Rendite aus.

24. Indexklauseln schützten wohl vor der Auszehrung vereinbarter Reallöhne. Dies verhinderte aber nicht, daß sich die Einkommensverteilung nach 1964 — ebenso wie zuvor als Folge der Inflationsbeschleunigung — weiterhin zuungunsten der unselbständig Beschäftigten veränderte: Zwar verzeichnen die realen Durchschnittslöhne in der Indu-

strie seit 1966 — nicht zuletzt wegen eines sich ausbreitenden Facharbeitermangels — jährlich höhere Zuwachsraten; der reale Mindestlohn, zu dem ein großer Teil der Bevölkerung im Norden des Landes beschäftigt wird, steigt aber erst seit 1970 wieder.

Sicherlich ist eine gerechtere Einkommensverteilung nicht das primäre Ziel der seit 1964 herrschenden Regierungen — dies kann es wohl auch nicht sein, solange es angesichts eines noch zunehmenden Arbeitsangebotsüberhangs vor allem darauf ankommt, für einen steigenden Beschäftigungsgrad zu sorgen. Dieser nahm im Zuge der Industrialisierung des Landes allerdings auch deshalb nicht in dem erhofften Maße zu, weil die bisherige Entwicklungsstrategie allzusehr auf Importsub-
weil die bisherige Entwicklungsstrategie allzusehr auf Importsubstitution und Förderung kapitalintensiver Produktionsverfahren ausgerichtet war.

Diskussion

Dr. Bub:

Ich darf mich mit ein paar Gedanken zu Ihren Ausführungen, Herr Professor Pfleiderer, äußern, die ich mir während Ihres Vortrags notiert habe. Ich möchte nicht zu rechtspolitischen Punkten Stellung nehmen, sondern ich spreche hier als Volkswirt. In Klammern darf ich anmerken, damit es keine Mißverständnisse gibt: Ich spreche nicht im Auftrag der Bundesbank, bei der ich tätig bin.

Ich darf mit einer Hypothese beginnen, und zwar unterstelle ich einmal, daß wir den Nominalismus aufheben. Daraus würde sich ergeben, daß von nun an bei neuen Schuldverhältnissen Vertragsfreiheit herrscht. Ich möchte einmal zu umreißen versuchen, welche Konsequenzen daraus erwachsen würden. Unberührt bleibt also der ganze Komplex der alten Schuldverhältnisse, der gesondert zu betrachten ist. Dabei stellt sich für mich sofort die Frage, ob hier nicht die größere Dringlichkeit, die größere Aktualität liegt. Zu Vorschlägen, die in dieser Hinsicht gemacht worden sind, könnte man einiges sagen.

Aber es geht doch in erster Linie um neue Schuldverhältnisse, um die Frage, was Vertragsfreiheit, die Indexklauseln zuläßt, bedeuten würde. Man muß einräumen, daß sich im Zuge der Inflation schon ganz bestimmte Anpassungsprozesse vollzogen haben. Bei neuen Schuldverhältnissen zeigte sich zunächst eine deutliche Reaktion der Zinsen, die immerhin so weit geht, daß das aktuelle Zinsniveau, abzüglich der Inflationsrate, einen Realzins ausweist, der höher ist als im vergangenen Jahr. Ferner gab es deutliche Veränderungen hinsichtlich der Fristigkeit, und zwar in dem Sinne, daß kurzfristige Schuldverhältnisse bevorzugt werden. Man könnte ins Extrem gehen und die Frage stellen, wie sich, wenn man generell zu einjährigen Schuldverhältnissen überginge, ein solches System unterscheiden würde von einem System indexierter Schuldverhältnisse. Ich möchte das nicht fordern, sondern nur als gedankliche Konstruktion erwähnen.

Wenn man aber heute trotz der augenblicklichen Zinshöhe indexierte Anleihen fordert, muß man der Meinung sein, daß sich die Inflation noch beschleunigt. Denn die aktuelle Zinshöhe bietet doch bereits ein gewisses Äquivalent für den laufenden Substanzverlust durch Inflation. Glaubt man aber an einen Erfolg der Stabilisierungsbemühungen, dann muß man schon heute anders über indexierte Anleihen denken; ja, ich muß sagen, damit hätten sie am Markt keine Chance mehr. Diese Anleihen müßten am Markt mit hochverzinslichen alten Anleihen konkurrieren. Hier unterscheide ich mich von der Auffassung der Professoren, die uns gestern schriftlich vorgelegt worden ist. Ich glaube nicht, daß wir — wirksame Stabilitätspolitik vorausgesetzt — bei einer Einführung von Indexanleihen bei den Sparern ein Hosianna erleben würden, sondern sie würden die alten Anleihen bevorzugen, da sie sich damit für viele Jahre hohe Zinsen erhalten. Wie gesagt, ich gehe dabei von der Voraussetzung aus, daß Stabilisierungserfolge erzielt werden.

Zwei Fragen scheinen mir für den Fall der Herstellung der vollen Vertragsfreiheit noch offen zu sein:

Wie gelingt es uns in einem solchen System, den Staat in der Pflicht zu halten, daß er Stabilitätspolitik auch weiterhin als eine vordringliche Aufgabe sieht? Ich könnte mir denken, daß in dem Augenblick, wo auch in den letzten Bereichen, in denen es bisher noch keine laufende Anpassung an die Inflation gibt — etwa bei den Sparern — ein automatischer Ausgleich erfolgt, der Staat nicht mehr wie heute unter dem Druck steht, sich der Stabilitätspolitik ernster anzunehmen.

Die zweite Frage: Wer garantiert in einem solchen System der Vertragsfreiheit, daß wirklich diejenigen hieraus Nutzen ziehen, die wir heute primär als die Geschädigten der Inflation sehen? Ich denke z. B. an den kleinen Sparer, der seit Jahren im Blickpunkt einer Vermögenspolitik für breite Schichten steht. Wie garantieren wir das? Ich glaube, wir können das nicht garantieren. Es würden wiederum diejenigen ihre Chancen wahrnehmen, die auch bisher schon sehr wohl gewußt haben, wie man Vertragsklauseln formuliert, um sich einigermaßen gegen die Inflation zu schützen. Kann die breite Masse der Sparer bei Banken oder bei anderen Instituten — wie z. B. Versicherungen — solche Indexklauseln wirklich durchsetzen? Ich möchte das bezweifeln. Wenn dem nicht so ist, steht dann nicht am Ende die Zwangsindexierung, die ihrerseits erhebliche Probleme beinhaltet?

Über das, was dann bevorsteht, wurde von Herrn Kuntze genug gesagt: Man beginnt am Index zu manipulieren, man streitet darüber, wie man exogene administrative Einflüsse herausrechnet, man wird auch darüber streiten, welcher Index überhaupt verwendet wird. Mir ist gestern noch im Zuge ein Zitat in die Hand gefallen, das ich Ihnen nicht vorenthalten möchte:

> Auch ein noch so perfektes System von Indexklauseln kann somit keine Gewähr dafür bieten, daß einzelne Gruppen nicht doch Vorteile aus der Inflation ziehen, andere dagegen entsprechende Verluste erleiden. Es verlagert sich lediglich das Kampffeld der Auseinandersetzungen.

Damit verlieren jedoch die Argumente zugunsten der Indexklauseln wesentlich an Überzeugungskraft.

Dies hat immerhin Herr Issing geschrieben, der interessanterweise jenes Professorengutachten mit unterschrieben hat.

(Heiterkeit)

Ein Wort noch zu Brasilien. Ich glaube, daß der Fall Brasilien insofern oft falsch dargestellt wird, als das Jahr 1964 generell als Beginn der Indexierung angenommen wird. Dabei wird jedoch übersehen, daß es bereits vor 1964 Indexierungen gab, und zwar in Privatverträgen, ein Zustand, wie er sich bei uns ergeben würde, wenn wir den Nominalismus aufheben. Die Inflation ging aber verstärkt weiter. Das Jahr 1964 brachte meines Wissens insofern eine Änderung, als von da ab Indexklauseln von staatlicher Seite gewissermaßen verordnet und systematisch zu einem umfassenden System der Indexierung ausgebaut wurden. Im Jahr 1964 nahm aber auch die Stabilitätspolitik in Brasilien erst ihren Anfang, wobei noch hinzukam, daß sich die politischen Verhältnisse zu diesem Zeitpunkt zu stabilisieren begannen. Es gibt also zumindest drei Faktoren, die sich 1964 grundsätzlich gewandelt haben. Ich persönlich wage keine Zurechnung der relativen Stabilisierungserfolge, die wir seitdem in diesem Land zu verzeichnen haben.

Prof. Dr. Schmahl:

Der Vortrag von Herrn Pfleiderer begann mit der Feststellung, daß das Nominalprinzip die Stellung einer heiligen Kuh habe. Ich glaube, das hat nicht nur etwas Mystisches, sondern durchaus auch etwas Praktisches. Das Nominalprinzip ist eben für den normalen Bürger doch sehr viel besser zu durchschauen und zu überschauen. Wir haben ja gewisse Parallelen im Streit um die flexiblen Wechselkurse gehabt. Immerhin berechtigt uns der Lernprozeß, der dort zu beobachten war, zu einigen Hoffnungen.

Eine andere Sache ist dies: Wenn man sich vorstellt, daß sich die inflatorische Entwicklung mit steigender Geldentwertungsrate fortsetzt, so wird es in der Tat schwieriger, das Nominalprinzip durchzuhalten, ohne daß es zu großen Verzerrungen und noch größeren Ungerechtigkeiten kommt. Deshalb ist es natürlich ein außerordentlich wichtiges Anliegen, sich mit den Möglichkeiten der Loslösung von diesem System auseinanderzusetzen. Im Prinzip kann man dazu sagen, jede Generallösung wäre besser als eine Partiallösung. Also: nur indexgebundene Anleihen oder dergleichen vorzusehen, ist zwar im Moment leichter in die Tat umzusetzen, aber auf die Dauer wäre eine Generallösung die bessere.

Eines der wichtigsten und, wie mir scheint, faszinierendsten Argumente in dieser Diskussion ist, es könne gar keine Rede davon sein, daß ein Übergang zur Indexierung eine Kapitulation vor der Aufgabe der Stabilisierung bedeuten würde; im Gegenteil, dieses würde Stabilisierung erst ermöglichen, — wobei gesagt wird, bisher sei das größte Hindernis für eine wirklich erfolgversprechende Stabilisierungspolitik die Scheu vor dem Beschäftigungsrisiko gewesen, das mit einer solchen Politik immer verbunden ist; dieses Risiko würde durch die Indexierung weitestgehend aufgefangen werden. — Diese Kombination, so faszinierend sie ist, wirft aber die Frage auf: Was passiert eigentlich, wenn man sich zwar mit dem Hinweis auf diese beabsichtigte Kombination zur Indexierung entschließt, aber dann doch keine Stabilitätspolitik macht, und zwar aus einem Grund, den ich persönlich nicht ganz gering einschätzen würde. Immerhin erzeugt sicherlich nicht nur in der Phantasie einiger Autoren eine Inflation eine gewisse beschwichtigende Wirkung in bezug auf Ansprüche. Dieses Argument bleibt; das wird meines Erachtens auch durch Indexierung nicht ausgeräumt. Dies ist meines Erachtens ein politisch recht wirksames Argument. Wie gesagt, dieses Problem würde durch eine Indexierung nicht beiseite geschoben werden. Das Ergebnis wäre: wir hätten Indexierung und keine Stabilisierung. Das würde dann zu Recht als die Kapitulation vor der Stabilisierungsaufgabe angesehen werden, und es gibt einige Argumente dafür, daß es dann zu einer Beschleunigung der inflatorischen Entwicklung kommen könnte, vielleicht sogar würde.

Ein anderes Argument scheint mir in der Diskussion manchmal etwas zu kurz zu kommen; allerdings hat Herr Kuntze dankenswerterweise in seinem Referat recht häufig darauf hingewiesen. Ich meine die Frage: Gibt es eigentlich keine Konflikte mehr, wenn wir Indexierung haben? Der Hinweis auf andere Länder mag mit dem einen oder anderen Argument zurückgewiesen werden können. Darauf will ich nicht eingehen. Im Prinzip würde ich aber sagen: Es gibt Anhaltspunkte dafür, daß es durchaus weiterhin Konflikte und Verteilungskämpfe geben wird. Ich denke etwa an die Formel, die da lautet, künftig würde nur noch über Realeinkommen verhandelt werden.

Was würde Verhandeln über Reallöhne heißen? Da würde die Arbeitgeberseite sagen: Wir gehen vom allgemeinen und nicht etwa vom branchenspezifischen Produktivitätsfortschritt aus, und der allgemeine ist 4 % und nicht 5 %. Und die Gegenposition der Gewerkschaften lautet: Wenn schon allgemeiner Produktivitätsfortschritt, dann 5 %, aber im Zweifel branchenspezifischer Produktivitätsfortschritt, nämlich sofern der über der allgemeinen Rate liegt. — Das ist dann die Form des Verteilungskampfes! Andere Formen wurden schon genannt: Diesen oder jenen Index akzeptieren wir, diesen und jenen nicht.

Ich glaube, man tut der Sache keinen Gefallen, wenn man auf diese Probleme nicht hinweist.

Wenn es aber so sein sollte, daß man unter den Bedingungen eines mehr oder weniger vollindexierten Systems weiterhin Verteilungskampf hat und dabei durchaus gewillt ist — was ich nicht für selbstverständlich halte —, Stabilitätspolitik zu betreiben, dann stellen sich doch weitgehend die alten Probleme, allerdings zum Teil in neuer Form. Dann geht es nämlich wieder darum, was geschieht, wenn ein sogenanntes nichtkonformes Verhalten von Produzenten und Gewerkschaften vorliegt, nämlich nichtkonform zu der Stabilitätspolitik, die gleichzeitig betrieben wird. Dann stehen wir im Grunde vor der gleichen Frage: Bis zu welchem Punkt können wir unter solchen Umständen weiter Stabilitätspolitik betreiben?

Woran mir hier lag, war einfach, darauf hinzuweisen, daß auch dann, wenn der Übergang zur Indexierung für notwendig erachtet wird, manche Probleme durchaus nicht so eindeutig gelöst erscheinen, wie gelegentlich in dieser Diskussion der Eindruck erweckt wird.

(Beifall)

Vorsitzender Prof. Dr. Giersch:

Darf ich, Herr Schmahl, weil Sie mich mehrfach angesprochen haben — ohne mich zu nennen —, einige Bemerkungen anfügen. Wenn irgend jemand in dem Bemühen, ein sehr schwerwiegendes Problem zu lösen, den Versuch macht, einen kleinen Beitrag zu leisten, dann glaubt er gewiß nicht, damit sofort auch noch alle Sozialkonflikte aus der Welt schaffen zu können. Mit Inflation ohne Indexklauseln werden Sozialkonflikte gemildert, und zwar durch Ausnutzung von Geldillusion und Benachteiligung Dritter. Wenn die Geldillusion zur Neige geht, hilft nur noch die Inflationsbeschleunigung bis hin zur Hyperinflation. Indexklauseln, die Dritte schützen, bewirken, daß Konflikte nur noch auf Kosten der Beteiligten ausgetragen werden können. Ich glaube, daß die Sozialkonflikte dann geringer sein werden.

Prof. Dr. Willgerodt:

Ich glaube, es ist bei dieser Indexfrage ein differenziertes Urteil notwendig. Der Meinung von Jöhr kann ich nicht beipflichten, daß bis zum Jahre 2000 das Inflationsproblem gelöst werden könnte. Es wird im Jahre 2000 genauso existieren wie jetzt. Denn ich bin pessimistisch und glaube nicht, daß unsere eigenen Anstrengungen ausreichen werden, um zu einer Stabilität der Währungen zu gelangen. Wir hoffen das alle, aber es bedarf vielleicht doch des Pessimismus als Vehikel, um den

Erfolg herbeizuführen. Also, die schmerzlose Syphilis der voll durch Indexierung abgefederten Inflation wird es nicht geben, und insofern möchte ich der Äußerung von Herrn Issing voll zustimmen. Ein Indexsystem ist kein Allheilmittel und Ersatz für Stabilitätspolitik, wie man aus der Äußerung Jöhrs vielleicht ableiten könnte.

Auf der anderen Seite ist ein Indexsystem gedacht als Aufhebung eines Betrugs, und diesen Betrug hat Herr Pfleiderer uns in wohl unwiderleglicher Weise vor Augen geführt. Denn es ist einfach unwahr — wie es ein Kollege einmal vor Jahren gesagt hat —, daß heute ja jeder wisse, wie die Indizes der Lebenshaltungskosten in die Höhe gingen, und daß sich jeder durch seine privaten Dispositionen und entsprechend höhere Zinsforderungen gegen diese Enteignung schützen könne. Das ist eben nicht möglich, weil die Kosten der Disposition über das eigene Vermögen gerade für die weniger Besitzenden so hoch sind, daß sie diesen Wettlauf mit der Inflation nicht gewinnen können.

Wenn eine bestimmte Art von Preissteigerung vorliegt, dann spricht sehr vieles dafür, daß eine solche Indexbindung für bestimmte Schuldverhältnisse vorgesehen wird, nämlich wenn die Inflation auf Geldvermehrung zurückgeht, die bewußt — aus irgendwelchen politischen Gründen oder aus Schwäche — inszeniert worden ist. Aber eine Indexbindung wäre nicht gerechtfertigt, wenn wir reale Änderungen der Güterversorgung — etwa Verteuerungen des Öls —, an denen nichts zu ändern ist, vor uns haben. Denn die Verteuerung des Öls als Begründung für Lohnsteigerungen zu benutzen, wäre wohl vollständig abwegig. Man muß also differenzieren. Deswegen haben wir in unserem Konzept auch nur gesagt: Falls der Index der Lebenshaltungskosten steigt, soll die Möglichkeit der Neuverhandlung über Lohntarife eröffnet werden. Es soll aber nicht eine automatische Lohnsteigerung kommen. Denn es gibt eben nicht nur Preisniveausteigerungen, die durch bewußte Geldvermehrung herbeigeführt worden sind, sondern es sind manchmal andere Gründe — und das ist im Augenblick sehr aktuell — für solche Änderungen des Preisniveaus maßgebend.

Eine Bemerkung zu der Äußerung von Herrn Pfleiderer — der ich im übrigen sehr zustimme —, daß Schuldnergewinne entstehen, die genau unter die Lupe genommen werden müssen. Ein Teil derjenigen, die Schuldnergewinne machen, sind die Unternehmungen. Aber es ist die Frage, ob diese Schuldnergewinne bei den Unternehmungen geblieben sind oder ob sie nicht längst weitergegeben sind. Ich glaube, die Nachgiebigkeit der Unternehmungen bei Tariflohnverhandlungen am Arbeitsmarkt geht mit darauf zurück, daß ein Teil der Last auf die Sparer weitergewälzt worden ist. Die Unternehmungen haben also die Schuldnergewinne nicht oder jedenfalls nicht sämtlich behalten, sondern wenigstens zum Teil an die Gewerkschaften weiterverkauft. Gleichzeitig hat der Staat profitiert, weil wir auch bei der Besteuerung immer noch das Nominalprinzip haben.

Wenn wir nunmehr die Gewerkschaften — zusammen mit anderen natürlich — als Nutznießer eines solchen Inflationsprozesses beobachten, dann ist das Problem, das Herr Schmahl meines Erachtens zu Recht angesprochen hat, kombiniert mit dem Indexproblem. Wenn die Gewerkschaften ein Lohnniveau herbeigeführt haben, das mit Stabilität und Vollbeschäftigung nicht vereinbar ist, also die Regierung zu einer inflatorischen Politik veranlassen, dann bedeutet die Einführung eines Indexsystems, daß ein illegitimer — wenigstens am Vollbeschäftigungsziel, nicht an irgendwelchen Verteilungsgesichtspunkten gemessen — Vorteil nunmehr durch die Indexbindung eingefroren wird. Damit ist natürlich das Indexierungssystem doch wieder problematisch geworden.

Wenn es so ist, wie die Monetaristen meinen, daß, sofern Stabilitätspolitik getrieben wird, bei Einführung von Indexbindungen die Gewerkschaften sich wieder vollbeschäftigungskonform verhalten, dann sind keine weiteren Probleme da. Ich hoffe, daß das so ist. Es gibt in Deutschland Gewerkschaften, die sich so verhalten haben. In England gibt es keine Gewerkschaften, die sich so verhalten; den englischen Gewerkschaften ist es völlig gleichgültig, ob sie Arbeitslosigkeit hervorrufen. Das ist also ein entscheidendes Problem, und man muß sehr differenzieren. Deswegen glaube ich, daß das Indexsystem allein keine Lösung des Stabilitätsproblems bringt. Sicherlich ist die Regulierung etwa der Forderungen der Sparer notwendig, und ebenso notwendig ist der Schutz der Arbeitnehmer vor einer Geldentwertung, die etwa als Nachfrageinflation auftritt und die in Deutschland nach 1969 dazu geführt hat, daß die Arbeitnehmer sehr stark benachteiligt worden sind. Die zunehmende Radikalisierung der Tariflohnauseinandersetzungen geht ja mit darauf zurück, daß es hier nicht die Gewerkschaften waren, sondern die staatliche Wechselkurspolitik, die dazu beigetragen hat, daß für die Arbeitnehmer Nachteile entstanden sind. Die Kernfrage bleibt: Muß man nicht diejenigen, die mit Vollbeschäftigung nicht zu vereinbarende Preise und Löhne herbeiführen, mit in die Verantwortung einbeziehen? Eine Rückverlagerung des Beschäftigungs- und Absatzrisikos auf diejenigen, die nichtgleichgewichtige Preise und Löhne fordern, muß mit einem Stabilitätskonzept unbedingt verbunden sein. Hier muß man sehr deutlich unterscheiden: Auf der einen Seite die „bösen Kapitalisten", die man als „arme Sparer" in Gänsefüßchen bezeichnen mag oder wie auch immer. Diese Sparer zumindest haben keinerlei oder wenigstens keinen monopolistischen Einfluß auf den Preis für das, was sie anbieten, nämlich ihre Ersparnisse. Die Arbeitnehmer dagegen, die in den Gewerkschaften organisiert sind, können Preise durchsetzen, die den Absatz ihres „Produkts" nämlich ihrer Arbeitsleistung, letztlich verhindern. Die berüchtigte Reprivatisierung des Beschäftigungsrisikos, die als das Unsozialste, was Nationalökonomen aussprechen können, hingestellt worden ist, muß also zumindest in dem Sinne doch erwogen werden, daß die verantwortlichen Instanzen, die durch überzogene Lohnforderungen Arbeitslosigkeit hervorrufen können, in die Gesamtverantwortung einbezogen werden.

Um das Gleichgewicht herzustellen, damit ich hier nicht als Arbeitnehmerfeind erscheine: Man könnte auch überlegen, wie Unternehmungen, die durch ihre Preispolitik Beschäftigungsrisiken hervorrufen, in die Verantwortung genommen werden. Das Beste ist natürlich eine Wettbewerbspolitik. Aber man könnte auch gewisse rechtliche Regelungen in Betracht ziehen, etwa die Möglichkeit, Schadensersatzforderungen aus Verträgen eines Dritten abzuleiten; die Juristen kennen ja diese Konstruktion. Nehmen Sie an, es besteht ein Vertragsverhältnis zwischen zwei Unternehmungen, und von der Nichteinhaltung oder der Gestaltung dieses Vertragsverhältnisses wird ein drittes Unternehmen so benachteiligt, daß es Konkurs anmelden muß. Denken Sie an Boykottmaßnahmen und ähnliches. Für solche Fälle sollte unter Umständen eine rechtliche Durchgriffsmöglichkeit geschaffen werden.

Was Herr Haberler gesagt hat, kann man auf die Gewerkschaften übertragen, nämlich daß der Staat das marktwidrige Verhalten von zum Streik aufrufenden Gewerkschaften sogar noch finanziert. Das müßte im genau umgekehrten Sinne geregelt werden, damit das Indexsystem nicht illegitime Vorteile einfriert.

Vorsitzender Prof. Dr. Giersch:

Bei der Erhöhung der Ölpreise handelt es sich um eine Verschlechterung der terms of trade und damit um eine Verringerung des verteilbaren Produktivitätsfortschritts. Durch die Steigerung des Ölpreises ist gleichsam die Importproduktivität unserer Exportindustrie gesunken. Das gleiche gilt für den Fall einer Abwertung zur Korrektur eines Zahlungsbilanzungleichgewichts, die ebenfalls einhergehen muß mit einer Verschlechterung der terms of trade und damit einer Verringerung des verteilbaren Produktivitätsfortschritts.

Diese Zusammenhänge sind im ersten Jahresgutachten des Sachverständigenrats in der Ziffer 242 behandelt worden, wo wir uns auch über die branchenbedingten Produktivitätsfortschritte und ihre Berücksichtigung geäußert haben. Aber ich glaube, es ist Zeit, daß diese Dinge wieder in die Diskussion kommen.

Das gleiche gilt natürlich auch für die Erhöhung der indirekten Steuern, die niemals in einem Index berücksichtigt werden dürfen. Denn hier soll ja gerade eine bestimmte Gruppe belastet werden. Sie sind ein Ersatz für direkte Steuern, die man ja bei einer Indexbindung auch nicht berücksichtigen würde.

Dr. Bartel:

Ich möchte vier allgemeine Punkte ansprechen und dann eine gezielte Frage vortragen.

Der erste Punkt betrifft die Lösung des Verteilungsproblems. Wenn man die Indexdiskussion mit Verteilungsargumenten führt — und so ist sie ja hier von mehreren geführt worden —, so müßte man diese Überlegungen auch radikal zu Ende denken. Am Beispiel der wertgesicherten Staatsanleihe möchte ich das illustrieren. Eine wertgesicherte Staatsanleihe will auch bedient sein. Das heißt, daß auch das Steueraufkommen in einem gewissen Maße, gleichsam indexgebunden, ansteigen muß. Wenn man das Verteilungsproblem anspricht, muß man auch eine Antwort darauf geben, wie die Verteilungswirkung dieses erhöhten Steueraufkommens aussieht.

Der zweite Punkt: die Indexbindung als Alibifunktion für eine Laissez-faire-Politik. Was hierzu schon gesagt worden ist, möchte ich voll unterstreichen. Ich meine, wenn man schon von wissenschaftlicher Seite zu einer Laissez-faire-Politik — und als solche betrachte ich diese Indexbindung — rät, welches Rückgrat können wir dann noch von den Politikern erhoffen? Stabilitätspolitik kann und muß ja nicht nur über restriktive Nachfragesteuerung geführt werden, wozu die Indexbindung vielleicht, wie Professor Giersch uns vorgeführt hat, eine gewisse Erleichterung bringen kann: sie kann ja auch mit ordnungspolitischen Maßnahmen betrieben werden, Maßnahmen, denen man dann vielleicht erst mit Recht das Attribut „Wettbewerbspolitik“ zuerkennen kann.

Ein dritter Punkt: Wenn aber laissez faire, dann geht die Inflation auch weiter, und da tritt etwas in das Blickfeld, was bisher nur sehr kurz von Herrn Kuntze angesprochen worden ist, nämlich das Allokationsproblem. Wie wollen Sie, wenn die Inflation weitergeht — und das ist die notwendige Folgerung meines zweiten Punktes, nämlich der Alibifunktion —, wie wollen Sie dann das Allokationsproblem lösen, nämlich die Verzerrungen verhindern? Sie müßten schon voraussetzen, daß alle Produkte in der Inflation die gleiche Preisreagibilität aufweisen; ansonsten haben Sie das Allokationsproblem und die Verzerrungen.

Der vierte Punkt: Welche Bedeutung die Konstruktion des Indexsystems hat — das entscheidende Stichwort ist hier ja gefallen: die Verlagerung auf das Schlachtfeld der Konstruktion —, ist von Herrn Kuntze auch gezeigt worden. Ich möchte nur bemerken: Wenn Sie auf den französischen Kapitalmarkt schauen, werden Sie feststellen, daß es dort nur ein einziges Thema gibt, nämlich die Giscard-Anleihe, die Verlängerung der Pinay-Anleihe. Was da für ein Schindluder auch in verteilungspolitischer Hinsicht getrieben wird, kann man am Beispiel dieser Giscard-Anleihe sehr schön ablesen. Wenn also die Indexkonstruktion nicht in einer Weise gelöst werden kann, daß solche Vorkommnisse vermieden werden können, dann weiß ich nicht, wo hier verteilungspolitische Vorteile zu erhoffen sind. Denn diejenigen, die wirtschaftliche Macht und wirtschaftliche Kenntnisse haben, werden immer noch die Konstruktion durchsetzen, die für sie die beste ist. Ich bezweifele, daß man heute in dieser Hinsicht — nämlich was wirtschaftliche Macht und wirtschaftliche Kenntnisse angeht — schon auf eine Gleichverteilung über alle Gruppen hoffen kann. Die Perspektive „armer Sparer“ halte ich unter diesem Gesichtspunkt in verteilungspolitischer Hinsicht für eine recht arbiträre Gruppeneinteilung.

Eine spezielle Frage an Herrn Ahnefeld, die auch schon anklang: Herr Ahnefeld, welche statistischen Verfahren bzw. theoretischen Hypothesen gibt es, um unterscheiden zu können, ob die Indexierung oder ob nicht doch die Wirtschaftspolitik in den Beispielen Finnland und Brasilien zu den Erfolgen geführt hat, die Sie hier aufgezeigt haben? Diese Frage ist in anderer Form ja schon von Herrn Bub gestellt worden. Ihre eigenen Ausführungen über Finnland und Brasilien haben bei mir den Verdacht geweckt, daß diese Erfolge eher den Herren der Wirtschaftspolitik als den Technikern der Indexierung zugerechnet werden können.

Dipl.Vw. Ahnefeld:

Es ist bedauerlich, wenn der Eindruck entstanden ist, daß hier entweder der Indexbindung oder der Wirtschaftspolitik separat etwas zugerechnet werden soll. Indexklauseln waren und sind in Brasilien eine Komponente des wirtschaftspolitischen Gesamtkonzepts. Ohne diese Komponente hätte sich das Inflationstempo sicherlich ungleich schwerer verringern lassen, jedenfalls nicht ohne eine nachhaltige Beeinträchtigung des Beschäftigungsgrades. Tatsächlich schwächte sich der Preisauftrieb ständig ab, während gleichzeitig Beschäftigung und Wirtschaftswachstum ab 1967 kräftig zunahmen.

Dipl.Vw. Filusch:

Ich möchte die Frage der Indexbindung unter zwei Aspekten betrachten. Der erste Aspekt ist der Ausgleich von inflationsbedingten Ungerechtigkeiten, auf den insbesondere Herr Professor Pfleiderer hingewiesen hat, der zweite Aspekt die Frage: helfen uns Indexbindungen, eine erfolgreiche Stabilitätspolitik zu betreiben?

Zum Ausgleich der Ungerechtigkeiten gestatten Sie mir zunächst die bescheidene Frage: Warum konzentrieren wir uns auf die Indexbindung und nicht auf eine konsequente Stabilisierungspolitik? Denn mit dem Erfolg der Stabilisierungspolitik hätten wir das Problem vom Tisch. Herr Kuntze hat auf die Schwierigkeiten der Indexbindung und auf die daraus entstehende Versuchung hingewiesen. Ich möchte ein Beispiel aus der Bundesrepublik beisteuern. Als die vorletzte Postgebührenerhöhung anstand, hat man jene Gebühren besonders stark erhöht, die im Preisindex nicht enthalten sind, nämlich die Grundgebühren für die Fernsprechapparate.

Ich möchte sodann einen anderen Punkt zu überlegen geben: Wenn wir auf eine volle Wertsicherung für Anleihen hinsteuern, kommen wir dann nicht zu einer Fixierung des Realzinses, und müßten wir dann nicht auf die Wirkungen eines variablen Realzinses verzichten?

Vorsitzender Prof. Dr. Giersch:

Nein! Sie vereinbaren einen Realzins, und darauf kommt der Kaufkraftausgleich. Der Realzins kann sogar negativ sein. Ich wäre bereit, zu einem negativen Realzins — sagen wir, minus 1 % — eine wertgesicherte Anleihe zu kaufen.

Dipl.Vw. Filusch:

Hier geht es bei der Wertsicherung doch darum, daß man den Zins nach dem Preisindex bemißt.

(Widerspruch)

Dr. Pohl:

Ich glaube, Sie verwechseln das mit der heute gebräuchlichen Zinsgleitklausel. Da wird eine Gewinnspanne als konstant angesetzt. Aber das hat nichts mit der Geldwertklausel zu tun.

Dipl.Vw. Filusch:

Herr Professor Pfleiderer vertrat die Ansicht, daß das Festhalten am Nominalprinzip die Inflation beschleunige. Herr Kuntze hat Gegenbeispiele angeführt. Mir scheint in diesem Zusammenhang folgendes erwägenswert. Wenn die Unternehmer, also die Schuldner, wissen, daß sie innerhalb einer gewissen Zeit einen höheren Zins zahlen müssen, weil sie den Inflationsausgleich zu erbringen haben — —

Prof. Dr. Pfleiderer:

Nicht in Form eines Zuschlags! Diesem Irrtum begegnen wir immer wieder.

Dipl.Vw. Filusch:

Also in Form eines Ausgleichs — —

Vorsitzender Prof. Dr. Giersch:

Eines nachträglichen Kaufkraftausgleichs!

Prof. Dr. Pfleiderer:

Bei Fälligkeit wird derjenige Kapitalbetrag, der bei Begründung des Schuldverhältnisses real aufgenommen worden ist, zurückgezahlt.

Dipl.Vw. Filusch:

Aber es kommt ein Ausgleich dazu, der sich nach dem Preisanstieg richtet. Werden dann nicht die Unternehmer, weil sie wissen, daß sie diesen Ausgleich zahlen müssen, aber nicht wissen, wie hoch dieser Ausgleich sein wird, versuchen, vorsorglich die von ihnen bestimmten Preise zu erhöhen, um vom Ausgleich ungeschoren zu bleiben?

Vorsitzender Prof. Dr. Giersch:

Jetzt wissen sie, wie hoch die Nominalkosten sind. Später wissen sie es nicht.

Dipl.Vw. Filusch:

Ja sicher, sie wissen es nicht, und deshalb könnte die Gefahr bestehen, daß sie vorsorglich die Preise sehr stark erhöhen, um bei diesem Ausgleich ungeschoren wegzukommen.

Prof. Dr. Pfleiderer:

Ich möchte auch gern mein Einkommen vorsorglich erhöhen, aber es geht leider nicht.

(Heiterkeit)

Dipl.Vw. Filusch:

Soviel zu dem Punkt Inflationsausgleich.

Nun zu der Frage der Indexklauseln als Hilfe für die Stabilisierung. Ich glaube, wir sind uns alle einig, daß wir die Stabilisierung nur mit einer konsequenten Stabilisierungspolitik erreichen können. Zu dieser konsequenten Stabilisierungspolitik gehört es, wenn wir keine Stabilisierungskrise in Kauf nehmen wollen, daß sich die Tarifpartner stabilitätskonform verhalten. Die einen meinen nun, daß dieses stabilitätskonforme Verhalten in gewisser Weise durch das Beschäftigungsrisiko erzwungen wird, weil es im Interesse der Unternehmer und der Arbeitnehmer liegt, sich stabilitätskonform zu verhalten, da es sonst zu Absatz- und Beschäftigungseinbrüchen kommt. Wenn ich die Vorstellungen über die Lohnindexierung richtig verstanden habe, dann geht es doch im Grunde genommen darum, den Gewerkschaften dieses stabilitätskonforme Verhalten zu verordnen — —

Vorsitzender Prof. Dr. Giersch:

Nein, Vertragsfreiheit!

Dipl.Vw. Filusch:

— Entschuldigung, „verordnen“ in Anführungszeichen — insofern, als sich die Tarifpartner nun nicht mehr über den Nominallohn einigen können, den sie sonst vereinbart hätten, sondern ein Sockelbetrag gewählt wird, gemessen an der Produktivität, ein Ausgleich für den unvermeidlichen Preisanstieg und dann nach einem halben Jahr eventuell auch ein Ausgleich für die tatsächliche Inflation. Wenn man es so sieht, wird der Spielraum der Vereinbarungsfreiheit eingeengt auf ein Maß, das sicherlich niedriger sein müßte als bei stabilisierungswidrigem Verhalten. Nun frage ich, ob nicht ein solcher Eingriff eine Reglementierung der Lohnfindung oder, hart ausgedrückt, ein Eingriff in die Tarifautonomie wäre.

Vorsitzender Prof. Dr. Giersch:

Es handelt sich doch um eine Erweiterung der Variablen, über die man sich bei der Aushandlung von Tarifverträgen unterhalten kann! Es ist nicht eine Einengung, sondern eine Erweiterung der Tarifautonomie.

Müller-Armack:

Hinzu kommt noch die Steuerbegünstigung durch die Änderung der Tarife.

Dipl.Vw. Filusch:

Ich wollte zunächst nur auf die Lohnfindung hinaus. Der Sinn dieser Indexbindung ist doch der, daß zunächst einmal, bei der ersten entscheidenden Lohnrunde, niedrigere Tariflöhne vereinbart werden sollen als ohne Indexbindung.

Vorsitzender Prof. Dr. Giersch:

Weil man den Inflationsausgleich nachträglich bewirkt!

Dipl.Vw. Filusch:

Ja, den sonst die Gewerkschaften und die Unternehmer gleich mit hineinnehmen.

Jetzt meine Frage: Wenn wir das als Eingriff in die Tarifautonomie oder als Reglementierung der Lohnfindung betrachten — —

Vorsitzender Prof. Dr. Giersch:

Das tun wir nicht! Es ist Herstellung von Vertragsfreiheit!

Dipl.Vw. Filusch:

Da würde ich anderer Meinung sein. Herr Pfleiderer hat vorhin auf die Einschränkung der Vertragsfreiheit bei Kapitalanlagen hingewiesen.

Hier läge auch eine gewisse Einschränkung der Vertragsfreiheit vor, weil man sich nur über bestimmte Größen des Lohns einigen darf. Vielleicht könnte man das in Kauf nehmen, wenn es Erfolg verspricht. Erfolg versprechen kann eine solche Lohnindexierung nur, wenn die Karenzzeit, in der die Gewerkschaften vorleisten müssen, so lang ist, daß die Stabilisierungspolitik, die gleichzeitig betrieben wird, erste Erfolge im Preisindex zeigen kann. Denn nur so kommt man nach einem halben Jahr zu einer niedrigeren Gesamtlohnerhöhung, als man sie in einer Situation ohne Indexbindung vereinbart hätte.

Aber jetzt komme ich zurück auf das, was ich vorhin gesagt habe: Werden die Unternehmer, die zwar jetzt keinen zusätzlichen Lohnkostendruck haben, die aber damit rechnen müssen, daß sie nach einem halben Jahr eventuell einen Ausgleich zahlen müssen — und dieser Ausgleich würde sich ja an einem Preisindex orientieren und nicht an den Preisen, die das einzelne Unternehmen selbst macht —, nicht versuchen, vorsorglich ihre Preise zu erhöhen, damit sie beim späteren Ausgleich nach einem halben Jahr glatt aus der Situation herauskommen? Wenn sie das täten, dann hätten wir keinen Stabilisierungserfolg; dann könnte es passieren, daß der Expansionsspielraum durch die Preissteigerung so stark ausgeschöpft wird, daß für die Beschäftigung nicht mehr viel übrig bleibt. Wir stünden dann vor dem gleichen Problem wie gegenwärtig. Sollen wir in einer solchen Situation die konsequente Stabilisierungspolitik weiter betreiben oder nicht?

Prof. Dr. Pfleiderer:

Eine Zwischenfrage: Warum versuchen es die Unternehmer nicht ohnehin?

Dipl.Vw. Filusch:

Aber in der gegenwärtigen Situation haben wir ja keine konsequente Stabilisierungspolitik, sondern bisher war es so, daß die Unternehmen immer Preiserhöhungsspielräume hatten, in die sie hineinstoßen konnten. Die Vorstellungen der Befürworter von Indexklauseln und auch die der Professoren, deren Stabilisierungsprogramm hier verteilt wurde, gehen aber doch davon aus, daß wir eine konsequente Stabilisierungspolitik betreiben. Wenn bei dieser Stabilisierungspolitik die Unternehmer die Preise erhöhen, dann muß es auf die Beschäftigung schlagen.

Es drängt sich eine weitere Frage auf: Wenn wir der Meinung sind — das ist meine Meinung, Sie haben ihr widersprochen —, daß solche Lohnindexklauseln eine gewisse Reglementierung der Lohnfindung bedeuten, werden dann die Gewerkschaften bereit sein, einer solchen Reglementierung zuzustimmen? Oder anders ausgedrückt: Wird die

Regierung stark genug sein, eine Lohnindexierung gegen den Widerstand der Gewerkschaften durchzusetzen? Auch hier scheinen Zweifel angebracht.

Zusammenfassend möchte ich sagen: Die Lohnindexierung gibt zwar Regeln für die Lohnentwicklung an, aber es fehlen im Grunde genommen Regeln für das Verhalten der Unternehmer.

Hat die Globalsteuerung bei der Inflationsbekämpfung versagt?*

Referat von Dipl.-Vw. Bringfried Rücker (Essen)

Die „Inflation" der Tagungen, die sich mit Problemen der Stabilisierungspolitik befassen, deutet bereits darauf hin, daß es um den Erfolg der Stabilisierungspolitik derzeit schlecht bestellt ist. In der Tat ist ihre Bilanz in den letzten sechs Jahren — auf diesen Zeitraum möchte ich meine Ausführungen beschränken — negativ: Die Preissteigerungsraten sind, unabhängig davon, ob man den Preisindex für die Lebenshaltung, den Index der industriellen Erzeugerpreise oder den Preisindex des Bruttosozialprodukts zugrundelegt, von Zyklus zu Zyklus nicht kleiner, sondern größer geworden.

Aus dieser Entwicklung wird vielfach der Schluß gezogen, das Konzept der Globalsteuerung habe hinsichtlich der Stabilisierung des Preisniveaus versagt, und daraus die Notwendigkeit von mehr dirigistischen Eingriffen und Kontrollen oder zumindest die Forderung nach einer Ergänzung der herkömmlichen Stabilisierungspolitik durch eine sogenannte „Einkommenspolitik" oder — jüngst — durch Indexklauseln abgeleitet.

Eine solche Schlußfolgerung setzt allerdings voraus, daß auch tatsächlich eine konsequente Stabilisierungspolitik betrieben wurde. Denn nur dann wäre das Scheitern der Stabilisierungsbemühungen dem Konzept der Globalsteuerung anzulasten.

Das Konzept der Globalsteuerung basiert auf der Überlegung, Preissteigerungen dadurch zu verhindern, daß man für eine gleichgewichtige Entwicklung von Gesamtangebot und Gesamtnachfrage sorgt. Da die Wachstumsmöglichkeiten des Angebots auf kurze Sicht begrenzt sind, in der Bundesrepublik nicht zuletzt durch den Mangel an Arbeitskräften, ging es vornehmlich darum, die Expansion der Nachfrage den Angebotsmöglichkeiten mit Hilfe der Finanz-, Geld- und Währungspolitik anzupassen. Bei einer gleichgewichtigen Entwicklung von Gesamtnachfrage und Gesamtangebot werden sich — so die Überlegungen des Konzepts — Unternehmen und Gewerkschaften von selbst stabilisierungskonform

---

* Meinen Kollegen aus der Konjunkturabteilung des Rheinisch-Westfälischen Instituts für Wirtschaftsforschung danke ich für zahlreiche wertvolle Anregungen.

verhalten, weil sie sonst den Absatz und die Beschäftigung gefährden. Allerdings muß man ihnen die Verantwortung dafür auch uneingeschränkt überlassen.

Bei einer solchen globalen Steuerung der gesamtwirtschaftlichen Expansion wären die konjunkturpolitischen Voraussetzungen nicht nur für die Stabilität des Preisniveaus, sondern auch für Vollbeschäftigung und angemessenes Wachstum erfüllt[1].

Will man die im Thema gestellte Frage: „Hat die Globalsteuerung bei der Inflationsbekämpfung versagt?“ sachgerecht beantworten, wird man prüfen müssen,

— ob die Stabilisierungsmaßnahmen auf den Gebieten der Währungs-, Geld- und Finanzpolitik überhaupt zielgerecht waren,
— ob sie rechtzeitig ergriffen wurden und
— ob ihre Dosierung ausreichend war.

Dazu kommt noch die Frage, ob die Fehlentwicklungen bei den Preisen und Kosten stets richtig und rechtzeitig erkannt wurden.

Diese Frage wird man für die letzten beiden Zyklen wohl bejahen können. In beiden Fällen hat es nicht an Stimmen gefehlt, die rechtzeitig auf eine drohende Übersteigerung der Nachfrage[2] hinwiesen und für Stabilisierungsmaßnahmen — einschließlich einer währungspolitischen Absicherung — plädiert haben. Allerdings bleibt kritisch festzuhalten, daß dies nicht überall und ohne Ausnahmen geschah. Das gilt selbst dann, wenn man die Prognosen von interessengebundenen Institutionen vernachlässigt[3]. Denn auch die Forschungsinstitute waren nicht immer der gleichen Meinung, wie die — allerdings in ihrer Zusammensetzung wechselnden — Mehr- und Minderheitsvoten in der Gemeinschaftsdiagnose belegen, ja, selbst der Sachverständigenrat war es in den letzen Jahren nicht immer.

Dies hat es den Politikern oft leicht gemacht, unpopulären Maßnahmen auszuweichen.

---

1 Das Problem des außenwirtschaftlichen Gleichgewichts als viertes Ziel im Zielkatalog stellt sich in diesem Zusammenhang nur insoweit, wie das binnenwirtschaftliche Gleichgewicht durch währungspolitische Maßnahmen gegen Störungen von der Außenwirtschaft abgesichert werden muß.

2 Gemessen an der Relation Auftragseingang/Kapazität zeichnete sich im Aufschwung 1967/69 spätestens zur Jahresmitte 1968 die Gefahr einer Übersteigerung ab, im Aufschwung 1972/73 im vierten Vierteljahr 1972, wobei jedesmal der Anstoß von der Auslandsnachfrage ausging.

3 Von solchen Prognosen sollten sich die für die Wirtschaftspolitik Verantwortlichen nicht beeinflussen lassen, weil diese oft den Anschein erwecken, mit ihrer Hilfe sollten Fehlentwicklungen eher verharmlost als aufgezeigt und Stabilisierungsmaßnahmen eher vermieden als ihre Notwendigkeit begründet werden. Dies gilt freilich nur für Fehlentwicklungen bei den Preisen; bei der Gefährdung von Absatz und Beschäftigung wird umgekehrt die Fehlentwicklung meist übertrieben und vorzeitig für ein Gegensteuern plädiert.

Fehlende außenwirtschaftliche Absicherung

Beginnen wir mit der Prüfung der Maßnahmen bei der Währungspolitik, und fragen wir zunächst: War die Währungspolitik auf die Stabilisierung ausgerichtet?

Die Antwort muß sicherlich lauten: Nein!

Ziel der Währungspolitik war bis zum Frühjahr 1973 nicht die Stabilität des binnenwirtschaftlichen Preisniveaus, sondern die Stabilität des Wechselkurses. Wenn wechselkurspolitische Maßnahmen ergriffen wurden, dann nur, weil sie unumgänglich waren. Für eine vorbeugende Stabilisierungspolitik kamen sie jedesmal zu spät und mußten erst durch massive Devisenspekulationen erzwungen werden. Ja, die Bundesregierung versuchte, auch dann am fixierten Wechselkurs festzuhalten, wenn binnenwirtschaftliche Stabilisierungsmaßnahmen vom Ausland her unterlaufen wurden.

Am krassesten zeigte sich dies im Frühjahr 1969 und im Winter 1972/73, also in jenen Phasen, in denen eine Übersteigerung der Auslandsnachfrage bereits zur Überhitzung der inländischen Konjunktur geführt hatte und die Geldpolitik durch steigende Devisenzuflüsse unterminiert wurde.

Besonders schwerwiegende Konsequenzen hatte das Festhalten am überholten Wechselkurs 1968/69. Obwohl damals das inländische Preisniveau unter dem Druck der Rezession von 1966/67 deutlich hinter dem ausländischen zurückgeblieben war — damals hatten sogar 99 Professoren in einem Telegramm an die Bundesregierung eine Anpassung des Wechselkurses gefordert, um die Anpassungs-Inflationierung des inländischen Preisniveaus zu vermeiden —, verweigerte die Bundesregierung die Aufwertung und legte damit den Grundstein für den stärksten Boom in der Geschichte der Bundesrepublik mit allen Konsequenzen für die Preisentwicklung. Als die Aufwertung im Herbst 1969 endlich kam, war es zu spät.

Die Freigabe des Wechselkurses im Frühjahr 1971 war zwar grundsätzlich eine richtige währungspolitische Maßnahme. Ihr Erfolg wurde jedoch durch die Ankündigung in Frage gestellt, so bald wie möglich wieder zu einem festen Kurs zurückkehren zu wollen.

Dies geschah mit dem Realignment vom Dezember 1971. Danach versuchten Bundesregierung und Bundesbank, den neuen Kurs auch um den Preis einer Aufgabe der Stabilisierungspolitik zu verteidigen. Ja, man griff sogar zu Dirigismus und Kontrollen im internationalen Zahlungsverkehr, obwohl sich damit allenfalls internationale Kapitalbewegungen unterbinden lassen, nicht jedoch der internationale Preis- und Konjunkturzusammenhang. Der Regierung war die Verteidigung des festen Wechselkurses der D-Mark Anfang 1973 sogar über 20 Mrd. DM „wert". Für diesen Betrag mußte die Bundesbank, zum Teil auf ausdrückliche Anordnung der Regierung, Devisen aufkaufen, um den Kurs zu stützen. Erst der massiven Spekulationswelle ist der Durchbruch zu einer flexiblen Währungspolitik zu danken.

Zwar blieb die D-Mark im engen Verbund mit einigen europäischen Währungen, dies wurde aber dadurch erleichtert, daß die am stärksten abwertungsverdächtigen Länder — Italien und Großbritannien — dem Währungsblock nicht beitraten und außerdem auch innerhalb dieses Blocks Wechselkurskorrekturen nun schneller und bereitwilliger als zuvor vorgenommen wurden.

Zahlungsbilanzorientierte Geldpolitik

Auch die Geldpolitik war im Hinblick auf die Inflationsbekämpfung nicht zielgerichtet. Bis zum Frühsommer 1973 orientierte sie sich mehr an der Zahlungsbilanz als an der Preisentwicklung. Nur wenn es die außenwirtschaftlichen Grenzen zuließen, verschärfte die Bundesbank ihre Restriktionen. Aber immer dann, wenn es zu einem Konflikt zwischen Stabilisierung des Preisniveaus und Zahlungsbilanzausgleich kam, kapitulierte sie.

So lockerte sie 1970 ihre Restriktionen, weil im Ausland die Zinsen sanken und Devisen in die Bundesrepublik strömten. Den binnenwirtschaftlichen Erfordernissen hätte hingegen eine weitere Verschärfung der Geldpolitik entsprochen, denn die Wirtschaft befand sich noch mitten in der Hochkonjunktur und der Preisauftrieb war ungebrochen.

Selbst in der Zeit des isolierten Floatens im Jahre 1971 nutzte die Bundesbank nicht voll den Spielraum für die Stabilisierung, sondern beendete ab Oktober 1971 ihren Stabilisierungskurs, um die Aufwertung der D-Mark nicht zu groß werden zu lassen.

Nach dem internationalen Realignment und der Rückkehr zum festen D-Mark-Wechselkurs sah sie ihre Hauptaufgabe in der Absicherung dieser Vereinbarung sowie in der Einhaltung des Abkommens über die Bildung einer europäischen Währungsunion und betrieb eine Niedrig-Zins-Politik. Als deutlich wurde, daß sich damit das Problem der Devisenzuflüsse nicht lösen ließ und sich außerdem der Preisauftrieb verschärfte, plädierte die Bundesbank für die Einführung von Kontrollen und trug damit zum Rücktritt des damaligen Wirtschaftsministers bei. Um die von ihr vorgeschlagenen Dirigismen keiner Belastungsprobe zu unterwerfen, verschärfte sie ihren geldpolitischen Restriktionskurs nur zaghaft und nur innerhalb der vom Ausland vorgegebenen Grenzen.

Erst nach dem Übergang zum Blockfloaten im Frühjahr 1973, als die Bundesbank von der Verpflichtung des Devisenankaufs zu starren Kursen gegenüber Drittländern entbunden war, nutzte sie den Spielraum für eine wirksame Verschärfung ihres Restriktionskurses.

Gewiß konnte die Bundesbank, solange die Regierung am festen Wechselkurs festhielt und die Bundesbank zum Ankauf von Devisen verpflichtet war, keine konsequent am Stabilisierungsziel orientierte Geldpolitik betreiben. Dennoch kann man die Bundesbank nicht mit dem Hinweis darauf, daß nicht sie, sondern die Bundesregierung über den Wechselkurs zu entscheiden habe, von der Verantwortung für den geringen stabilisierungspolitischen Beitrag der Geldpolitik freisprechen. Denn in Verkennung ihrer Aufgabe oder auch der wirtschaftlichen Zusammenhänge hatte sie sich lange Zeit zum Fürsprecher fixierter Wechselkurse gemacht.

Finanzpolitik nur teilweise stabilisierungsgerecht

Die Finanzpolitik war — anders als die Geld- und Währungspolitik — nicht von vornherein auf ein stabilisierungswidriges Ziel festgelegt. Dennoch war sie nur in bestimmten Phasen eindeutig auf das Ziel der Stabilisierung ausgerichtet.

Zur Beantwortung der Frage, ob die Finanzpolitik expansiv oder kontraktiv gewirkt hat, sei hier auf das vom Sachverständigenrat entwickelte Konzept des konjunkturneutralen Haushalts zurückgegriffen. Es basiert auf der Fortschreibung eines als konjunkturneutral angesehenen Basishaushalts (1966) und vergleicht die Fortschreibung mit dem tatsächlichen Haushalt.

Hält man sich an dieses Konzept, dann zeigt sich, daß die öffentlichen Haushalte in den Jahren 1969[4], 1972 und 1973 restriktiv gewirkt haben, in den anderen Jahren jedoch stark expansiv[5], obwohl die Stabilisierung auch in diesen Jahren keine nachhaltigen Fortschritte gemacht hatte.

---

[4] Für 1969 wird allerdings wohl nur deshalb ein restriktiver Effekt ausgewiesen, weil es damals wegen der bevorstehenden Neuverteilung der Gewerbesteuer zu einer Vorverlagerung des Steueraufkommens kam.

[5] Dieses Ergebnis ist unabhängig davon, ob man den gesamten staatlichen Sektor erfaßt oder sich auf die Gebietskörperschaften beschränkt.

Die hier vorgetragenen Ergebnisse stimmen nur annähernd mit denen des Sachverständigenrates überein. Der größte Unterschied betrifft das Jahr 1972, in dem der Sachverständigenrat einen leicht expansiven, die eigene Rechnung jedoch einen leicht kontraktiven Effekt aufweist. Dies dürfte hauptsächlich darauf zurückzuführen sein, daß hier Daten der Volkswirtschaftlichen Gesamtrechnung statt der Finanzstatistik verwendet wurden: 1972 sind die Kassenausgaben für Investitionen um über 2 Mrd. DM stärker

An dieser Wertung der Finanzpolitik ändert sich nichts, wenn man bedenkt, daß einige Maßnahmen, wie die, mit denen die Finanzpolitik 1970 und 1973 die Investitionen dämpfen wollte, sich um so weniger in Einnahmen des Staates niederschlugen, je größer die angestrebte Dämpfung war.

Daß der Restriktionseffekt der öffentlichen Haushalte nicht größer war, ist darauf zurückzuführen, daß die finanzpolitischen Möglichkeiten des Stabilitäts- und Wachstumsgesetzes nicht voll ausgeschöpft wurden: So blieben zum Beispiel der — rückzahlbare — Konjunkturzuschlag 1970 und die Stabilitätsabgabe 1973 auf hohe Einkommen beschränkt. Hinzu kam, daß die finanzpolitischen Maßnahmen ohne Ausnahme zu spät ergriffen wurden.

Allerdings hätte die Finanzpolitik auch dann, wenn ihr Restriktionseffekt größer gewesen wäre, kaum eine nachhaltige Wirkung auf die Preisentwicklung gehabt. Denn der Stabilisierungseffekt der finanzpolitischen Maßnahmen wurde dadurch konterkariert, daß diese nicht durch eine genügend restriktive Geldpolitik und eine wirksame außenwirtschaftliche Absicherung ergänzt wurden. Daran fehlte es bis zum Frühjahr 1973.

Zu frühes Abbrechen des Stabilisierungskurses

Fassen wir die Urteile über die Währungspolitik, Geldpolitik und Finanzpolitik zusammen:

— Die Währungspolitik war bis zum Frühjahr 1973 nicht an der Stabilisierung ausgerichtet.

— Die Geldpolitik orientierte sich bis zum Frühjahr 1973 ebenfalls mehr an der Zahlungsbilanz als an der Stabilisierung.

— Die Finanzpolitik war nur zeitweise stabilisierungsgerecht.

Die Globalsteuerung konnte also gar keinen Erfolg haben. Die einzelnen Maßnahmen verpufften wirkungslos, weil die Konjunkturpolitik nicht zielgerecht und nicht koordiniert und insbesondere nicht außenwirtschaftlich abgesichert war.

Von dieser Kritik wird man ohne Einschränkung nur die Zeit vom Mai bis Dezember 1973 ausnehmen dürfen, in der nicht nur die Finanz-

---

gestiegen als die öffentlichen Investitionen in der Abgrenzung der Volkswirtschaftlichen Gesamtrechnung.

Sicherlich gibt es für beide Konzepte gute Gründe: das Kassenkonzept erfaßt jedoch vorwiegend den Liquiditätseffekt. Soll die Verbindung zum Produktionspotential geknüpft werden — und darauf stellt das Konzept des konjunkturneutralen Haushalts ja ab — sind die Angaben der Volkswirtschaftlichen Gesamtrechnung wohl vorzuziehen.

und Geldpolitik, sondern auch die Währungspolitik eindeutig auf das Ziel der Stabilisierung ausgerichtet waren und sich in ihrer Wirkung gegenseitig verstärkten und nicht, wie häufig zuvor, minderten.

Allerdings waren diese Stabilisierungsmaßnahmen zu lange aufgeschoben worden. Dadurch wurde der Erfolg der Stabilisierungspolitik hinausgezögert.

Erschwerend kam hinzu, daß die Gewerkschaften zu Beginn des Jahres im Vertrauen auf eine wirksame Stabilisierungspolitik zwar weitgehend stabilisierungsgerechte Tariflohnerhöhungen abgeschlossen hatten, diese sich aber wegen der hinausgezögerten Stabilisierungsmaßnahmen schon bald als nicht marktgerecht erwiesen. Die Gewerkschaften sahen sich getäuscht. Deshalb kam es im Herbst in zahlreichen Unternehmen zu Lohnnachbesserungen, die die Unternehmen in den Preisen weitergegeben haben. Die eigentliche Bewährungsprobe bildete daher die neue Lohnrunde zu Beginn des Jahres 1974. Daß sie nicht bestanden wurde, ist darauf zurückzuführen, daß die Regierung die Stabilitätspolitik vorzeitig aufgab[6] und sich als Arbeitgeber im öffentlichen Dienst dem Druck der Gewerkschaften beugte.

Zwar überlagerte zu jener Zeit die Erdölkrise die konjunkturelle Entwicklung. Aber selbst wenn es zu der befürchteten Verknappung von Erdöl gekommen wäre, wäre die Aufgabe des Stabilisierungskurses eindeutig falsch gewesen, weil sich damit die Wirkungen eines verringerten Energieangebots nicht hätten verhindern lassen.

Vorrang für die Beschäftigung

Neben den Mängeln der Geld-, Finanz- und Währungspolitik war die Konjunkturpolitik also noch dadurch gekennzeichnet, daß im Aufschwung die Restriktionsmaßnahmen zu spät ergriffen, im Abschwung hingegen zu früh aufgegeben wurden.

Daraus muß der Schluß gezogen werden, daß die Konjunkturpolitik sich nicht gleichgewichtig an den Zielen Vollbeschäftigung und Stabilität orientierte: In kritischen Phasen — immer dann, wenn die Stabilisierungspolitik sich zu bewähren hatte — wurde dem Beschäftigungsziel eindeutig der Vorrang gegeben, ja, die Wirtschaft erhielt sogar eine

---

6 Noch stärker als die vorzeitige Aufhebung von Investitionssteuer und Aussetzung der degressiven Abschreibung muß überraschen, daß die Finanzbehörden offensichtlich bei der Eintreibung der Investitionssteuer für die zwischen dem 9. Mai und 1. Dezember 1973 bestellten Investitionsgüter sehr zurückhaltend sind und den Investoren Umgehungsmöglichkeiten offen halten. Damit werden diejenigen belohnt, die zuvor die Stabilisierungspolitik unterlaufen haben. Außerdem werden für die Zukunft die Erfolgschancen ähnlicher Maßnahmen unterminiert, weil die Investoren später auf eine ähnlich großzügige Regelung hoffen.

uneingeschränkte Vollbeschäftigungsgarantie — unabhängig davon, ob sich Unternehmen und Gewerkschaften stabilisierungskonform oder stabilisierungswidrig verhielten. Damit jedoch wurde die Stabilisierungspolitik unglaubwürdig, und dies um so mehr, als das Stabilisierungsziel immer weiter relativiert wurde.

Halten sich Unternehmen und Gewerkschaften an dieses Vollbeschäftigungsversprechen, das für die Unternehmen eine Absatzgarantie bedeutet, dann haben sie keinen Anlaß mehr, auf eine Konjunkturabschwächung mit Zurückhaltung bei den Preisen und Löhnen zu reagieren. Daß dies offensichtlich so ist, zeigt deutlich die unterschiedliche Preisentwicklung in den Abschwungsphasen der letzten Zyklen: 1966 gingen die Erzeugerpreise in der Industrie noch absolut zurück, 1971 wurde der Preisauftrieb immerhin noch verringert, 1973 war dies gar nicht mehr der Fall. Eine ähnliche Entwicklung ist bei den Löhnen zu beobachten.

Statt mit Zurückhaltung zu reagieren, brauchen die Tarifpartner nun nur rechtzeitig den Eindruck einer bevorstehenden Krise zu erwecken, um dadurch die Wirtschaftspolitik zum Umschalten zu veranlassen. Vermutlich liegt hier ein Grund dafür, daß in Unternehmerumfragen die wirtschaftliche Lage Ende 1971 oder 1973 ähnlich schwarz gemalt wurde wie im Tiefpunkt der Rezession 1966/67, obwohl die Entwicklung von Auftragseingängen und Produktion sowie die Höhe der Auftragsbestände und der Kapazitätsauslastung ein sehr viel günstigeres Bild zeichneten.

Eine solche einseitig am Ziel der Vollbeschäftigung orientierte Konjunkturpolitik ist selbst dann, wenn man der Vollbeschäftigung einen hohen Rang einräumt, höchst fragwürdig. Ohnehin würde es bei einer konsequenten Anwendung der Globalsteuerung nur dann zu einem Konflikt zwischen Vollbeschäftigung und Stabilität kommen, wenn Gewerkschaften und Unternehmen sich nicht stabilisierungskonform verhalten. Weicht die Regierung diesem Konflikt aus, dann verlagert sie die Probleme für die Stabilisierung und die Beschäftigung nur in die Zukunft, die sich dann freilich in um so schärferer Form stellen. Je länger diese aufgeschoben werden, desto stärker werden sich die Inflationserwartungen verfestigen, und desto schwieriger wird es, eine Stabilisierung ohne Stabilisierungskrise zu erreichen.

Ergebnis: Kein Versagen der Globalsteuerung

Die Frage, ob es in den letzten Jahren überhaupt eine konsequente Stabilisierungspolitik gab, wird man mit einem eindeutigen „Nein" beantworten müssen.

Daraus läßt sich auch die Antwort auf die eingangs gestellte Frage „Hat die Globalsteuerung bei der Inflationsbekämpfung versagt?“ ableiten: Die Globalsteuerung hatte gar nicht die „Chance“, zu versagen.

Der erfolgversprechende Versuch im vergangenen Jahr, bei dem zum ersten Mal Währungs-, Geld- und Finanzpolitik gemeinsam auf das Ziel der Stabilisierung ausgerichtet waren, konnte keinen Erfolg liefern, denn er wurde vor der Bewährungsprobe abgebrochen.

Erfolg bei konsequenter Stabilisierungspolitik?

Freilich ist mit der Feststellung, daß es eine konsequente Stabilisierungspolitik nicht gab, nicht die Frage beantwortet, ob eine konsequente Stabilisierungspolitik auch tatsächlich Erfolg gehabt hätte oder künftig haben kann.

Verschiedentlich wird eingewendet, das Verhalten von Gewerkschaften und Unternehmern habe sich seit 1967 so stark geändert, daß ein stabilisierungskonformes Verhalten erst bei hohen Beschäftigungs- und Absatzeinbußen zu erwarten sei — und das sei politisch nicht zumutbar. Außerdem habe die wirtschaftliche Konzentration zu- und der Wettbewerb entsprechend abgenommen, so daß sich zumindest die großen Unternehmen dem Stabilisierungszwang entziehen könnten.

Bei dem ersten Einwand wird man zurückfragen müssen, warum sich das Verhalten geändert haben soll. Ist es nicht gerade die Erwartung, die Regierung werde es nicht zu Beschäftigungseinbußen kommen lassen, man könne also ungestraft hoch reizen? Dieses Argument verwechselt offenbar Ursache und Wirkung!

Immerhin haben sich die Gewerkschaften Anfang 1973 mit ihren Tarifabschlüssen annähernd stabilisierungskonform verhalten; und selbst 1974 lagen die Abschlüsse in der Bauwirtschaft — wo am ehesten ein Beschäftigungsrisiko bestand — deutlich unter denen der übrigen Bereiche.

Auch für ein stabilisierungskonformes Verhalten der Unternehmer lassen sich Beispiele anführen, verwiesen sei auf die Verringerung des Preisauftriebs in der Industrie im Jahre 1971 sowie auf die deutliche Zurückhaltung bei Preiserhöhungen in der Bauwirtschaft — besonders im Tiefbau — seit 1971, und dies, obwohl die Bauwirtschaft — wie die Ermittlungen des Bundeskartellamtes ergeben haben — große Anstrengungen unternommen hatte, den Wettbewerb durch Absprachen auszuschalten.

Daß sich nicht mehr Beispiele finden lassen, liegt nicht zuletzt an der unzureichenden Stabilisierungspolitik. Solange Unternehmen und Gewerkschaften auf eine Vollbeschäftigungs- und Absatzgarantie bauen können, besteht für sie kein zwingender Grund, sich stabilisierungskonform zu verhalten.

Dem zweiten Einwand, der fehlende Wettbewerb verhindere die Stabilisierung, wird man entgegenhalten können, daß sich selbst Monopolisten wirtschaftlich verhalten müssen, wenn sie ihren Gewinn maximieren wollen. Nehmen sie bewußt Mengeneinbußen in Kauf, liegt der Verdacht nahe, daß sie — wie andere auch — auf einen Mangel an politischem Durchstehvermögen setzen. Wären andere Gründe im Spiel, wäre es Aufgabe der Wettbewerbspolitik, sie auszuschalten. Ein Verzicht auf eine konsequente Stabilisierungspolitik läßt sich damit jedenfalls nicht begründen, zumal mangelnder Wettbewerb im Inland zumindest teilweise durch eine Verschärfung des Wettbewerbs von außen ersetzt werden kann.

Außerdem verliert die Forderung, Globalsteuerung durch Wettbewerbspolitik zu ersetzen, sehr an Glaubwürdigkeit, wenn die gleichen Kreise, die dies fordern, dann, wenn in ihren Bereichen der Wettbewerb zu wirken beginnt, seine Aufhebung verlangen. Ein solches Verhalten verleitet zu der Vermutung, daß die These vom Mangel an Wettbewerb als Hauptinflationsursache nur eine Ablenkungsfunktion erfüllt: Mit ihr sollen „lästige“ Stabilisierungsmaßnahmen verhindert werden.

Die Bedenken, daß auch eine konsequente Stabilisierungspolitik erfolglos bleiben würde, weil sich die Verhaltensweisen von Unternehmen und Gewerkschaften geändert und der Konzentrationsgrad der Wirtschaft sich erhöht haben, sind unbewiesen.

Deshalb erscheint es an der Zeit, der Globalsteuerung endlich einmal eine faire Chance zu geben, sich zu bewähren.

Stabilisierung oder Anpassung: Konsequenzen für den finanziellen Sektor

Referat von Dr. Reinhard Pohl (Berlin)

Das Thema unserer Tagung ist eine Frage:

Sie lautet sinngemäß: Stabilisierung des Geldwertes oder Anpassung an die Inflation? Auf den monetären oder finanziellen Sektor der Bundesrepublik oder von Volkswirtschaften schlechthin bezogen, kann diese Frage folgendermaßen interpretiert werden: Gesetzt, die Inflation sei unvermeidlich, können dann diejenigen Wirkungen neutralisiert werden, die von der Inflation auf die Geldvermögens- und die Verschuldungspositionen der einzelnen Bürger ausgehen? Anders ausgedrückt: Gibt es praktikable freiwillige oder gesetzliche Maßnahmen, mit denen erreicht werden kann, daß trotz der Inflation die einzelnen Geldvermögens- und Verschuldungspositionen jenen Realwert oder „Wohlfahrtsgehalt" aufweisen, den sie ohne die Inflation gehabt hätten?

Damit diese Frage beantwortet werden kann, ist es notwendig, zunächst die Wirkungen zu untersuchen, die von einer Inflation auf die finanziellen Positionen der einzelnen Bürger ausgeübt werden. Bitte, verargen Sie es mir nicht, wenn ich wieder einmal meiner Vorliebe für Lehrbuchbeispiele nachgebe. Diese Beispiele sind zwar gewöhnlich sehr konstruiert, aber sie können als Gedankenexperimente dienen, die es erleichtern, die Begriffe und die logische Struktur empirischer Probleme zu beschreiben.

I.

In dem Modell der von mir hier vorgestellten Volkswirtschaft ist die Mark das gesetzliche, von der Notenbank emittierte Zahlungsmittel. Als Maßstab für den Realwert dieses Geldes dient ein Index der Preise repräsentativer Grundstücke. Wenn sich dieser Index innerhalb eines Jahres von 100 auf 110 erhöht, das heißt, wenn die Jahresinflationsrate 10 Prozent beträgt, dann sinkt der Geldwert um etwa 9 Prozent. Denn: Wer heute für 100 000 Mark ein repräsentatives Grundstück von einem Hektar erwerben kann, wird für diesen Betrag nach einem Jahr nur noch 0,91 Hektar kaufen können.

Tatsächlich jedoch — so unterstellen wir — herrschen in unserer Volkswirtschaft stabilitätspolitisch — und für mein Gedankenexperiment — ideale Verhältnisse. Denn erstens hat sich der Preisindex für Grundstücke seit vielen Jahren nicht — auch nicht kurzfristig — verändert; und auch für die Zukunft wird mit Sicherheit Konstanz des Preisindex erwartet. Zweitens entstehen beim Verkauf und beim Halten von Grundstücken keinerlei Transaktionskosten; ein Verkauf oder Kauf ist jederzeit binnen kürzester Frist möglich. Mit anderen Worten: Grundstücke sind so gut wie Bargeld.

Unter diesen idealen Bedingungen ist jemand, der ein zinsloses Darlehen von 100 000 Mark mit einer Laufzeit von einem Jahr gewährt, genauso gut oder schlecht gestellt wie jemand, der dieses Darlehen aufnimmt, um ein Grundstück von einem Hektar zu kaufen. Denn der Gläubiger erhält nach Ablauf des Jahres 100 000 Mark, die ihren Realwert behalten haben, und der Schuldner erzielt beim Verkauf seines Grundstückes nicht mehr und nicht weniger als ebenfalls die 100 000 Mark, die er zur Rückzahlung seines Darlehens benötigt.

Was geschieht jedoch, wenn im Laufe des Jahres, in dem der Darlehensvertrag besteht, der Preisindex für Grundstücke um 10 Prozent steigt? Schon bei rein nominaler Betrachtung wird deutlich, daß der Schuldner einen Gewinn erzielt hat: er verkauft sein Grundstück zu einem Preis von 110 000 Mark, und nach Abzug der fälligen Schuldbeträge von 100 000 Mark an den Gläubiger behält er 10 000 Mark als „inflationsbedingten" Reingewinn zurück.

Doch erst bei einer Realbetrachtung wird sichtbar, daß zwischen dem Gläubiger und dem Schuldner eine Vermögensumschichtung zugunsten des Schuldners stattgefunden hat. Der Gläubiger wird nämlich feststellen, daß er für seine 100 000 Mark bei einem Preis von 110 000 Mark nicht mehr einen ganzen Hektar kaufen kann, sondern nur noch 0,91 Hektar. Er hat also einen Realverlust von 0,09 Hektar hinnehmen müssen. Der Schuldner dagegen hat in Höhe von 0,09 Hektar einen Realgewinn erzielt, und zwar aus folgenden Gründen: Er hat bekanntlich einen nominalen Reingewinn von 10 000 Mark gemacht. Der Preisindex für Grundstücke ist von 100 auf 110 gestiegen, der Quadratmeter kostet also 11 Mark. Der Schuldner, der vor einem Jahr vielleicht noch nichts besessen hatte, kann sich infolgedessen jetzt Grund und Boden im Umfange von 0,09 Hektar anschaffen. Er verdankt diesen Realgewinn allein der zehnprozentigen Inflationsrate.

Gehen wir jetzt einen Schritt weiter in unserer Terminologie und übersetzen wir die Begriffe Gewinn und Verlust in die Sprache der Zinsrechnung! Es ist einfach und zweckmäßig, die Verzinsung eines Objektes, zum Beispiel einer DM-Forderung, als Differenz zwischen zwei Bestandswerten dieses Objektes, also der Forderung, zu definieren. Die Verzinsung pro Periode, zum Beispiel pro Jahr, ist dann der Preis der Forderung zu einem Stichtag abzüglich des Preises, den die Forderung ein Jahr früher gehabt hatte.

Von einer nominalen (oder monetären) Verzinsung der Forderung können wir dann sprechen, wenn die beiden Preise in Geld ausgedrückt werden. Wir haben also eine Nominalverzinsung von 10 Prozent pro Jahr, wenn der Preis der Forderung beispielsweise von 100 Mark auf 110 Mark steigt.

Von einer realen Verzinsung unserer Forderungen sprechen wir dagegen dann, wenn die Preise der Forderung in Sachgütern, zum Beispiel Grundstücken, ausgedrückt werden. Wenn ich die Realverzinsung unserer Forderung wissen will, muß ich also fragen: Wieviel Grund und Boden kann ich heute für die Forderung kaufen, und wieviel Grund und Boden kann ich für die Forderung ein Jahr später erwerben? Ich muß also den heutigen Geldpreis der Forderung durch den heutigen Grundstückspreis dividieren, und ich muß den Geldpreis der Forderung in einem Jahr durch den Grundstückspreis in einem Jahr dividieren. Die Differenz dieser beiden Größen ist der Realzins unserer Forderung.

Mit diesen einfachen Überlegungen und Definitionen ist der Grund gelegt für die Frage: Wie könnte die inflationsbedingte Umschichtung von Realvermögen zwischen Gläubigern und Schuldnern verringert oder verhindert werden? Theoretisch gibt es mindestens folgende Möglichkeiten:

Wenn sowohl der Gläubiger als auch der Schuldner mit Sicherheit eine stetige Jahresinflationsrate von 10 Prozent erwarten, werden sie von vornherein einen Nominalzins von 10 Prozent vereinbaren — wieder vorausgesetzt, daß der Realzins Null Prozent betragen soll. Wenn diese Inflationserwartungen erfüllt werden, dann sind beide real so gestellt, wie es ohne die Inflation gewesen wäre. Auch der zwischenzeitliche Verkauf der Forderung macht keine Schwierigkeiten. Wird die Forderung nach einem halben Jahr verkauft, so erbringt sie — von Zinseszinsen sei abgesehen — 105 Mark, sie hat also ihren Realwert behalten.

Ein wesentliches Problem der Inflation besteht jedoch darin, daß sich die Inflationserwartungen immer wieder als falsch erweisen; es gibt also keine sicheren Inflationserwartungen. Wenn die Inflationsrate bereits im Laufe des Jahres größer wird als erwartet, dann muß der Gläubiger vermutlich einen Kursverlust hinnehmen; er erhält nicht seine 105 Mark, sondern weniger, denn derjenige, der die Forderung übernehmen will, hat vielleicht schon die höhere Inflationsrate in seine Kalkulation aufgenommen: Er wird für die Forderung nur soviel zahlen wollen, daß die Differenz zwischen seinem Kaufpreis und dem Geldpreis der Forderung bei Fälligkeit die höhere Inflationsrate ausgleicht. Mit anderen Worten: Die nominale Effektivverzinsung ist gestiegen.

Unter diesen Umständen ist mit folgenden Formen der Anpassung zu rechnen, Formen, die einzeln oder miteinander kombiniert auftreten:

Erstens: Der Gläubiger versucht, bei der gegebenen Laufzeit des Darlehens einen höheren Nominalzins zu vereinbaren, um eine Prämie für das Risiko einer verstärkten Inflation zu erhalten.

Zweitens: Der Gläubiger versucht, bei gegebenem Nominalzins eine kürzere Laufzeit seines Darlehens zu vereinbaren, um das Kurs- oder Realzinsrisiko zu vermindern.

Völlig entgegengesetzte Interessen hat der Schuldner. Er möchte sich langfristig nicht auf einen hohen Zins festlegen. Und er ist daran interessiert, eine langfristige Sachinvestition auch langfristig zu finanzieren. Denn wenn er eine langfristige Investition mit kurzfristigen Krediten finanziert, muß er die Ungewißheit darüber in Kauf nehmen, ob er nach Fälligkeit des Kredites überhaupt einen neuen Kredit bekommt oder zu welchen Konditionen er eine Anschlußfinanzierung durchführen kann. Wenn dem Schuldner diese Risiken als zu hoch erscheinen, wird er auf die Investitionen ganz verzichten oder sich zu einer kürzerfristigen, möglicherweise volkswirtschaftlich weniger produktiven Investition entschließen.

Inwieweit sich höhere Zinssätze und kürzere Laufzeiten tatsächlich durchsetzen, hängt also von den Inflationserwartungen und der Risikobereitschaft nicht nur der Gläubiger, sondern auch der Schuldner ab.

II.

In der Bundesrepublik Deutschland gab es von Anfang an ein Inflationsproblem. Kaum jemand wird aber bestreiten — und das liegt nicht bloß an einer perspektivischen Unterschätzung früherer Probleme —, daß die Bedeutung des Inflationsproblems in den letzten zehn Jahren sehr viel größer geworden ist. Es gab erhebliche inflationsbedingte reale Umschichtungsvorgänge, und die Bemühungen der Bürger nehmen zu, sich an die Inflation — so gut es geht — anzupassen.

Ich werde versuchen, das an einigen wichtigen Beispielen zu demonstrieren. Dabei möchte ich von folgenden Prämissen ausgehen:

1. Die Änderung des Preisindex für die Lebenshaltung ist für einen großen Teil der Bevölkerung ein Maßstab für die Änderung des Realwertes von Geldvermögen. Die relative Steigerung dieses Indexes werde ich der Einfachheit halber die „Inflationsrate“ nennen.

2. Die Rendite umlaufender festverzinslicher Wertpapiere ist repräsentativ für den Kapitalmarktzins, also den Zins für langfristige Forderungen.

Wenn man nun die Entwicklung der Inflationsrate mit der Entwicklung des Kapitalmarktzinses in den letzten anderthalb Jahrzehnten vergleicht, wird man feststellen, daß der Kapitalmarktzins tendenziell der Inflationsrate gefolgt ist. Ende der fünfziger Jahre und in den ersten sechziger Jahren betrug die Inflationsrate im Durchschnitt zwei Prozent. Der Kapitalmarktzins belief sich auf 6 Prozent, und bei der Emission von festverzinslichen Wertpapieren dominierte der Sechsprozenter. In der nächsten Phase, in den Jahren 1963 bis 1966, lag die Inflationsrate bei 3 Prozent, und der Kapitalmarktzins stieg im Durchschnitt auf 6 3/4 Prozent. In der dritten Phase 1967 - 1968 ging die Inflationsrate auf 1,6 bis 1,7 Prozent zurück, und der Kapitalmarktzins sank vorübergehend auf etwa 6 1/2 Prozent. In der bislang letzten Phase, von 1969 bis Anfang 1974, beschleunigte sich die Inflationsrate auf 7 1/2 Prozent, und der Kapitalmarktzins stieg auf 10 bis 11 Prozent.

Was bedeutet diese Entwicklung für diejenigen, die Anfang der sechziger Jahre, etwa im Jahre 1963, einen sechsprozentigen Pfandbrief zu einem Kurs von 100 gekauft haben? Diese Pfandbriefkäufer haben seinerzeit überwiegend damit gerechnet, daß die Inflationsrate auf längere Sicht nicht über 2 Prozent hinausgehen werde. Sie konnten sich also einen Realzins von annähernd 4 Prozent ausrechnen — als Prämie für den mit der Wertpapieranlage verbundenen Liquiditätsverzicht.

Tatsächlich sind diejenigen Pfandbriefsparer, die ihre Pfandbriefe bis heute behalten haben, in beträchtlichem Maße enttäuscht worden. Denn der Kurs von Sechsprozentern ist bis März 1974 auf 64 gesunken. Die Pfandbriefsparer hätten besser daran getan, wenn sie keinen Liquiditätsverzicht geübt, sondern eine liquide Anlage, wie eine Spareinlage mit gesetzlicher Kündigungsfrist, bevorzugt hätten. Dies zeigt ein einfacher Vergleich: Es soll angenommen werden, daß der Pfandbriefsparer seine jährlichen Zinserträge wieder in Pfandbriefen angelegt hätte, und daß der Inhaber der Spareinlage seine jährlichen Zinserträge auf seinem Sparkonto belassen hätte. Unter diesen Annahmen wären von 1963 bis März 1974 aus 100 Mark beim Pfandbriefsparer 130 Mark (Kurswert) geworden, beim Spareinlagenbesitzer dagegen 150 Mark. Die Nominalverzinsung beträgt beim Pfandbriefsparer 2,7 Prozent, beim Spareinlagenbesitzer dagegen 4 Prozent. Noch eindrucksvoller ist die Realbetrachtung: Der Realwert der 100 Mark des Pfandbriefsparers ist — unter Einschluß der aufgelaufenen Zinseinnahmen — auf unter 90 Mark gesunken, das entspricht einem negativen Realzins von einem Prozent. Dagegen ist der Realwert der

Spareinlage immerhin noch ungefähr konstant geblieben. Für eine — auch noch relativ liquide — Spareinlage mit einer Frist von einem Jahr hätte sich sogar noch ein Realgewinn erzielen lassen.

Das, was den Inhabern sechsprozentiger Pfandbriefe, die ihre Papiere 1963 gekauft hatten, von 1964 an widerfahren war, mußten einige Jahre später diejenigen erleben, die inzwischen Siebenprozenter zu etwa pari — oder Sechsprozenter zu einem niedrigeren Kurs — gekauft hatten. Auch sie hatten die Siebenprozenter überwiegend in der Erwartung einer im Trend konstanten Inflationsrate erworben — nur mit dem Unterschied, daß diese Rate jetzt nicht mehr zwei Prozent, sondern eher drei Prozent betrug. Doch seit etwa 1969 ergeht es ihnen prinzipiell nicht anders als den Besitzern der Sechsprozenter, denn auch die Kurse der Siebenprozenter sind inzwischen beträchtlich gefallen.

Dieses Spiel hat sich noch einige Male wiederholt, zuletzt in immer kürzeren Abständen. Immer endete es damit, daß höhere Zinssätze für Neuemissionen die bereits umlaufenden Titel entwerteten.

Gewinner in diesem Spiel waren diejenigen oder — da es sich bei der Inflation um ein Durchschnittsproblem handelt — diejenigen als Gruppe, die sich langfristig verschuldet haben, um dafür Sachvermögen zu bilden.

In diesem Zusammenhang möchte ich auf einen realen Umschichtungsvorgang hinweisen, der ohne die Inflation oder bei einer konstanten Inflationsrate von etwa zwei Prozent ohne wesentliche Bedeutung gewesen wäre. Ich meine die Tatsache, daß im Verhältnis zwischen den Pfandbriefsparern und den Hypothekarkreditnehmern eine Verkürzung der Fristen stattgefunden hat. Lange Zeit haben die Realkreditinstitute in großem Umfange Pfandbriefe mit sehr langer Restlaufzeit emittiert, aber den Erlös aus diesen Emissionen zu Hypothekarkrediten mit einer kürzeren Laufzeit verwendet. Dies bedeutet, daß die Hypothekarkredite schneller getilgt werden mußten als die Pfandbriefe. Die Realkreditinstitute haben diesen Überschuß der Tilgungseinnahmen über ihre vertraglichen Tilgungsausgaben dazu benutzt, den jeweils neuen Kreditnehmern einen relativ billigen Kredit zu gewähren. Relativ billig heißt: Wenn der Tilgungsüberschuß den Pfandbriefsparern zugute gekommen wäre, hätte der neue Kredit aus dem Erlös höherverzinslicher Neuemissionen finanziert werden müssen; er wäre dann also teurer gewesen. Welche Relevanz diese Tilgungsüberschüsse in den letzten Jahren hatten, mögen einige Zahlen verdeutlichen: In den Jahren von 1969 bis 1973 wurden neue Hypothekardarlehen im Werte von rund 50 Mrd. DM gewährt. Die Tilgungseinnahmen aus früheren Krediten beliefen sich auf etwa 15 Mrd. DM. Davon gingen ungefähr 5 Mrd. DM als Tilgungsausgaben an die Pfandbriefinhaber. Der Tilgungs-Einnahmenüberschuß, der für Neuausleihungen verwendet wurde, betrug also 10 Mrd. DM oder etwa 20 Prozent des Wertes der Neuausleihungen.

Nehmen wir an, ein neu gewährter Hypothekarkredit habe aufgrund der sogenannten Mischkalkulation tatsächlich 8 Prozent gekostet. Dann kann man sich leicht ausrechnen, wieviel der neue Kredit gekostet hätte, wenn der Tilgungsüberschuß von 20 Prozent voll den Inhabern von Sechsprozentern zugute gekommen wäre: Der Kredit wäre um ein halbes Prozent teurer gewesen.

So gesehen, hat der Pfandbriefsparer den neuen Kreditnehmern und Sachwertbesitzern eine Zinssubvention gewährt. Freilich ist diese Betrachtungsweise nicht unproblematisch; denn für die Realkreditinstitute besteht keine rechtliche Verpflichtung, alte Pfandbriefe vorzeitig zu tilgen. Daß sie es trotzdem — wenn auch in bescheidenem Umfange — tun, ist jedoch als eine freiwillige Maßnahme zur Milderung der Inflationsverluste zu begrüßen.

Angesichts der beschleunigten Inflation und steigender Kapitalmarktsätze sowie der zuletzt beschriebenen Vorgänge bei den Realkreditinstituten überrascht es nicht, daß sich im Laufe der letzten zehn Jahre eines mehr und mehr herumgesprochen hat: Es hat sich nicht gelohnt, die Tugend des Liquiditätsverzichts zu üben und einen Pfandbrief nicht nur zu kaufen, sondern auch längere Zeit zu behalten. Denn statt der für diesen Liquiditätsverzicht erhofften Realverzinsung von etwa 4 Prozent pro anno gab es in vielen Fällen nur eine negative Realverzinsung. Man hätte also weniger tugendhaft sein müssen und sein Geld nur kurzfristig und liquide anlegen sollen. Dann hätte man wenigstens den Realwert seines Geldes erhalten können.

Noch besser wäre es natürlich gewesen, wenn man sich verschuldet und auch das bereits vorhandene Geld in Grundstücken angelegt hätte. Dann besäße man nominal gesehen heute das Zweieinhalbfache dessen, was man vor zehn Jahren an Geld eingesetzt hätte. Real — am Lebenshaltungskostenindex gemessen — hätte man heute immerhin zwei Drittel mehr als vor zehn Jahren und damit eine Realverzinsung von rund fünf Prozent pro anno erzielt.

Derartige Kalkulationen, die natürlich schon wegen der Nichtberücksichtigung von Steuern und Transaktionskosten unvollkommen sind, sind gewiß von vielen Geldanlegern angestellt worden. Das hat unter anderem folgende Wirkungen gehabt: Immer weniger Anleger waren bereit, Forderungstitel mit einer langen Restlaufzeit und einem während dieser Laufzeit festen Zinsbetrag zu kaufen. Die Emittenten von Wertpapieren sahen sich deshalb nicht nur zu einer Anpassung der Zinssätze bei Neuemissionen gezwungen, sondern auch zu einer Verkürzung der vereinbarten Laufzeiten. Diese Tendenz beschränkt sich nicht auf den Pfandbriefmarkt, aber sie wird hier besonders gut sichtbar: Im Jahre 1963 hatten fast alle Neuemissionen an Pfandbriefen eine vereinbarte Laufzeit von zwanzig Jahren und länger. 1970 waren nur noch die Hälfte des Bruttoabsatzes von neuen Pfandbriefen Langläufer, und im Jahre 1973 waren es nur noch 15 Prozent. Zur Verdeutlichung diene noch eine andere Vergleichsrechnung: 1970 hatten Pfandbriefe mit einer vereinbarten Laufzeit von mindestens 15 Jahren noch einen Anteil von 67 Prozent am Bruttoabsatz; 1970 betrug der Anteil nur noch 18 Prozent.

Durch eine Verkürzung der Laufzeiten kann für den Gläubiger das Zinssteigerungsrisiko verringert werden. Die Zinssteigerungen sind — zumindest auf mittlere Sicht — eine Folge der Beschleunigung der Inflation. Die Verkürzung der Laufzeiten stellt also eine wichtige Maßnahme zur Neutralisierung der auf den Gläubiger zukommenden Inflationswirkungen dar.

Eine Laufzeitverkürzung an sich ist volkswirtschaftlich weder gut noch schlecht. Sie ist neutral, wenn der technische Fortschritt eine Verkürzung der Lebensdauer von Sachinvestitionen mit sich bringt. Sie ist sogar produktivitätsfördernd, wenn der Schuldner wegen der größeren Risiken einer kürzeren Laufzeit gezwungen wird, seine Investitionsprojekte sorgfältiger als bisher zu prüfen, also gleichsam weniger Verschwendung zu betreiben.

Eine Laufzeitverkürzung ist jedoch dann produktivitätshemmend, wenn das Risiko des Investors und Schuldners so groß wird, daß eine produktive langfristige Investition zugunsten einer qualitativ schlechteren Investition unterlassen wird.

Es mag sein, daß die bisherigen Laufzeitverkürzungen noch keine nennenswerten produktivitätshemmenden Wirkungen hatten; aber ich bin ziemlich sicher, daß es diese Wirkungen geben wird, wenn die Erwartungen einer beschleunigten Inflation anhalten und sich die Laufzeiten im bisherigen Tempo oder sogar noch schneller weiter verkürzen sollten.

III.

Aus all diesen Gründen werden in letzter Zeit immer häufiger Maßnahmen zur Diskussion gestellt, von denen man sich einen besseren Schutz der Gläubiger vor den Wirkungen einer beschleunigten Inflation erhofft. Am bekanntesten ist der Vorschlag, Geldwertsicherungsklauseln bei Darlehensverträgen generell zuzulassen, und nicht nur — wie bislang — in bestimmten längerfristigen Verträgen. Diese Möglichkeit soll auch für Quasi-Darlehensverträge, wie Lohnvereinbarungen, bestehen. Paragraph 3 des Währungsgesetzes soll also aufgehoben werden.

Dieser Vorschlag beruht auf einer einfachen Überlegung: In einem Darlehensvertrag wird ein Realzins, zum Beispiel von 4,8 Prozent pro anno, vereinbart, der für die ganze Laufzeit, zum Beispiel zwei Jahre, gelten soll. Die gegenwärtige Inflationsrate sei 5 Prozent. Dann muß der Nominalzins 10 Prozent betragen. Wenn nun aber die Inflationsrate während der Laufzeit auf 10 Prozent steigt, dann muß der Nominalzins von 10 Prozent auf etwas über 15 Prozent heraufgesetzt werden, damit der vereinbarte Realzinssatz von 4,8 Prozent konstant bleibt. Entsprechendes gilt natürlich für eine Verringerung der Inflationsrate; in diesem Falle wird der Nominalzins gesenkt. Wenn sich diese Anpassungen uno actu vollziehen, dann sind Gläubiger und Schuldner jederzeit genau so gestellt, wie es der Fall gewesen wäre, wenn die Inflationsrate konstant geblieben wäre oder wenn es überhaupt keine Inflation gegeben hätte. Individuelle Chancen und Risiken, Gewinne und Verluste auf den Güter- und Finanzmärkten zu erzielen, Einkommens- und Vermögensumschichtungen aller Art wird es nach wie vor geben — nur sind diese dann nicht mehr spezifisch inflationsbedingt.

Dieser Vorschlag wirkt bestechend. Geldwertklauseln scheinen eine vollkommene Alternative zur Stabilisierung des Preisniveaus zu sein — ja möglicherweise sogar der einzige Weg, auf dem man ohne Gefahren für die Vollbeschäftigung zur Stabilisierung zurückfindet. Denn wenn alle sich so verhielten, wie sie es ohne Inflation täten, warum sollte man dann nicht gleich auf die Inflation verzichten?

Doch der Teufel steckt im Detail. Er sitzt in dem Transmissionsmechanismus, der die Ideen des Modells in die Realität überführen soll. Da ist zunächst einmal die Frage: Mit welchen Maßgütern soll die Änderung des Geldwertes oder — was praktisch das gleiche ist — die Inflationsrate gemessen werden?

Am einfachsten und billigsten wäre es, wenn der Gesetzgeber den Geldwert durch den Warenkorb definierte, der für die Berechnung der Lebenshaltungskosten zugrundegelegt wird. In Wirklichkeit jedoch haben die einzelnen Bürger über die Definition des Geldwertes mehr oder weniger voneinander abweichende Auffassungen. Der eine wird Grund und Boden nennen, vielleicht sogar ein ganz konkretes Grundstück, ein anderer wird Goldbarren bevorzugen, ein dritter fremde Währungen, ein vierter bestimmte Dienstleistungen, ein fünfter eine bestimmte Kombination von Waren und Diensten.

Das Verbot von Geldwertsicherungsklauseln wird häufig als ein unzulässiger Eingriff in die Vertragsfreiheit der Bürger bezeichnet. Wer die

Zulassung von Geldwertsicherungsklauseln unter anderem mit diesem Argument fordert, müßte also konsequenterweise jedem einzelnen Bürger das Recht einräumen, bei der Vereinbarung solcher Klauseln diejenigen Maßgüter zugrundezulegen, mit denen er persönlich den Wert des Geldes definiert.

Wenn jeder einzelne Bürger seinen individuellen Vorstellungen Geltung verschaffen wollte, würden in der Praxis enorme Informationskosten entstehen. Zahlreiche Schätzer, Steuerberater, Rechtsanwälte, Gerichte, elektronische Rechenmaschinen hätten bald mehr als genug zu tun. Diese Informationskosten würden mit Sicherheit die volkswirtschaftlichen Kostenvorteile übersteigen, die das Geld — jetzt nicht als Recheneinheit, sondern als Wertaufbewahrungsmittel — aufweist.

Diese Überlegungen berechtigen zu der Vermutung, daß sich die Bürger schließlich doch auf eine überschaubare Menge von Maßgütern oder Maßgüterkombinationen einigen würden. Die statistischen Ämter oder vom Staat legitimierte private Institutionen könnten ihnen dabei durch ein begrenztes Angebot von akzeptablen Indexreihen entgegenkommen.

Doch selbst wenn dieses Problem der Indexberechnung gelöst wäre, würden sofort einige neue Fragen auftauchen: Nach welchen Modalitäten soll die Anpassung vollzogen werden: Soll sie rückwirkend geschehen oder soll die Änderung des Geldwertes erst in der jeweils kommenden Periode berücksichtigt werden, und welche Anpassungsfristen kommen in Frage?

Betrachten wir zunächst einen Darlehensvertrag mit einer Laufzeit von einem Jahr. Vereinbart wird unter anderem folgendes: Wenn in der ersten Hälfte des Jahres die Inflationsrate von derjenigen Rate abweicht, die bei Vertragsabschluß zugrundegelegt worden ist, dann wird diese Differenz bei der Ermittlung des Nominalzinses für die zweite Hälfte des Jahres berücksichtigt, das heißt, der Nominalzins wird automatisch erhöht (oder gesenkt), wenn die tatsächliche Inflationsrate größer (oder kleiner) war als ursprünglich erwartet. Es ist in diesem Falle leicht einzusehen, daß dieser Vertrag keinen vollen Inflationsausgleich ermöglicht. Ein geringeres Verlustrisiko würden also diejenigen eingehen, die eine kürzere Anpassungsperiode vereinbart hätten. Es würde deshalb — gerade in Zeiten einer raschen Beschleunigung der Inflation — ein Wettlauf um die kürzesten Anpassungsperioden einsetzen. Gewinner wären diejenigen, die die kürzesten Anpassungsperioden durchgesetzt hätten.

Nehmen wir nun demgegenüber an, die Anpassung würde sich auf die jeweils abgelaufene Periode beziehen: Nach Ablauf einer Periode, zum Beispiel eines Jahres, wird rückwirkend eine Entschädigung gezahlt. Formal wäre dann keiner benachteiligt. Dafür entstünde jetzt aber ein Liquiditäts- und Finanzierungsproblem für diejenigen, die schon in der Zwischenzeit auf die Zahlung des realen Ertrages aus ihrer Forderung angewiesen sind. Dies gilt vor allem für die Arbeitnehmer, die Lohnvereinbarungen über ein Jahr, also einen Quasi-Darlehensvertrag, abgeschlossen haben. Sie müßten in der Zwischenzeit vielleicht auf Ersparnisse zurückgreifen oder sogar Kredite aufnehmen — was wiederum einzel- und volkswirtschaftlichen Aufwand erfordern würde.

Ich komme zum Schluß. Meine Argumente reichen nicht aus, um eine prinzipielle Ablehnung von Geldwertsicherungsklauseln in Darlehensverträgen und Lohnvereinbarungen zu rechtfertigen. Ich warne aber aus pragmatischen Gründen vor einer Kumulierung von wirtschaftspolitischen Experimenten. Denn seit einem Jahr läuft bereits ein anderes Experiment. Ich meine damit folgendes: Durch den Übergang zum Blockfloaten ist die wichtigste Quelle der beschleunigten Inflation, nämlich der Dollarzustrom, verstopft worden. Seitdem hat die Bundesbank erstmalig die Möglichkeit, das Angebot an Zentralbankgeld tatsächlich zu kontrollieren. Die Bundesbank hat diese Möglichkeit genutzt. Seit dem Frühjahr vorigen Jahres verfolgt sie eine Politik des knappen Geldes. Die Entwicklung von Konjunktur und Preisen in der zweiten Hälfte vorigen Jahres berechtigte zu der Hoffnung, daß es schon 1973/74 zu einer Tendenzwende in der Preisentwicklung kommen werde. Diese Hoffnung auf eine rasche Tendenzwende ist durch die Ölkrise zerstört worden. Ich glaube aber, daß trotz der Belastungen durch die Energieverteuerung die Chancen der Bundesbank, die Inflationsraten allmählich wieder zu drücken, noch keineswegs verspielt sind.

Das setzt freilich voraus, daß die Bundesbank auch weiterhin nur eine gemäßigte Expansion des Angebots an Zentralbankgeld zuläßt. Dabei muß sie auch in Kauf nehmen, daß die Zinsen auf den Kapitalmärkten vorerst noch hoch bleiben; denn die von manchen empfohlene Politik der Zinsstabilisierung durch Mindestreservefreigaben würden den Kurs des knappen Geldes gefährden. Je konsequenter die Bundesbank also ihre heutige Linie fortsetzt, um so eher wird es möglich sein, über eine Reduzierung der Inflationsraten auch den Kapitalzins zu senken. Um so eher wird übrigens über steigende Wertpapierkurse auch denen geholfen werden können, die ihre niedrig verzinslichen Pfandbriefe und sonstigen Schuldverschreibungen bis heute gehalten haben.

Meine Empfehlung lautet also: Geben wir der Bundesbank erst einmal die Chance, die „neue Geldpolitik" zu erproben! Warten wir den Ausgang dieses Experimentes ab, ehe wir uns für ein weiteres Experiment, eine durch Geldwertsicherungsklauseln flankierte Geldpolitik, entscheiden!

Diskussion

Vorsitzender Prof Dr. Giersch:

Gestatten Sie mir, zunächst auf einige Fragen zu antworten, die Herr Filusch gestellt hatte. Ich weiß nicht, an wen er sie gerichtet hatte, aber ich nehme an, daß er unter anderem auch mich gemeint hat. Es geht darum, inwieweit eine Vereinbarung von Indexlöhnen die Tarifautonomie einschränkt oder nicht.

Die Möglichkeit, Indexklauseln in Tarifverträgen einzuführen, wäre zunächst eine Erweiterung der rechtlichen Möglichkeiten. Insofern wird die Tarifautonomie als ein Recht nicht eingeschränkt, sondern erweitert.

Nun hat Herr Filusch mit seiner Frage wohl nicht die formale, sondern die materiale Freiheit der Tarifgestaltung gemeint. Unklar bleibt mir, wie man diese messen soll. Die Tarifpartner mögen dabei an den prozentualen Zuwachs der Tariflöhne, der sich durchsetzen läßt, denken, vor allem natürlich die Gewerkschaften. Wenn man diese Freiheit meint, ist sie bei starker Inflation größer als bei Geldwertstabilität. Insofern engt jede echte Stabilitätspolitik eine so definierte Tarifautonomie ein. Und auch Indexklauseln tun dies nur, weil sie eine konsequente Stabilitätspolitik erleichtern. Denn ohne eine Stabilitätspolitik fällt der Nominalanstieg, den die Gewerkschaften durchsetzen, ex post mit Indexklauseln ja genauso hoch aus wie ohne sie. Ein Unterschied ergibt sich nur ex ante. Dieser Unterschied kann aber den Arbeitnehmern nichts wert sein.

Die Frage ist, unter welchen Umständen die Tarifpartner von sich aus eine Wertsicherungsklausel für die Löhne vereinbaren werden. Die Gewerkschaften müssen nach meinem Gefühl ein Interesse daran haben, sich gegen eine Inflation zu schützen, wenn sie eine Beschleunigung der Inflation erwarten. Ich hätte im vorigen Jahr den Tarifabschluß im Metallbereich, der nominal 8,5 Prozent betrug, ganz gern mit einer Indexklausel ausgestattet gesehen. Das hätte nämlich automatisch die Anpassung gebracht, als sich die Stabilitätserwartungen, die die Gewerkschaften zu jener Zeit hatten, nicht erfüllten. Es wäre für die Gewerkschaften nicht notwendig gewesen, nachher eine schärfere Gangart anzuschlagen, um bei ihren Mitgliedern wieder verstärkt Rückhalt zu gewinnen.

Wenn wir es mit der Erwartung sinkender Inflationsraten zu tun haben, d. h. mit Inflationsraten innerhalb eines glaubwürdig angekündigten Stabilisierungsprogramms, müßte die Initiative für Indexklauseln in Tarifverträgen eigentlich von der Arbeitgeberseite ausgehen, wenn Sie an die Kosten denken. Wenn Sie an die Beschäftigung denken, müßte die Initiative von den Arbeitnehmern ausgehen, denn eine Wertsicherungsklausel in Tarifverträgen stellt bei sinkenden Inflationsraten sicher, daß es keine unbeabsichtigte Reallohnerhöhung gibt. Eine unbeabsichtigte Reallohnerhöhung muß bei gegebener Produktivitätssteigerung zu einem Beschäftigungseinbruch führen. Nur in dem Maße — ich unterstreiche: in dem Maße — wird das Beschäftigungsrisiko durch den Einbau von Indexklauseln verringert. Man kann dann immer noch zu hohe Reallöhne vereinbaren, aber die Tarifverträge laufen ja nicht ewig. Wenn man es in dem einen Fall getan hat, würde man, nachdem die Gewinne komprimiert worden sind und sich in dieser Phase herausstellt, daß die Industrie deswegen eine strukturschwache Branche geworden ist, die nicht mehr genügend investieren kann, bei dem darauffolgenden Tarifvertrag eine entsprechend niedrigere Reallohnsteigerung vereinbaren können und müssen, wenn den Gewerkschaften ebenso wie allen anderen an der Sicherung der Beschäftigung in der betreffenden Branche gelegen ist.

Man mag einwenden, es bedürfte überhaupt keiner Indexklausel in Tarifverträgen, wenn ein Stabilisierungsprogramm für die Zukunft in seinen Umrissen klar bekannt und hundertprozentig glaubwürdig wäre. Dann würde man sich von vornherein an die in diesem Stabilisierungsprogramm gegebenen Orientierungsdaten für die Lohnsteigerungen halten, und jeder wüßte, wenn diese Orientierungsdaten überschritten werden, ist das Risiko der Stabilisierungskrise für diese Branche oder für diesen Bereich gegeben. So können Sie den Einbau von Indexklauseln in Lohnverträge auch als Ausgleich für die mangelnde Glaubwürdigkeit einer Stabilisierungspolitik ansehen; sie können sozusagen die Glaubwürdigkeit ersetzen. Man muß das immer wieder betonen, denn sehr häufig wird ja die Einführung von Indexklauseln als Kapitulation der Regierung vor den Gefahren der Inflation interpretiert.

Deswegen sehe ich die Chance in der Kombination von beidem: Ein Stabilisierungsprogramm und die Zulassung von Indexklauseln. Dadurch, daß die Regierung von sich aus dieses Schwert einsetzt, das zwar ein zweischneidiges Schwert ist — insoweit stimme ich Herrn Kuntze zu —, das aber auch mehr Flexibilität hinsichtlich der eingebauten Inflationsraten in einem Prozeß der Inflation schafft, der schon begonnen hat und kulminiert, kommt es zu einer Verminderung des Beschäftigungsrisikos und des Risikos einer Stabilisierungskrise.

Dr. Walter:

Ich möchte zuerst zum Beitrag von Herrn Filusch Stellung nehmen. Er hat sein Statement auf das Gesamtkonzept Stabilisierung bezogen, wie es beispielsweise im Papier der neun Professoren über Indexklauseln zur Inflationsbekämpfung formuliert ist. Dieses Konzept hat verschiedene Elemente, und Herr Filusch hat, wie ich sagen würde, den Fehler gemacht, verschiedene Wirkungen, die sich aus dem Konzept ergeben mögen, allein der Indexbindung zuzurechnen. Die Indexbindung hat aber nur allokative und distributive Folgen, nicht aber Wirkungen auf die Gesamtnachfrage. Darüber hinaus stellt die Indexbindung lediglich die Eintrittskarte für ein wirkungsvolles Stabilisierungsprogramm dar. Sie ersetzt das, was gegenwärtig fehlt, nämlich Glaubwürdigkeit für die Stabilisierungspolitik: Daß Gewerkschaften, die einige Male enttäuscht wurden, sich nicht erneut auf das Versprechen einlassen, daß nun Stabilisierungspolitik gemacht wurde, ist ziemlich einsichtig und, wie ich sagen würde, relativ vernünftig.

Mit Indexbindung sind die Gewerkschaften aber auch für den Fall abgesichert, daß die Stabilisierung nicht gelingt.

Die Wirkung, die Herr Filusch dem Stabilisierungsprogramm zuschreibt, nämlich die Begrenzung der Tarifautonomie, ist, soweit die Umverteilung gemeint ist, der produktivitätsorientierten Lohnfindungsregel zuzurechnen; dies ist aber nicht Folge der Indexbindung, sondern der Produktivitätsorientierung der Reallohnerhöhung als Element des Gesamtvorschlags. Indexklauseln sind auch ohne eine solche Lohnfindungsregel denkbar und sinnvoll, allerdings nicht mehr im stabilisierenden, sondern nur im allokativen und distributiven Sinn.

Zum Referat von Herrn Professor Pfleiderer nur eine Bemerkung: Sie haben dankenswerterweise heute morgen gesagt, daß es neben Inflationsverlierern auch Inflationsgewinner gibt. Eine Aussage in Ihrem Referat muß man aber, wie ich glaube, bezweifeln. Sie sagten, der Sparer sei ein Opfer der Stabilitätspolitik, und zwar in doppeltem Sinne. Ich möchte sagen, das kann nicht zutreffen, denn wenn ich mir eine Situation vorstelle, in der die Stabilisierungspolitik nicht betrieben worden wäre, ginge es dem Sparer genauso schlecht.

Prof Dr. Pfleiderer:

Das bezog sich nur auf die Kursentwicklung. Die Kurse seiner 6prozentigen Papiere sind infolge der Stabilitätspolitik heruntergegangen. Ich habe nicht für ein Unterlassen der Stabilitätspolitik plädiert, sondern nur auf unvermeidliche Konsequenzen der Stabilitätspolitik hingewiesen.

Dr. Walter:

Ich würde deshalb sagen, der Sparer ist nicht Opfer der Stabilitätspolitik, sondern der Sparer ist Opfer des Verbots von Vertragsfreiheit.

Dr. Walter:

Wenn man die Stabilitätspolitik unterließe, hat der Sparer real keine höheren Erträge; dies würde sich aber ändern, wenn Vertragsfreiheit bestünde und auch der Anleger Verträge mit realem Inhalt abschließen könnte.

Dr. Pohl:

Es ginge dem Sparer sogar schlechter, wenn keine Stabilitätspolitik getrieben worden wäre.

Dr. Walter:

Eine Bemerkung zu dem Referat von Herrn Kuntze. Es war natürlich sehr interessant, hier vorgeführt zu bekommen, daß sozusagen in aller Welt Indexklauseln schon eingeführt sind und daß wir in einem Lande leben, das ohne Indexklauseln am Ende des Inflationsgeleitzuges geblieben ist. Das ist natürlich für viele draußen im Lande ein Argument, das gern aufgegriffen wird. Gerade angesichts des Referates von Professor Haberler über den Zusammenhang von Wechselkurssystem und Inflationsrate und angesichts der Unterschiede bei den Zuwachsraten der Geldmenge in den verschiedenen Ländern im Verlaufe der letzten zwanzig Jahre sollten wir uns über das von Herrn Kuntze vorgestellte Ergebnis nicht wundern; es war im Grunde zu erwarten, daß sich die Inflationsraten in den Ländern, in denen Indexklauseln bestehen, angesichts der Wechselkursverhältnisse und angesichts der Geldpolitik genau so entwickeln mußten, wie es beschrieben worden ist. Es ist vielleicht nicht ganz untypisch, daß Brasilien als ein Land, das sich 1964 systematisch von diesem Wechselkursverbund abhängte, sich aus dieser Zwangsläufigkeit, daß Indexklauseln die Preise nach oben treiben, lösen konnte. Ebenso ist es nicht untypisch, daß in einem Land wie Italien Lohngleitklauseln angesichts permissiver Geldpolitik und defizitärer Staatswirtschaft die Inflationsraten beschleunigten. — Soviel zu der Historie, die hier so brillant dargestellt worden ist, die aber, wie ich glaube, zu falschen Schlüssen führen könnte.

Eine letzte Bemerkung zu Herrn Bubs Statement, der fragte, wozu wir eigentlich Indexklauseln brauchten, wenn die Stabilisierungspolitik gelänge. Ich würde sagen, wir brauchen sie gerade dann, und gerade dann im Interesse der Arbeitnehmer. Was passiert denn, wenn plötzlich die Realzinsen zu hoch sind? Dann gibt es doch offensichtlich Unternehmen, die Überschuldungskrisen mitmachen, die offensichtlich nicht mehr investieren können und die dann möglicherweise Konkurs machen. Wenn wir dann unsere Stabilisierungspolitik weiter durchhalten, aber Nominalverträge haben, entsteht doch das Beschäftigungsproblem in extenso. Gerade dann also, wenn Stabilisierungspolitik gelingt, brauchen wir Indexklauseln. Sie haben dann eine andere Wirkung als bei Unterlassen der Stabilisierungspolitik; sie helfen eine Unterbeschäftigung vermeiden.

Prof. Dr. Müller-Armack:

Erlauben Sie mir ein paar allgemeine Bemerkungen, mit denen ich aber doch an das, was eben gesagt wurde, anschließen möchte. Ich habe verstanden, daß es dem Sparer in dem Sinne mit der Stabilisierungspolitik gar nicht so schlecht gehe. Nun, es mag der Ausgleich für die Inflationsverluste in den Zinssätzen noch gegeben sein, aber Tatsache ist doch, daß wir es jetzt hinnehmen, daß der Sparer vielleicht kein Reineinkommen mehr sieht, sondern einen Stabilitätsausgleich. Das ist etwas, was vor einem Jahrzehnt als etwas Exzeptionelles angesehen wurde, und ich weiß nicht, ob man sich damit begnügen kann. Ich beobachte mit großer Sorge, daß in der Öffentlichkeit die Position des Sparers eigentlich immer mehr zurücktritt. Er ist schlecht organisierbar, genauso wie der Verbraucher, aber er stellt die größere Mehrheit des deutschen Volkes dar. Es sind vor allem die kleinen Sparer, die sich keineswegs irgendwie aus dieser Schlinge befreien können. Es ist geradezu eine unmoralische Situation, daß sich dieser Staat in einer sozial geplanten Marktwirtschaft um die Kleineren, Hilfloseren, diejenigen, die die Zusammenhänge nicht durchschauen, wenig kümmert, während er in seinem Steuerrecht Möglichkeiten gibt, auch für diejenigen, die unternehmerisch tätig sind und mit komplizierten Verträgen umzugehen verstehen, sich aus der Schlinge zu ziehen.

Zum Inflationsproblem allgemein — das ist ja unser Thema — scheint mir ein Gesichtspunkt sehr in den Hintergrund getreten zu sein, daß nämlich die Inflation nicht nur ein ökonomisches Problem ist. Daß es sich um die Beschränkung der Steigerung bei Lebensmittelpreisen, bei den Lebenshaltungskosten handelt, ist die eine, nicht einmal wesentliche Seite. Das Schlimme ist doch die soziologische Auswirkung bei Erscheinungen, die mit der Inflation verbunden sind, und zwar die Tatsache, daß die Inflation zu einer Aufladung der wirtschaftspolitischen und politischen Gegensätze führt. Wer das augenblicklich beobachtet, kann den Zusammenhang mit der Inflation, der nicht immer sichtbar ist, doch unverkennbar feststellen. Ich glaube, wir sollten an diese Tatsache mehr denken. Das gilt auch in bezug auf den internationalen Zusammenhang, denn wenn wir in der Bundesrepublik etwas an Stabilitätspolitik versäumen, bedeutet dies, daß wir in dem großen Geleitzug eben kein Faktor der Stabilität, kein Faktor der allgemeinen Stabilisierung sind. Das ist doch aber nach der Währungsreform auf zwanzig Jahre so gewesen, daß die Stabilität der Bundesrepublik die anderen, die damals auch wesentlich stärker als wir inflationiert haben, einigermaßen in Schach gehalten hat, die anderen doch einigermaßen genötigt hat, sich zwar nicht ganz, aber doch im wesentlichen parallel zu verhalten.

Ich möchte noch eines zu der Diskussion im einzelnen sagen. Sicher, es treten Schwierigkeiten auf, die bedacht werden müssen. Auch das, was wir Ihnen hier vorgelegt haben, ist ein Konzept, kein Programm, bei weitem keine totale Lösung. Daß nachher Probleme übrigbleiben, ist selbstverständlich. Aber es ist ein Gesamtplan, aus dem man nun nicht einzelne Dinge herausgreifen kann. Es genügt nicht, daß man sagt, ich bin für flexible Wechselkurse, wenn auf der anderen Seite eine Geldmengenexpansion betrieben wird, die die flexiblen Wechselkurse geradezu ruinös entwickeln kann. Es genügt nicht, daß wir eine Lohnformel finden, wenn nicht auf der anderen Seite die Geldmengenexpansion begrenzt wird. Also nur aus dem Gesamtkonzept, das hier vorgelegt wird, kann ein solches Zusammenwirken der Faktoren entstehen, auf Grund derer die Entwicklung zu einer wirklichen Gesamtlösung führt.

Ich habe den Eindruck, wer gegen irgendwelche Lösungsversuche ist, weil er Schwierigkeiten sieht, was ich vollkommen verstehe, der sollte sich doch eines vor Augen führen: Wir haben augenblicklich keine realistische Chance, bei einer Inflationsrate von 8 bis 10 % weiter fortzusetzen, denn bei mittelfristiger Sicht, sagen wir in fünf Jahren, haben wir dann eine Situation, in der die Dinge einfach unerträglich geworden sind. Das heißt, wir müssen uns gegenwärtig etwas einfallen lassen und können uns nicht an dem Problem vorbeilavieren, etwa mit der Feststellung, daß Stabilitätspolitik über die Stabilität der Währung die bessere Lösung für all diese Probleme ist. Das genügt meiner Ansicht nach nicht.

Vorhin wurde Herr Issing zitiert. Herr Issing hat früher sehr viel gegen die Indexlösung gesagt, aber wir stehen alle in einem Lernprozeß und müssen angesichts der augenblicklichen Situation der Inflation sagen, was auf uns zukommt. Wir müssen also irgendwann einmal über den Schatten springen. Wir können diese heitere Gelassenheit mit dem Nominalprinzip angesichts der gegenwärtigen Situation nicht mehr aufrechterhalten. Wir laufen im Grunde gegen eine Mauer an. Es ist Nebel, wir wissen nicht, wo die Mauer steht, aber daß sie in den nächsten Jahren sicher erreicht ist, ist eine Sache, über die sich kaum noch zu diskutieren lohnt.

Dr. Teschner:

Herr Giersch, ich freue mich, daß Sie in der Antwort auf Herrn Schmahl zugegeben haben, wie wichtig der Verteilungskonflikt für die Stabilisierungsproblematik ist. Ich möchte meinerseits darauf hinweisen, daß ich im Verteilungskonflikt die entscheidende Inflationsursache sehe, und zwar im ungelösten Verteilungskonflikt. Die Inflation ist geradezu ein Symptom dafür, daß dieser Konflikt nicht gelöst ist. Eine starke Geldmengenexpansion ist zwar eine notwendige Randbedingung für die Inflation, sie ist aber meiner Meinung nach keine hinreichende Bedingung.

Sieht man die Dinge so, muß man fragen: Ist die vorgeschlagene Indexbindung der Löhne eine Maßnahme, die zur Konfliktminderung führt? Ich vermag das nicht einzusehen. Bisher blieb der Verteilungskonflikt ungelöst. Die Gewerkschaften erreichten das Ziel der Umverteilung nicht.

Die Gewerkschaften forderten zwar hohe Nominallohnsteigerungen. Hohe Preissteigerungen verhinderten jedoch die erstrebte Umverteilung.

Nach Indexbindung wird allein über eine Reallohnsteigerung verhandelt. Darüber sind wir uns auch einig. Der Verteilungskonflikt ist aber weiterhin ungelöst. Die Gewerkschaften wollen real mehr Lohn erhalten als die Unternehmen ihnen zubilligen wollen. Die beiden Positionen stoßen hart aufeinander; ein Gleichgewicht, von dem Herr Willgerodt vorhin sprach, stellt sich offensichtlich nicht ein.

Preissteigerungen haben bisher im Verteilungskonflikt die Unternehmen begünstigt, weil sie eine Umverteilung zugunsten der Gewerkschaften verhindert haben. Was liegt nun vom Standpunkt der Unternehmen näher, als dann, wenn durch Indexbindung ein solcher die Umverteilung erschwerender Mechanismus außer Kraft gesetzt wird, eine Strategie zu empfehlen, die die Machtposition der Gewerkschaften schmälert?

Geschmälert wird diese Position durch die Drohung, das Beschäftigungsrisiko zu reprivatisieren, und zwar mit Hilfe einer stark einengenden Geldmengenpolitik. Nur glaube ich nicht, daß man bei einer derartigen Politik den Konflikt zwischen dem Ziel der Preisstabilität und dem Ziel der Vollbeschäftigung vermindert, ich glaube vielmehr, er wird noch größer. Aber selbst wenn die Konfliktaustragung nach Indexbindung härter wird, wie das auch Herr Kuntze vorhin schon sagte, sollte das nicht hindern, aus den von Herrn Pfleiderer angegebenen Gründen die Zweckmäßigkeit der Indexbindung zu prüfen. Diese Gründe halte ich für bedenkenswert.

Zum Abschluß noch eine kurze Bemerkung zum Marktmechanismus. Bei der Lösung der eben von mir angesprochenen Konflikte hat er versagt. Wenn man nun trotzdem sagt, wie Sie, Herr Giersch, das gestern im Hinblick auf flexible Wechselkurse taten, daß der Marktmechanismus langfristig alle Probleme löst, so ist das für mich nicht sehr überzeugend.

Vorsitzender Prof. Dr. Giersch:

Es sieht so aus, als ob die Verteilungskämpfe im Zuge der Inflation härter geworden sind, gemessen jedenfalls an den Lohnsteigerungsraten; wir können noch nicht einmal sagen: gemessen an den Streiktagen. Und so weiß man nicht, ob das nicht nur scheinbar ist, daß die Verteilungskämpfe härter geworden sind. Was die Bundesrepublik angeht, sind die Gewinnraten in den letzten fünf Jahren kräftig gesunken. Das hängt mit der realen Wechselkursänderung, die wir in der letzten Zeit durchgemacht haben, und auch mit der dadurch bedingten Verschärfung des internationalen Wettbewerbs zusammen. Bitte, vergessen Sie nicht den internationalen Wettbewerb, den Wettbewerb der neuen Produkte, der neuen Unternehmen, die aus dem Ausland kommen. Es ist auch der Wettbewerb von Arbeitsplätzen, die nunmehr vom Inland ins Ausland verlagert werden. Dies wird wohl in zunehmendem Maße geschehen.

Die Frage ist: Warum gibt es diese Verteilungskämpfe in Form der Karusselbewegung? Ich will jetzt nicht auf die Beschäftigungsproblematik eingehen, aber es ist ja wohl unvermeidlich, daß dann, wenn sich die Regierung stark macht, Beschäftigung unter allen Umständen zu garantieren, das System nicht in der Lage ist, diejenigen, die die Grenzen überschreiten, entsprechend in Zaum zu halten. Ein System kann nur in sich stabil sein, wenn Grenzüberschreitungen geahndet werden. Die Grenzen, die es als solche gibt, sind die dem verteilbaren Sozialprodukts, und um die geht es letztlich. Hier ist eine ökonomische Zwangsläufigkeit gegeben, die überhaupt durch nichts überrollt werden kann. Wenn Sie die Gewinnmargen sehr stark komprimieren, schlägt das System dadurch zurück, daß die Investitionen in zunehmendem Maße im Ausland vorgenommen werden und der Produktivitätsforschritt im Inland geringer wird und damit auch die Möglichkeit zur Steigerung der Reallöhne im Innern. Das heißt, wir sind eben kein geschlossenes System, und es kann eine Regierung selbst durch Anwendung noch so expansiver Politiken die Vollbeschäftigung nicht garantieren, wie man aus dem Beispiel anderer Länder sieht. Es wird der englischen Regierung niemals möglich sein, die Vollbeschäftigung in England und Schottland zu garantieren, jedenfalls nicht mit einer expansiven Politik, weil es nämlich auf das Verhältnis zwischen Reallohn und Produktivität ankommt, das innerhalb des

Landes durch nichtökonomische Kräfte determiniert ist. Dasselbe gilt für Italien. Das Verhältnis zwischen Reallohn und Produktivität ist im Zentrum Europas sehr günstig und wird immer schlechter zur Peripherie hin. Daher haben wir die periphere Arbeitslosigkeit. Sie können die durchschnittliche Arbeitslosigkeit eines Landes unmittelbar aus der geographischen Lage des Landes ableiten. Alle Länder, die in die Peripherie Europas hineinreichen, sind Länder mit hoher durchschnittlicher Arbeitslosigkeit. Das ist der Beweis dafür, daß die Arbeitslosigkeit auf mittlere Sicht bestimmt ist durch das Verhältnis von Reallohn zu Produktivität. Das ist ein ökonomisches Faktum, das sich durch keinen keynesianischen Trick aus der Welt schaffen läßt, weil der keynesianische Trick nur auf der Existenz von Geldillusion beruht. Sobald die Geldillusion aufgehört hat und über Reallöhne verhandelt wird, wird die Beschäftigung von denen bestimmt, die die Reallöhne bestimmen. Diese Erkenntnis muß sich natürlich in dem Augenblick durchsetzen, in dem man über Reallöhne verhandelt.

(Teschner: Und über Realgewinne!)

— Realgewinne sind eine Folge der internationalen Wettbewerbssituation. Wir können die Gewinne in der Bundesrepublik sehr stark negativ machen, aber dann nicht mit hohem Investitionsvolumen, denn wir haben einen internationalen Kapitalmarkt, und die Arbeitsplätze in der Bundesrepublik konkurrieren mit allen Standorten in der übrigen Welt. Das sind „constraints", die man einfach akzeptieren muß. Man kann natürlich Kapitalverkehrskontrollen einführen, indem man auch den Menschen den Weg über die Grenzen versperrt. Dann ist jede auch den Menschen den Weg über die Grenzen versperrt. Da ist jede Form von Redistribution möglich, aber sonst ist man an die internationalen Verhältnisse gebunden. Das gilt für Europa — —

(Teschner: Und wenn sich die Unternehmen international monopolisieren — —?)

— Es gibt die schon erwähnte internationale Konkurrenz. Fragen Sie doch einmal die Textilindustrie nach der internationalen Konkurrenz und weshalb sie nach Schutz vor der ausländischen Konkurrenz ruft.

Verteilungstheorie steht hier nicht zur Diskussion. Wir müssen anerkennen, daß wir es mit einer offenen Wirtschaft zu tun haben und daß bestimmte Begrenzungen einfach dadurch gegeben sind, daß unsere Standorte und Arbeitsplätze mit den Standorten in allen anderen Ländern konkurrieren.

Prof. Dr. Rüstow:

Ich glaube, daß wir bei der heiligen Kuh, die zu schlachten Herrn Pfleiderers Anliegen war, sehr unterscheiden müssen zwischen der Indexierung von langfristigen Kreditverträgen und der Indexierung der Löhne. Bei den langfristigen Kreditverträgen ist völlig klar, wie Herr Pfleiderer darlegte, daß die Inflation nicht etwa einseitig zu Verlusten führt, sondern zu Verlusten bei ebenso hohen Gewinnen auf der anderen Seite, und daher eine ungerechte Verteilung zwischen Gläubiger und Schuldner stattfindet. Diese falsche Verteilung kann nur durch Indexierung vermieden werden, wobei zu sagen ist, daß auch dann, wenn die Preissteigerungen durch erhöhte Zinssätze ausgeglichen werden, die Ungerechtigkeit für die alten Gläubiger bestehen bleibt, so daß auch da die Indexierung notwendig ist. Wenn ihr Zins durch seine Steigerung die Inflationsentwicklung nicht ausgleicht, ist damit sogar noch eine Überinvestition durch einen zu geringen Realzins verbunden. Wir haben heutzutage immer noch einen Realzins auf dem langfristigen Kapitalmarkt, der bei einer erwarteten Inflationsrate von 9 oder 10 % bei Null liegt.

Ganz anders liegen die Dinge nun bei der Lohnindexierung. Mir scheint es deshalb gar kein Wunder zu sein, daß sich diese Lohnindexierung in den verschiedenen historischen Beispielen, die wir vorgeführt bekommen haben, verschieden ausgewirkt hat. Erstens muß der Unterschied zwischen vollentwickelten Industrieländern, bei denen die Arbeitgeber, wie ich gestern nachzuweisen versuchte, nur noch einen so geringen Bruchteil ausmachen, daß ihr Verbrauch nicht mehr ins Gewicht fällt, im Vergleich zu nichtentwickelten Industrieländern schon ganz erheblich sein. Zweitens ist es aber bei den vollentwickelten Industrieländern, die ich hier allein im Auge habe, so, daß sich die Indexierung ganz verschieden auswirkt, je nachdem wie man mit der Indexierung beginnt. Wenn man bei der Einführung der Indexierung den Arbeitnehmern zugesteht, daß sie die inflatorische Preissteigerung des vorigen Jahres jetzt durch entsprechend höhere Preissteigerungen kompensieren müssen, ohne daß sie die zu erwartenden Preissteigerungen dieses Jahres durch entsprechend höhere Löhne ausgleichen müssen, ist ja klar, daß damit nur eine Steigerung des Preisniveaus verbunden sein kann und daß sich dann diese Indexierung tatsächlich, wie Herr Kuntze mit Recht sagte, wie ein Schwungrad der Inflation auswirkt.

Eine Lohnindexierung kann überhaupt nur einen stabilisierenden Einfluß ausüben, wenn bei der Einführung der Indexbindung eine Vereinbarung zwischen den Sozialpartnern zustande kommt, daß für die nächste Periode die Lohnsteigerungen sich an der zu erwartenden Vermehrung des für den privaten Verbrauch verfügbaren Teils des Sozialprodukts orientieren. Die Vermehrung der für den privaten Verbrauch verfügbaren Güter ist aber nicht identisch mit der Produktivitätssteigerung. Sie ist auch noch von der Höhe der Investitionsquote, vom notwendigen Staatsverbrauch und Außenbeitrag abhängig. Wenn man diese Faktoren einigermaßen richtig einschätzt, kann man die Lohnentwicklung der Vermehrung des für den privaten Verbrauch verfügbaren Sozialproduktteiles anpassen. Wenn eine solche Regelung zustande kommt und Lohnnachzahlungen nur vereinbart werden für den Fall, daß die Preise trotzdem — über ein geringes Ausmaß hinaus — steigen, was aber bei einer solchen Regelung gar nicht möglich ist, nur dann kann eine Lohnindexierung stabilitätswirksam sein.

Dipl.Kfm. Taureg:

Ich möchte auf einen Umstand hinweisen, der es meiner Ansicht nach zweifelhaft sein läßt, daß die Einführung indexgesicherter Sparformen geeignet sei, den Inflationsschutz der Sparer zu bewirken, wenn eine wirksame Stabilisierungspolitik fehlt. Meine Behauptungen gründen sich auf folgende Überlegungen: Der Forderung auf Einführung indexgesicherter Sparformen liegt implizit die Annahme zugrunde, daß der derzeitige Marktzins keinen oder nur einen unzureichenden Ausgleich für die Inflationsverluste der Sparer bildet. Wenn man also indexgebundene Sparformen einführt, würde das bedeuten, daß die Effektivverzinsung dieser indexgebundenen Sparformen höher liegen müßte. Was die Sparer zusätzlich bekommen, stellt zwar keinen Zins dar, aber das Aufgeld auf den Ausgabekurs muß ja wie eine Effektivverzinsung wirken. Das würde dann weiter bedeuten, daß die Effektivverzinsung der indexgesicherten Sparformen höher liegt als der derzeitige Marktzins.

(Widerspruch)

— Ich bin aber dieser Meinung.

(Pfleiderer: Falsch, kann sogar negativ sein!)

— Ja, natürlich, aber die Forderung indexgesicherter Sparformen hat doch nur dann einen Sinn, wenn der derzeitige Marktzins einen unvollkommenen Ausgleich bildet, d. h. der Sparer muß bei indexgebundenen Sparformen mehr bekommen, als er ohne sie bekommen hätte. Das bedeutet aber bei bestehender Vertragsfreiheit, daß wohl ein Angebot an Spargeld aus indexgebundenen Sparformen besteht, wenn die Effektivverzinsung höher liegt als der Marktzins, aber keie Nachfrage, da sich die Nachfrage nach Kapital ohnehin zu den bisher bestehenden Marktbedingungen finanzieren könnte.

Prof. Pfleiderer:

Hier liegt, glaube ich, ein doppeltes Mißverständnis vor, einmal das Mißverständnis, daß unser Kapitalmarkt so beschaffen wäre, daß die Sparer in entsprechend höheren Zinsen einen Inflationsausgleich erhalten können. Das ist, wie sich statistisch nachweisen läßt, nicht der Fall.

(*Müller-Armack:* Kein Reinzins!)

— Ja, es gibt erstens keinen Reinzins, weil die Trennung zwischen Einkommenssphäre und Vermögenssphäre verwischt wird. Wenn Sie die statistischen Kurven der sogenannten Realzinsen, also die problematische Umlaufsrendite abzüglich der Inflationsrate, ansehen, werden Sie finden, daß gerade bei steigenden Inflationsraten der Realzins in der Regel sinkt, während bei sinkenden Inflationsraten der Realzins steigt, d. h. er verhält sich von vornherein falsch. Das ist das eine.

Weiter liegt hier das Mißverständnis vor, als ob man irgendwie den Marktzins überbieten wollte. Meine Idee ist absolut nicht, daß man den Marktzins überbieten sollte, sondern daß man die Verzinsung der wertbeständigen Anleihen dem Markte überlassen sollte. Sie werden sich wundern, wie die Marktzinsen für nichtindexgebundene Anleihen sofort mit Donnern in die Höhe gehen. Die werden in solche Höhen gehen, daß selbst die Kreditnehmer, die sich bisher Schuldnergewinne erhofft haben, wahrscheinlich keine Schuldnergewinne mehr erwarten können, weil sie immerhin noch, wenn sie ein bißchen Grips im Kopf haben, vermuten müssen, daß auf der Basis wertbeständiger Schuldverhältnisse die Stabilisierung größere Chancen hat als bisher und daher die hohen und noch steigenden Nominalzinsen auf nominale Schuldverhältnisse eines Tages doch noch reale werden können und sie sich dann gewaltig in den Finger geschnitten haben.

Ob es für Anleihen, die zu niedrigen Zinssätzen, aber wertbeständig angeboten werden, Nachfrage gäbe, ist letztlich eine Frage des Marktes. Eventuell geht eben der Zins herunter. Jedenfalls, ich habe den kindlichen Glauben an den Marktmechanismus, daß es irgendeinen Punkt geben muß, an dem Angebot und Nachfrage zusammenkommen.

Dr. Seidler:

Aus meiner Sicht leidet unsere Diskussion daran, daß zwei Dinge nicht so ganz klar geworden sind. Auf das eine hat schon Herr Rüstow hingewiesen. Ich sehe unser heutiges Problem danach differenziert, als es sich um langfristige Verträge oder um kurzfristige Verträge handelt. Als zweites wird hier eine Diskussion über ein Referat geführt, das als solches in diesem Raum nicht gehalten worden ist. Es handelt sich um ein Papier, zu dem wir bisher nur Erläuterungen in den Diskussionsbeiträgen gehört haben.

Zu der Fristigkeit: Ich neige zur Differenzierung. Wenn ich so sagen darf, der Pfleiderereffekt ist begründet mit den langfristigen Einbußen der Sparer, die sich vor Jahren mit 6 % engagiert haben und heute ihre Kursverluste in der Zeitung nachlesen können. Über dieses Problem wird man, wenn auch für die Zukunft mit erheblichen Preissteigerungsraten zu rechnen ist, wohl ernsthaft nachdenken müssen, ein Problem, das unter diesem Aspekt in Ordnung zu bringen ist.

Zur Lohnfrage: Dabei muß man an das Referat von Herrn Kuntze denken. Es war zu erkennen, daß Tarifverträge in anderen Ländern im Gegensatz zur Bundesrepublik mit einer Laufzeit von mehreren Jahren geschlossen werden, während hier die Regel eine 12monatige Laufzeit ist. Daß man, wenn man Lohntarife für drei Jahre oder länger vereinbart, Revisions- oder Indexklauseln einführt, ist für Länder, wo die Preise steigen — und das sind fast alle — zwingend. Es ist eine völlig andere Frage, ob dies auch für uns zwingend ist, wo immer nur kurzfristige Verträge geschlossen werden. Irrtümer über das, was mit diesen Tarifverträgen als Reallohn vereinbart werden sollte, begrenzen sich auf ein bis zwei Prozent und nicht auf fünf bis zehn Prozent, wie es bei längeren Laufzeiten durchaus der Fall sein kann.

Wenn man das im Auge hat und fragt, wie Indexklauseln übertragen auf den Tarifsektor, wirken, ist an das zu erinnern, was Herr Professor Haberler gestern über Inflationsursachen berichtet hat. Er hat uns geschildert, daß es ein Zusammentreffen vieler, jeweils fast einmalig zu nennender Umstände war, die uns die Inflation in diesen Raten weltweit beschert haben. Trifft dies zu, so ergibt sich daraus, daß es weltwirtschaftlich nicht so weiterlaufen wird, wie es zuletzt gelaufen ist. Allerdings wird in den einzelnen Ländern etwas dagegen getan werden müssen, daß sich die Inflation nicht aus sich selbst heraus beschleunigend weiter steigert.

Bei einer wissenschaftlichen Tagung mit dem Thema: „Inflation — Stabilisierung oder Anpassung“, die mit dem Entwerfen eines Systems von Indexklauseln abschlösse, könnte die Öffentlichkeit leicht auf die Vermutung kommen, geboten würde ein Modus, mit der Inflation zu leben, da wir sie schon nicht bewältigen können. Sie wollen so nicht verstanden werden, aber das Thema unserer Tagung setzt das als Gegensatz: Stabilisierung oder Anpassung, d. h. es läßt zu: vielleicht Anpassung ohne Stabilisierung.

(Vorsitzender Prof. Dr. Giersch: Ich habe es zu Beginn modifiziert!)

Ich glaube, dieser Eindruck sollte auf alle Fälle vermieden werden.

Wenn es nur darum geht, unter Anwendung weiterer technischer Hilfsmittel zur Stabilisierung zu kommen, weiterer Hilfsmittel, die uns den Übergang zur Stabilisierung erlauben, frage ich mich: Lohnt es sich, dafür ein bis in alle Einzelheiten reichendes System von Indexklauseln zu entwickeln? Ich warne davor, weil das unter Umständen die gleichen Überlebenseffekte hat wie sonst die Inflation.

Ich sehe also zwei Punkte, über die wir nachdenken müssen, nämlich erstens die langfristige Geldvermögensanlage und zweitens das Problem der Wirkung der Besteuerung, insbesondere der in den Steuertarifen enthaltenen Freibeträge und ihrer Konstanthaltung über Jahrzehnte. Hier liegen für mich die Ansatzpunkte zum Handeln. Im übrigen sollten wir die Hoffnung auf Erfolge der Stabilitätspolitik, vor allem der Geldpolitik, aufrechterhalten und sie nicht dreingeben.

Als letztes möchte ich sagen, so überzeugend oder vielleicht auch nicht überzeugend manches in Brasilien für uns ausschaut, Gott sei Dank sind wir nicht in Brasilien, d. h. wir haben noch keine Preissteigerungsrate von 30 oder 50 %.

Prof. Dr. Pfleiderer:

Ich darf gleich an das letzte anknüpfen. Ich weiß nicht, ob wir noch sehr viel Anlaß haben, uns über Brasilien so hoch erhaben zu fühlen. Wenn man dort die Inflationsrate in zehn Jahren von 90 auf etwa 15 % heruntergebracht hat, während wir mit Hilfe unseres glorreichen Nominalprinzips die Inflationsrate in denselben zehn Jahren etwa verdoppelt haben, so haben wir vielleicht doch keinen besonderen Anlaß zur Selbstzufriedenheit. Wenn wir auf beiden Seiten extrapolieren, was natürlich immer eine problematische Sache ist, wäre vielleicht auch der Zeitpunkt absehbar, wo sich die beiden Inflationsraten schneiden. Ich hoffe selbstverständlich dringend, daß uns das erspart bleibt — mit oder ohne Indexklauseln. Natürlich wäre es sehr schön, wenn unsere Stabilitätspolitik auch ohne eine so tiefgreifende Änderung erfolgreich wäre, aber von der bloßen Hoffnung, daß eines Tages Stabilitätspolitik erfolgreich sein könnte, können wir in der Tat nicht mehr leben. Von dieser Hoffnung leben wir nämlich seit — — Ja, seit wann leben wir denn davon?

(Heiterkeit)

Seit es die Jahreswirtschaftsberichte der Bundesregierung und das Stabilitätsgesetz aus dem Jahre 1967 gibt

(*Müller-Armack:* 1967 war noch Preisstabilität!)

— ja —, seitdem waren die Zielprojektionen für die Preisentwicklung stets einigermaßen optimistisch und sind bei aller Anstrengung wirtschaftspolitischer, finanzpolitischer und geldpolitischer Art doch niemals voll verwirklicht worden. Es kamen dann immer andere Faktoren, und man hatte dann immer ein sehr schönes Alibi, das Ausland oder was immer, weshalb das Ziel leider nicht erreicht werden konnte.

Ob das Abgehen vom Nominalprinzip auf eine Kapitulation vor der Inflation hinausläuft, müssen wir natürlich sehr ernst prüfen. Was Sie zuletzt sagten, Herr Seidler, das Problem, mit der Inflation zu leben, geht in dieselbe Richtung. Ich muß offen gestehen, daß meine eigene Erwartung in dieser Hinsicht optimistisch ist. Ich bin nach dem Verlauf dieser ganzen Diskussion davon durchdrungen, daß gerade auf dem Kapitalmarktsektor das Abgehen vom Nominalprinzip eine sehr entscheidende Hilfe für die Stabilitätspolitik bieten würde, da es nämlich die Selbstverstärkung der Inflation durch die Wahrnehmung der Spekulation auf Schuldnergewinne vermeiden würde. Aber selbst wenn das allzu optimistisch wäre, würde ich immer noch glauben, daß es besser wäre, wenigstens die gegebenen Inflationsraten zur Kenntnis zu nehmen und uns beschämt einzugestehen, daß es uns bisher — aus welchen Gründen auch immer — nicht gelungen ist, zu einer Stabilisierung zu kommen, und daß wir niemandem mit gutem Gewissen Hoffnung machen können, daß für die nächsten 20 oder 30 Jahre das goldene Zeitalter der Stabilität herrschen wird. Es wäre vielmehr Zeichen einer verantwortungsbewußten Politik, auch für ungünstige Eventualitäten vorzusorgen. Es handelt sich hier nicht um ein Entweder-Oder, sondern, indem wir hoffen, durch einen neuen Ansatz, wie er in der Schrift von Herrn Giersch und im Konzept der neun Professoren vorgeschlagen wird, die Bedingungen für die Stabilitätspolitik zu verbessern, haben wir mindestens das erreicht, daß wir nicht weiterhin bloß von einer unbestimmten Hoffnung auf Stabilität leben müssen, sondern daß wir, auch wenn volle Stabilität aus dem einen oder anderen Grunde nicht erreicht wird, wenigstens die ärgsten Schäden der Inflation beseitigen können.

Wenn vielfach von angeblicher oder wirklicher Nichtbewährung, von Enttäuschungen mit Indexklauseln im Ausland die Rede ist, so beziehen sich diese Enttäuschungen, wenn ich recht sehe, fast alle auf die Lohnindexklauseln. Da kann man freilich nur sagen, die Alternative zu Lohnindexklauseln ist ja nicht, daß alle brav sind und keine Lohnerhöhungen haben wollen, sondern auch ohne Lohnindexklauseln haben bei uns nicht nur Herr Kluncker, sondern auch sonstige Gewerkschaften ganz kräftig vermocht, ein ähnliches Ausgangsdatum für neue inflatorische Schübe unter Berufung auf bisherige Inflationserfahrungen und auf laufende Inflationserwartungen herbeizuführen. Da ist wirklich kein sehr großer Unterschied.

Noch ein Wort zur Frage der Indexmanipulation. Natürlich ist das ein ernster Faktor. Mir war sehr interessant, daß der Page Report in England über die Reform des „National Savings System“, um der Gefahr von Indexmanipulation vorzubeugen, zu dem Vorschlag kam, als Index den Preisindex des Bruttosozialprodukts vorzusehen, weil er seinem Wesen nach nicht manipuliert werden könne. Mein Vorschlag wäre allerdings, hier Vertragsfreiheit herzustellen und es den Leuten zu überlassen, an welchen Index sie sich binden wollen. Wenn sie sich an den Preisindex des Bruttosozialprodukts anschließen wollen, warum nicht, und wenn sie sich an den Lebenshaltungskostenindex anschließen wollen, warum nicht das? Diese Dinge sind auf dem Weg, und diese Tagung hat einen dankenswerten Beitrag dazu geleistet, das Bewußtsein von der Problematik, mit der wir hier konfrontiert sind, wachzuhalten und auch bei denen Interesse zu wecken, die es bisher noch nicht gehabt haben.

Vorsitzender Prof. Dr. Giersch:

Die letzten Minuten Ihres Hierseins benutze ich dazu, um Ihnen recht herzlich für Ihren Vortrag und den Stoff zu der anregenden Diskussion zu danken. Sie fahren jetzt zu einem anderen Gremium, von dem Sie annehmen, daß dort über daselbe Thema diskutiert wird, und ich wünsche Ihnen dabei vollen Erfolg.

(Beifall)

Dr. Engler:

Herr Pfleiderer geht leider schon. Ich wollte nur noch eine Kleinigkeit zu dem Problemkomplex hinzufügen. Wir hatten die Frage diskutiert: Sollen wir vom Nominalprinzip abgehen oder sollen wir davon nicht abgehen. Ich glaube, die Entwicklung am Markt nimmt uns die Entscheidung bald schon von allein ab. Herr Bub hatte heute vormittag schon auf die gegenwärtige Situation hingewiesen, daß nämlich der langfristige Kapitalmarkt zum Erliegen kommt. Man sieht das insbesondere an den Schwierigkeiten, Bauten im Wohnungsbereich zu finanzieren. Die Leute, die Geldvermögen bilden wollen, bevorzugen bereits eindeutig kurzfristigere Möglichkeiten, denn es besteht schon ein Run auf Papiere mit einer Laufzeit von ein bis drei Jahren. Wenn man davon ausgeht, daß es bei der hohen Inflationserwartung bleibt oder der kumulative Prozeß noch stärker in Gang kommt, dann kann ich mir vorstellen, daß sich die Laufzeiten und damit die Tilgungszeiten am Kapitalmarkt noch weiter verringern. Die Frage ist, wo diese Entwicklung gestoppt werden kann. Haben wir bald nur noch die einjährige Laufzeit, oder haben wir bald die halbjährige Laufzeit? Ich glaube, dann ist es bald nur noch eine Frage der Zeit zu sagen, dann müssen wir wohl oder übel vom Nominalprinzip abgehen. Es sei denn, wir wollen in Kauf nehmen, daß langfristige Investitionen nicht mehr getätigt werden können.

(*Pfleiderer:* Das ist doch alles höchst unerfreulich!)

— Ganz genau!

(Heiterkeit)

Wenn wir also wollen, daß langfristige Investitionen weiter getätigt werden sollen, bleibt uns wahrscheinlich gar nichts anderes übrig, als vom Nominalprinzip abzugehen. Insofern lohnt es dann bald schon gar nicht mehr zu diskutieren: „Sollen wir davon abgehen oder nicht?“, sondern dann müssen wir davon abgehen.

Ganz kurz noch zu den Lohnklauseln. Das ist ja auch ein Thema, das jeden interessiert. Da ist mir nicht ganz klar, welches Problem nun eigentlich mit dem Vorschlag gelöst ist, wenn die Indexregelung eingeführt wird. Wir haben gehört, daß die Indexklauseln bei Löhnen nur dann sinnvoll sind, wenn wir im Hintergrund eine straffe Geldpolitik haben. Nun müssen wir uns andererseits aber auch überlegen, welche Konsequenzen entstehen, wenn ein Beschäftigungsrisiko auftritt. Es gibt zwei Möglichkeiten dafür, daß Beschäftigungsrisiken eintreten, die ich jetzt in der Kürze sehe: Nämlich einmal, daß man die Produktivitätssteigerung überschätzt hat, d. h. die Reallöhne steigen stärker, als sie eigentlich hätten steigen sollen, wenn man einmal annimmt, daß die Einkommensverteilung so bleiben soll wie sie ist. Die zweite Möglichkeit ist die, daß die Unternehmen höhere Preise fordern als stabilitätskonform wäre. Die dritte Möglichkeit, daß die Gewerkschaften nicht mit bestimmten Reallohnsteigerungen einverstanden sind, möchte ich jetzt beiseite lassen, denn das ist wieder ein anderes Problem. Aber gerade bei der Preispolitik der Unternehmer müssen wir uns überlegen, daß es hier nicht auf den Makrogesichtspunkt ankommt, sondern auf den Mikrogesichtspunkt. Herr Filusch hatte das vorhin sehr richtig angesprochen: Woher soll der einzelne Unternehmer wissen, welche Preispolitik für ihn die richtige ist?

Das heißt, es kann durchaus sein, daß die Unternehmen überhöhte Preisforderungen stellen — —

(Vorsitzender Prof. Dr. Giersch: Umgekehrt!)

— Nein.

(Vorsitzender Prof. Dr. Giersch: Es geht nach beiden Seiten!)

— Es geht nach beiden Seiten. Ich denke im Augenblick nur an die eine Seite.

(Heiterkeit)

Das heißt also, wir haben zwei Möglichkeiten, in das Risiko von Beschäftigungseinbrüchen zu kommen. Und jetzt wird es nach meiner Ansicht hochpolitisch: Was soll die Regierung machen? Will sie das Ziel der Vollbeschäftigung weiter hochhalten, muß sie den Hintergrund aufgeben, eine stramme Geldpolitik zu treiben, dann muß sie nämlich die Geldpolitik lockern. Will sie das allerdings nicht, d. h. nimmt sie die Gefahr von Arbeitslosigkeit in Kauf, dann frage ich mich, wozu wir die Indexklauseln überhaupt brauchen. Dann können wir nämlich mit der Stabilitätspolitik im herkömmlichen Rahmen weitermachen, wie Herr Filusch vorgeschlagen hat.

Vorsitzender Prof. Dr. Giersch:

Es geht um unbeabsichtigte Reallohnerhöhungen, die es zu vermeiden gilt. Wenn Sie ex ante einen Inflationszuschlag von, sagen wir, 8 % in die Lohntarife hineinnehmen, und Sie treiben eine straffe Geldpolitik, die einen Preiserhöhungsspielraum von nur 6 % schafft, heißt das eben, daß der Reallohn um 2 % höher ist, als man intendiert hat, mit dem Ergebnis, daß es deswegen inflationsbekämpfungsbedingte Arbeitslosigkeit gibt, die zu vermeiden ist. Es geht also um die Flexibilität der Inflationsmarge. Diese Flexibilität der Inflationsmarge vermindert — ich will nicht sagen: eliminiert — das Beschäftigungsrisiko bei der Stabilisierung.

Vaubel, M. A.:

Das zentrale Anliegen derjenigen, die Indexklauseln vorschlagen, ist zwar, in der Stabilisierungsphase unbeabsichtigte Reallohnsteigerungen und damit Beschäftigungseinbrüche zu vermeiden. Ich glaube, man kann aber auch erwarten — dies zu Herrn Teschners Einwand —, daß der Verteilungskampf durch Indexklauseln etwas entschärft wird. Der Gedanke ist hier, daß in einem System, in dem nicht Preisstabilität, sondern unvorhersehbare Inflationsraten die Regel sind, die Vertragspartner, also z. B. die Tarifpartner, in ihre Forderung bzw. in ihr Angebot eine Risikoprämie einbauen müssen, wenn sie über Nominalgrößen verhandeln. Sie müssen eine Risikoprämie einbauen, um möglichst sicherzustellen, daß ihnen dieser Nominalabschluß auch real das bringt, was sie haben wollen. Wenn aber beide Seiten eine Risikoprämie in ihre Forderung einbauen, fällt die Einigung entsprechend schwerer.

Der zweite Punkt, den ich aufgreifen wollte, ist der folgende: Es ist in der Diskussion etwas der Eindruck aufgekommen, daß man in diesem Zusammenhang unterscheiden müsse zwischen einer monetär verursachten Inflation und einer Inflation, die sich z. B. aus der Verschlechterung der „terms of trade" oder möglicherweise — Herr Kuntze hat schon darauf hingewiesen — aus Steuererhöhungen ergeben könnte. Ich habe Schwierigkeiten, die Relevanz dieser Unterscheidung für die Inflationsbekämpfung zu erkennen, zumal uns Professor Haberler gestern dargelegt hat, daß eine Inflation ohne entsprechende Erhöhung der Geldmenge nicht möglich ist und daß es in einem System flexibler Wechselkurse für jedes Land möglich ist, sich von der Weltinflation, auch wenn es eine Verschlechterung der „terms of trade“ gibt, abzuhängen, nämlich durch eine Geldpolitik, die so restriktiv ist, daß die Importpreise stabil bleiben. Ich glaube, man braucht gar nicht einmal Monetarist zu sein oder gar ein Friedmaniac, um dieses zu akzeptieren. Entscheidend ist, daß die Globalsteuerung ihre Chancen nutzt, obwohl das natürlich politisch schwierig ist.

Denjenigen von Ihnen, die Friedmaniacs sind, darf ich schließlich vielleicht folgende Sätze ins Gedächtnis rufen, die Friedman im Januar 1974 in „Newsweek“ geschrieben hat, übrigens etwa ein halbes Jahr nachdem das Stabilisierungsargument für Indexklauseln in Deutschland in die Diskussion geworfen wurde. Es heißt dort —ich zitiere die Übersetzung der „Wirtschaftswoche“ —:

> Die Kaufkraftklausel ist sicher eine Plage und kann wahrlich nicht allgemein gültig sein. Eine Welt mit Null Inflation wäre ohne Frage besser. Gleichwohl, berücksichtigt man die unausweichlichen, wenn auch nur zeitweiligen Opfer, die bei der nachhaltigen Inflationsbekämpfung ohne ein solches Indexsystem zu erbringen wären, dann waren die Brasilianer äußerst weise, sie einzuführen. Ich glaube, ohne den Geldwertausgleich hätte ihr Wirtschaftswunder nicht stattgefunden.

Dr. Walter:

Ich möchte eine Bemerkung zu Herrn Tauregs Äußerungen über die Zinssätze für Index-Anleihen machen. Da für den Anleihegläubiger eine mögliche Inflationsbeschleunigung zu keiner Verschlechterung der realen Erträge führt und der Anleiheschuldner durch das höhere Inflationstempo keine Verringerung seiner Belastung erfahren würde, ist zu erwarten, daß die vereinbarten Zinssätze bei einer Indexanleihe unter denen einer mit Nominalzins ausgestatteten Anleihe lägen. Dies bedeutet nicht, daß der Gesamtertrag aus einer Indexanleihe kleiner wäre; vielmehr ist nur im Falle der indexgebundenen der Ertrag — real gesehen — pro Zeiteinheit konstant, während der reale Ertrag bzw. die reale Belastung aus einer Nominalanleihe im Zuge der Inflationierung ständig abnimmt. Für den Fall, daß Geldillusion vorliegt, d. h. in Nominalverträgen die zukünftige Inflationsrate unterschätzt wird, wären freilich die Erträge aus einer indexgebundenen Anleihe höher als jene aus einer gleichzeitig begebenen Nominalanleihe.

Prof. Dr. Willgerodt:

Eine Verschlechterung der „terms of trade“ ist niemals ein normaler Anlaß für eine Lohnsteigerung. Auch durch eine Wechselkursänderung können Sie dieses Problem nicht lösen. Ebenfalls nicht durch eine zurückhaltende Geldpolitik, denn diese müßte zu einer Nominal- und Reallohnsenkung Anlaß geben. Das war der Grund, weshalb ich unterscheiden wollte zwischen Preisniveausteigerungen, die durch Geldvermehrung hervorgerufen worden sind, und — nennen Sie es nicht Inflation — einmaliger Steigerung des Preisniveaus durch irgendeinen realen Vorgang. Diese Sachverhalte müssen verschieden behandelt werden.

Vaubel, M. A.:

Aber auch im zweiten Fall ist die Entwicklung der Geldmenge eine notwendige Bedingung dafür, daß die Preise steigen.

Prof. Dr. Willgerodt:

Nein, bei gleicher Geldmenge und vermindertem Handelsvolumen steigen die Preise — Quantitätsgleichung!

Dr. Seidler:

Nur ganz kurz als Ergänzung zu Herrn Rückers Vortrag: Man vermißt ja die Funktion der Philippskurven althergebrachter Art, nämlich die Reaktion von Löhnen und Preisen auf zunehmende Arbeitslosigkeit. Für die gegenwärtige Phase scheint mir in dieser Hinsicht, wo eine zunehmende Arbeitslosigkeit zu verzeichnen ist — der letzte Wert liegt saisonbereinigt über einer halben Million —, folgendes eine Rolle zu spielen: Jede Zunahme der Arbeitslosigkeit wird — auch von der Regierung — als Ausdruck von strukturellen Schwächen in der Wirtschaft, die nun zum Vorschein kommen, interpretiert. Man hört selten, daß sie auch das Ergebnis konjunktureller Faktoren sind und Ergebnis der Stabilisierungspolitik. Wenn den Leuten beigebracht wird, daß wir es eigentlich nur mit Strukturschwächen einzelner Branchen zu tun haben, für welche die Lohnpolitik kaum verantwortlich gemacht werden kann, braucht man sich über das Fehlen von Reaktionen à la Philippskurve noch weniger zu wundern.

Herr Jentsch:

Ich darf kurz an das anknüpfen, was Herr Seidler sagte. Ich finde es nämlich ganz gut, daß man die Arbeitslosigkeit in so hohem Maße strukturell erklärt. Gerade deshalb hat man die Chance, einer Bevölkerung Geduld aufzuerlegen, daß sie die Stabilitätspolitik noch eine Weile erträgt. Wenn man zugeben müßte, daß das konjunkturelle

Arbeitslosigkeit ist, wäre in dem Klima, in dem wir leben, die Stabilitätsstrategie nicht durchzuhalten. Wenn Sie so wollen: Man muß hier mit einer gewissen Illusion arbeiten, die fast eine ähnliche Bedeutung hat wie die Geldillusion. Wenn uns diese Illusionen genommen werden, sind die Wirtschaftspolitiker schlecht dran. Ich kann leider den Satz nicht zitieren, der zum Stichwort „Geldillusion" im Sachverständigengutachten stand. Er lautete dem Sinne nach, sie sei zwar schäbig, aber für die Wirtschaftspolitik hilfreich. Wirtschaftspolitik ohne Geldillusion würde also ein großes Problem.

Zum Vortrag von Herrn Dr. Pohl wollte ich drei Bemerkungen machen. An sich fand ich viel mehr interessant, als ich verstehen konnte.

(Heiterkeit)

Das ist nicht verwunderlich. Herr Pohl, Sie haben schwer verständliche Beispiele gebracht oder präziser, Sie haben das Verständnis unnötig erschwert, indem Sie Beispiele mit nicht-gerundeten Zahlen (4,8 %) brachten. Ich hatte einige Mühe zu erkennen, warum Sie so kompliziert operierten. Deswegen tue ich Ihnen jetzt vielleicht unrecht, wenn ich in drei Punkten eine Kritik versuche.

Zum Beispiel haben Sie zur Frage der Hypothekenbank-Aktivitäten gesagt, die Institute hätten Tilgungsüberschüsse in relativ hohem Maße, die sie verwenden könnten, um Pfandbriefsparer, die zu sehr belastet seien, etwas mehr zu entlasten. Sie fingen so schön an, mit empirischen Zahlen zu operieren, wie groß diese Tilgungsüberschüsse wären, aber als Sie Zahlen für das Zinsniveau nennen mußten, um die Zinsentlastung zu quantifizieren, kamen Sie mit der A n n a h m e von 8 %. Der Punkt ist aber, Sie müssen auch hier empirisch bleiben und müssen sagen, auf welchem Zinsniveau die Tilgungsüberschüsse anfallen, also wieviel auf 5 %, wieviel auf 5 1/2 % und wieviel auf 6 %. Wenn Sie das nicht sagen, können Sie gar nicht erkennen, ob die Hypothekenbanken in der Lage sind, dem Pfandbriefsparer eine Entlastung aus der Erleichterung weiterzugeben, die sie selbst durch überschüssige Tilgungsmittel haben.

Nicht verstehen konnte ich, daß Sie zu dem Fazit kommen, der Pfandbriefsparer habe real weniger bekommen als die Kontensparer. Mir scheint das daran zu liegen, daß Sie mit einer Renditeziffer operieren, die für diesen Vergleich gar nicht relevant ist. Wenn Sie sich einmal eine Konstanz des Realzinses denken, die in der Weise gesichert wäre, daß die Umlaufrendite immer genau so hoch wäre wie die Preissteigerung — das wäre zwar ein Realzins von Null, aber mir kommt es nur darauf an, daß der konstante Realzins dadurch gesichert ist, daß die Rendite den gleichen Abstand zum Preisniveau wahrt —, wie können Sie dann sagen, das sei ein Trost für jemand, der sich früher festgelegt hat, der aber doch, wenn er jetzt realisieren wollte, auf alle Fälle

Kursverluste erlitte? Es würde ihm gar nichts helfen, daß man ihm sagt, dafür hast du eine hohe Umlaufrendite. Mir scheint, der Vergleich, den Sie gemacht haben, ist für das, was Sie beweisen wollten, nicht der richtige Maßstab.

Zum dritten. Sie sprachen davon, daß die Laufzeitverkürzung, die wir am freien Markt erleben, in gewisser Weise produktivitätsfördernd wirken könne, aber mit der Zeit wohl zunehmend produktivitätshemmend wirken werde. Da stimme ich Ihnen völlig zu. Wenn ich das mit der restriktiven Politik der Bundesbank oder der Absicht der Bundesbank, restriktiv zu wirken, verbinde, sehe ich in der Laufzeitverkürzung eine der wesentlichsten Wirkungen der monetären Politik. Zu einem großen Teil wirkt nämlich die monetäre Politik dadurch, daß sie nicht mehr d i e Laufzeiten am Markt entstehen läßt, auf die ein Schuldner eigentlich erpicht ist. Der Investor wird nicht gestört durch hohes Zinsniveau, aber er wird gestört, wenn ihm nicht mehr die entsprechenden Laufzeiten zur Verfügung gestellt werden. Noch gravierender ist es allerdings, wenn er nicht mehr das Risikokapital, was aus Gewinnen, Aktienemissionen herrührt, bekommt. Wenn ich das aber einmal beiseite stelle, bleibt die andere Wirkung, daß die Laufzeiten nicht mehr schuldnergemäß angeboten werden, von höchster Bedeutung. Darauf muß aber eine monetäre Politik direkt erpicht sein. Ich sehe die Bundesbank jetzt an einem Punkt, wo sie sich fast nicht mehr getraut, die langfristige Verschuldung weiter zu erschweren. Wenn sie aber die langfristige Verschuldung wieder ermöglichen will, bringt sie sich in gewisser Weise um die Wirkungschancen, derentwegen sie überhaupt angetreten ist.

Vorsitzender Prof. Dr. Giersch:

Ich wollte auch zu zwei Punkten noch etwas bemerken. Zunächst sagten Sie: keine Kumulation von Experimenten. Ich meine, wenn die Experimente komplementär sind, muß man sie schon zu gleicher Zeit durchführen. Wenn sie miteinander konkurrieren, können sie sich kumulieren. Hier geht es aber um Komplementaritätsbeziehungen.

Das zweite sind die Informationskosten, die entstehen, wenn man eine Vielzahl von Wertsicherungsklauseln hat. Das ist richtig, dann hat man nämlich eine Vielzahl von Geld. Da taucht die Frage auf, womit wir denn diese Situation vergleichen wollen. Vergleichen wir sie doch einmal mit der Inflation, die wir haben und die ohnedies zumindest für die Menschen, die nicht die von Ihnen zitierten Computer haben, das Rechnen außerordentlich erschwert, insbesondere bei intertemporalen Transaktionen. Verglichen damit gewinnen die Individuen eine erhöhte Sicherheit, wenn sie sich auf bestimmte Formen von Ersatzgeld, so will ich es einmal nennen, für längerfristige Verträge einigen können. Man kann aber annehmen, daß es bei einer Konkurrenz von so viel Wertsicherungsklauseln, wie man sich nur denken kann, auch eine Art anti-Greshamschen Gesetz gibt, daß sich nämlich solches Geld durchsetzt, das die niedrigsten Informationskosten mit sich bringt, also die Eigenschaften, die Funktionen des Geldes am besten erfüllt.

Ich darf noch zu der Laufzeitverkürzung etwas sagen. An sich würde ich der Laufzeitverkürzung unter den gegenwärtigen Umständen ein positives Kennzeichen geben. Sie erlaubt es uns, ohne Stabilisierungskrise zu stabilisieren, weil eben keine so langfristigen Verträge vorhanden sind, die weit in die Zukunft reichen und damit bei einer sehr schnellen Verringerung des Inflationsgrades eine Überschuldungskrise mit sich bringen könnten. Man hat durch die Verkürzung der Verträge gewissermaßen einen Ersatz für Wertsicherungsklauseln gefunden. Insofern sind die beiden Systeme gar nicht so unterschiedlich.

Dr. Pohl:

Ich bin nur mit Mühe mitgekommen, Herr Jentsch, aber Sie sind ja mit meinem Vortrag auch nicht ganz mitgekommen.

(Heiterkeit)

Das liegt sicher zum Teil daran, daß ich meine Beispiele etwas zu kompliziert gemacht habe: 4,7 % statt 5 %! Das wiederum liegt daran, daß ich meine Rechenmaschine benutzt habe.

Herr Jentsch, Sie fragten, was die Realkreditinstitute mit den Tilgungsüberschüssen im Hypothekarkreditgeschäft denn sonst hätten anfangen können oder sollen. Nun: Sie tun es ja bereits. Im vergangenen Jahr wurden zum Beispiel von den öffentlich-rechtlichen Kreditinstituten bereits 100 Millionen DM für die Tilgung alter Pfandbriefe aufgewendet. Auch im Jahre 1974 sollen wieder ungefähr 100 Millionen DM aufgewendet werden. Ich habe aber ausdrücklich gesagt, ich mache den Realkreditinstituten keinen Vorwurf daraus, daß sie nicht mehr getan haben; denn sie sind nicht verpflichtet, diese Überschüsse zur vorzeitigen Tilgung von Pfandbriefen zu verwenden. Sie können sie selbstverständlich zur Neuausleihung benutzen. Dagegen gibt es keinen juristischen Einwand.

Da gibt es aber noch ein Mißverständnis. Wenn Sie am Vormittag schon dagewesen wären, hätten Sie den Vortrag von Professor Pfleiderer gehört. Professor Pfleiderer hat den Unterschied zwischen der Umlaufrendite als einem Index der Verzinsung für die Neuanlage in Wertpapieren einerseits und der unter Berücksichtigung der Kursverluste zu errechnenden Rendite früher erworbener Wertpapiere andererseits klar gemacht. Ich habe das ebenfalls, vielleicht etwas zu schnell, vorgetragen. Meine Rechnung lautete so: Wenn ein Pfandbriefsparer vor zehn Jahren

100 DM in Pfandbriefen angelegt hätte und die Zinsertäge jeweils immer wieder in neuen Pfandbriefen angelegt hätte, besäße er heute 130 DM. Die für diesen Pfandbriefsparer zu errechnende Verzinsung oder Rendite hat überhaupt nichts mit der sogenannten Umlaufrendite für festverzinsliche Wertpapiere zu tun, die in den Monatsberichten der Deutschen Bundesbank ausgewiesen werden.

Dr. Walter:

Noch ein Quickie. Herr Pohl, Sie sagten, Sie hätten die Rechenmaschine verwendet, und sagten eben, Sie hätten unterstellt, daß die Zinserträge wieder in Pfandbriefen angelegt würden. Haben Sie dabei die Zinserträge jeweils wieder zu sechs Prozent Rendite angelegt oder zu den jeweils geltenden Marktzinssätzen?

Dr. Pohl:

Ja, die Sechsprozenter, aber natürlich zu jeweils niedrigeren Kursen.

Herr Jentsch:

Dann können Sie doch aber sagen, Sie haben zum aktuellen Zinsniveau angelegt.

Dr. Pohl:

Ja, zu 6 %, zu 7 %, zu 8 %, jeweils in Stufen.

Vorsitzender Prof. Dr. Giersch:

Das ist wegen der Steuer unterschiedlich.

Dr. Pohl:

Ja, doch die Steuer habe ich, weil es mir zu kompliziert wurde, weggelassen.

(Heiterkeit)

Herr Professor Giersch hat schon einiges zur Laufzeitverkürzung gesagt. Ich habe jene Laufzeitverkürzung gemeint, die spezifisch inflationsbedingt ist und zu der es deshalb kommt, weil die Anleger sagen: Wenn wir längere Laufzeiten haben, gibt es inflationsbedingte Kursverluste. Ich habe die Hypothese aufgestellt, daß die Laufzeitverkürzung, die nicht durch technischen Fortschritt bedingt ist und die ein gewisses Maß überzieht, auf die Dauer unproduktiv wirken könnte. Sie kann damit — indirekt — die Stabilitätspolitik der Bundesbank erschweren.

Dr. Zweig:

Wir haben in der Industrie schon seit langem keine langfristigen Kredite mehr. Die letzte Industrieanleihe — Herr Jentsch wird noch wissen, wann sie herausgekommen ist — ist fast schon nicht mehr wahr. Was wir heute haben, sind also Konstruktionen à la „roll-over“ mit variablen Zinssätzen. Das bedeutet aber, daß sie formal kurzfristig, faktisch aber immer noch langfristig sind. Ich habe den Eindruck, daß die Wirtschaft damit hervorragend zu Rande kommt, und zwar ohne die Wirkungen, die Sie unterstellen.

Dr. Pohl:

Das Gewicht ist aber nicht sehr groß. Industrieobligationen spielen bei der Finanzierung keine Rolle.

Dr. Zweig:

An den Euromärkten waren es im letzten Jahr über 20 Milliarden Dollar, die in Roll-over-Krediten herausgelegt worden sind.

(Zuruf: Mit variablen Zinssätzen!)

— Ja, mit variablen Zinssätzen.

Dr. Pohl:

Eben, mit variablen Zinssätzen. — Herr Zweig, ich habe betont, Laufzeiten, für die der Zins fest vereinbart ist. Wenn Sie Zinsgleitklauseln unterstellen, sind sie selbstverständlich de facto kurzfristig. Dann hat man keine Kursverluste. Das ist auch der Grund, warum dieses Verfahren der Zinsgleitklauseln im Kreditgeschäft, wenn also die Sparkassen die Aktivzinsen den Passivzinsen anpassen, mitgeholfen hat, die Politik der Bundesbank zu durchkreuzen.

Professor Giersch fragte, warum ich von einer Kumulierung von Experimenten und nicht von einer Ergänzung von Experimenten gesprochen habe. Das liegt vielleicht an meiner übergroßen Vorsicht gegenüber einem neuen Experiment, dessen Ausgang ich zwar theoretisch durchdacht habe, von dem ich vielleicht auch, wenn ich mir das Modell anschaue, überzeugt bin, bei dem es aber immer noch etliche Risiken gibt. Darum war ich der Meinung, man solle das neue Experiment, das wir gerade begonnen haben, erst einmal hinsichtlich seine Ausganges abwarten. Ein Jahr später wissen wir vielleicht mehr.

Vorsitzender Prof. Dr. Giersch:

Die Wissenschaft ist immer der Wirklichkeit etwas voraus. Das waren wir bei dem ersten Experiment auch.

(Heiterkeit)

Dipl.Vw. Ahnefeld:

Ich glaube nicht, Herr Pohl, daß Sie das Ergebnis des Experiments abwarten sollten. Bei einem Scheitern der geldpolitischen Stabilisierungsbemühungen dürften viele derer keine Indexbindung mehr haben wollen, die sie heute für wünschenswert halten, da Indexklauseln dann tatsächlich zu einer Beschleunigung der Inflation beitragen könnten.

Vorsitzender Prof. Dr. Giersch:

Das ist, anders ausgedrückt, noch einmal das Thema der Komplementarität.

Prof. Dr. Willgerodt:

Haben wir jetzt überhaupt eine Stabilisierungspolitik?

Dr. Pohl:

Ja.

Prof. Dr. Willgerodt:

Wirklich? Woran messen Sie sie?

Dr. Pohl:

Ich messe sie vor allem an der Expansionsrate des Bestandes an Zentralbankgeld, also dessen, was häufig auch monetäre Basis genannt wird. Die Expansionsrate dieser monetären Basis oder des Bestandes an Zentralbankgeld ist sehr viel kleiner, als sie noch vor einem Jahr gewesen war. Das hat sich auch im Geldvolumen, wie immer man es definiert, niedergeschlagen.

Dr. Zweig:

Ich will gerade noch, weil Herr Pohl so starken Wert darauf legt, etwas zur Bankenliquidität sagen. Wir leben seit gut einem Jahr mit einer Liquiditätsquote von Null. Die zweieinhalb Milliarden freier Liquiditätsreserve, die wir z. Z. haben, sind sozusagen eine Quantité négligeable. Der entscheidende Punkt ist aber, daß dann, wenn die Bundesbank den anderen Auftrag, nämlich die Zahlungsfähigkeit der Wirtschaft und des Kreditgewerbes zu sichern, erfüllt, sie bei jedem konstanten Bestand, und zwar auch von Null, jede Inflationsrate finanziert, die Sie sich vorstellen können, d. h. mit der Finanzierung der „monetary base“ ist Stabilitätspolitik noch nicht gemacht.

Dr. Pohl:

Ich glaube, da besteht ein Mißverständnis, Herr Zweig. Die monetäre Basis wird als der Bestand an Zentralbankgeld außerhalb der Bundesbank definiert. Was Sie angesprochen haben, war die Liquiditätsquote oder die Liquiditätsreserve, aus der die Banken den Zentralbankgeldbedarf finanzieren können. Das ist ein wesentlicher Unterschied. Wenn man den Banken keine Liquiditätsreserven mehr zur Verfügung stellt, aus denen sie ihre Expansion finanzieren können, dann kann man das Angebot an Zentralbankgeld sehr viel besser steuern, als das früher der Fall war, und damit auch die Expansion der Einlagen und die Expansion der Kredite. Das hat die Bundesbank heute sehr viel besser im Griff als früher.

Dr. Zweig:

Noch einmal: den Zustand haben wir noch nicht. Genau das ist der Punkt, den ich meine. Wir haben einen Zustand, in dem die Liquiditätsquote Null gehalten wird und nicht das Angebot an Zentralbankgeld. Das Angebot an Zentralbankgeld steigt, obgleich wir die Liquiditätsquote bei Null halten. Das scheint paradox, ist aber so, muß auch so sein, sonst wäre nämlich die Hälfte der deutschen Kreditinstitute schon zahlungsunfähig.

Dr. Pohl:

Selbstverständlich, wenn Sie die Expansionsrate auf 10 oder 20 % festsetzen, können Sie natürlich eine erhebliche Inflation finanzieren. Wenn Sie das aber nicht mehr tun, sondern nur noch 5 % oder höchstens 10 % zulassen, haben Sie der Inflation einen beträchtlichen Dämpfer aufgesetzt.

Dipl.Vw. Hombrecher:

Ich wundere mich, daß Herr Pohl vorschlägt, die Bundesbank solle bei ihrem jetzigen Konzept bleiben. Wir haben Devisenzuflüsse von über vier Milliarden im letzten Monat gehabt. Außerdem hat die Bundesbank für 0,8 Milliarden Papiere aufgekauft und darüber wieder Zentralbankgeld in den Markt gegeben. Mir scheint, die Bundesbank ist zur Zinssteuerung zurückgekehrt. Das ist eine vollkommene Konzeptionslosigkeit.

Dr. Pohl:

Herr Hombrecher, ich habe gerade vor dieser jüngsten Phase gewarnt. Ich habe gesagt, die Bundesbank sollte den Kurs, den sie vor einigen Wochen begonnen hatte, nicht fortsetzen. Wenn ich gesagt habe „bisheriger Kurs“, so meinte ich natürlich nicht den allerjüngsten Kurs.

Dipl.Vw. Svindland:

Ich möchte auf etwas anderes als die jetzige Geldpolitik hinaus. Wir haben heute hier von der Güte der Geldwertsicherungsklausel bei Geldvermögensverträgen gehört. Einiges spricht dafür, einiges dagegen. Sicher würde sie das Inflationsrisiko von den Besitzern von Geldvermögen etwas abwälzen. Wir haben ebenfalls die Möglichkeit der Einführung von Lohn-Preis-Gleitklauseln diskutiert. Auch dafür spricht einiges. Sie wälzen sicherlich das Inflationsrisiko von den Lohnempfängern ab. Hier ist aber etwas mit keinem Wort erwähnt worden, das derselben Sicherung vor Verlusten durch unerwartete Preisänderungen dient. Es ist die Möglichkeit des Abschlusses von Terminverträgen. Soviel ich weiß, sind Terminverträge bei Warengeschäften in Deutschland beispielsweise nicht zulässig. Deshalb frage ich Sie, Herr Professor Giersch: Wie stellen Sie sich dazu, daß Terminverträge in Deutschland allgemein zugelassen würden? Ich meine, das wäre die einzige Möglichkeit, für die einzelnen Unternehmen, sei es als Lohngeber, sei es als Kreditnehmer, sich gegen das Inflationsrisiko zu schützen, so lange sie als einzelne Wirtschaftssubjekte „keine Indexbindung" ihrer eigenen Preise einführen, also so lange sie der Inflation keine Räder ansetzen. Würden Sie als komplementierende Maßnahme zu Ihrer Sicherungsklausel auch der allgemeinen Einführung von Terminverträgen zustimmen?

Vorsitzender Prof. Dr. Giersch:

Sie können das Prinzip, das hinter meinen Vorstellungen steht, generalisieren und sagen, ich sei für Vertragsfreiheit. In dem Maße, in dem Vertragsfreiheit gilt und in dem ein Bedarf für die Entwicklung von Terminmärkten besteht, wird es zur Entwicklung solcher Terminmärkte kommen, genauso wie der Bedarf an längerfristigen Kreditverträgen, der ein Bedarf an Planungssicherheit ist, bei Inflation die Anwendung von Wertsicherungsklauseln attraktiv macht. Wenn Wertsicherungsklauseln zugelassen würden, desgleichen Indexklauseln bei Tarifverträgen, würden die Vertragspartner schon gegenseitig das Inflationsrisiko ausgleichen oder ausschalten, indem sie sagen, über die Inflationsrate unterhalten wir uns ex post, und über die Inflationsrate unterhalten wir uns erst dann, wenn die Inflation stattgefunden hat, nicht vorher. Wir präjudizieren infolgedessen nicht die künftige Entwicklung der Preise und der Löhne. Das ist außerordentlich wichtig, um die Geldpolitik, von der eben die Rede war, effizienter in bezug auf die Kontrolle der Preis- und Lohnentwicklung zu machen.

Ich muß jetzt hier einen Punkt erwähnen, den ich vielleicht schon bei früherer Gelegenheit hätte vorbringen sollen. Wenn in Lohnverträgen und in Kreditverträgen die Inflationsrate erst ex post ermittelt wird, befinden sich die Kalkulationsabteilungen der Unternehmen in großer Unsicherheit. Sie müssen das LSÖ-Prinzip aufgeben. Wenn die Frage auftaucht, wie hoch denn der Preis für das künftige Angebot sein soll, wird man nicht mehr die Kalkulationsabteilungen fragen dürfen, sondern die Marktforschungsabteilungen. Sobald man die Marktforschungsabteilungen, nicht mehr die Kalkulationsabteilungen fragt, sind wir von der „Cost-push“-Situation weg, und die Kontrolle der Preis- und Lohnentwicklung über die Geldmenge wird effizienter. Dann sind nämlich die Widerstände jener weg, die als Kostenfixierer, so will ich sie einmal nennen, den Stabilisierungstendenzen der Geldpolitik entgegenwirken. Von dieser Seite kommt das Beschäftigungsrisiko. Deswegen glaube ich, daß man in den Unternehmen den Marktforschungsabteilungen das Übergewicht gegenüber denjenigen geben muß, die die Kosten kalkulieren.

Ich will es Ihnen an einem Beispiel noch deutlicher machen. Bei dem jetzigen System haben Sie eine Lohnrunde von, sagen wir, 12 %. Eine Lohnrunde von 12 % bei einem verteilbaren Produktivitätsfortschritt von, sagen wir, 2 % gestattet die Aufrechterhaltung von Vollbeschäftigung nur, wenn man eine Preissteigerungsrate von 10 % zuläßt. Ich unterstelle, daß das Verhältnis von Reallohn zu Produktivität konstant bleiben muß, um das Beschäftigungsvolumen in unserem Lande aufrechtzuerhalten. Gibt es eine bedingungslose Vollbeschäftigungsgarantie, so wird also schon in der Lohnrunde die Preissteigerungsrate fixiert. Jetzt haben natürlich die Kalkulations- und Marktforschungsabteilungen Sicherheit und stoßen in diese Preiserhöhungsspielräume hinein. Kein Wunder, daß es unter solchen Umständen eine Art Kartellverhalten gibt. Es ist die Sicherheit des Kartells, die die Unternehmen in eine bestimmte Situation der Ruhe versetzt.

Betrachten Sie nun das alternative System. Man weiß nicht, wie hoch die Lohnkosten tatsächlich im Jahr steigen. Das wird sich erst im Laufe des Jahres ergeben. Herr Filusch hat gesagt, sie werden eher vorhalten. Ob sie vorhalten können oder nicht, das muß von den Marktforschungsabteilungen entschieden werden, denn der Markt nimmt nicht jeden Preis, den man fordert, insbesondere wenn man eine restriktive Politik betreibt. Davon gehe ich aus. Nun würden sich die Marktforschungsabteilungen immer noch überlegen, wie hoch die Preiserhöhungsspielräume sein werden. Was würden wir ihnen denn da erzählen, nach welchem volkswirtschaftlichen Indikator sollten sie gehen? Man könnte sagen, die Regierung hat bestimmte Ziele für ein Fallen der Inflationsrate. Das wäre ein Orientierungsdatum, das man ihnen vorgeben könnte. Oder aber sie werden sagen, dann wollen wir uns daran orientieren, wieviel Preissteigerung eigentlich nach quantitätstheoretischen Gesichtspunkten von der Bundesbank sozusagen toleriert wird. Schauen wir uns doch einmal die monetären Größen an. Dann hätte also auch auf diese indikatorische Weise die Zentralbank durch ihre Geldmengensteuerung — sie müßte dann schon zu einer Geldmengensteuerung übergehen, nicht Zinspolitik betreiben — auch den volkswirtschaftlichen Indikator für die Überlegungen der Marktforschungsabteilungen gegeben: Wieviel können wir denn eigentlich mit den Preisen noch heraufgehen? Daran würde sich folgende quantitätstheoretische Überlegung anschließen: Es steigt die Zuwachsrate des Geldvolumens M 1 oder M 2 um, sagen wir einmal, 8 %. Um wieviel wird dann das potentielle Angebot in diesem Jahr steigen? Man wird sich vielleicht ausrechnen: maximal 4 %. Was dann ungefähr an Preissteigerungsmöglichkeiten übrig bleibt, ergibt sich aus der Differenz von beidem.

Mir kommt es auf ein Umdenken an, und zwar ein Umdenken vom Kostendenken zum Marktdenken. Dies erscheint mir außerordentlich wichtig, damit in dieser Stabilisierungsphase von den Unternehmen eine Politik getrieben wird, die ihnen einen hohen Absatz ermöglicht und nicht ein bestimmter Preis durchgesetzt wird.

Dr. Zweig:

Ich darf ganz konkret dazu sagen, daß sich in der Industrie heute eine andere Art der Kalkulation durchsetzt. Die LSÖ-Kalkulation ist längst passé. Es gibt eine viel gefährlichere Tendenz, die nämlich, daß einzelne Faktoren in der Kalkulation herausgepickt und mit Revisionsklauseln versehen werden. Das heißt, daß man bei Lohnerhöhungen, die über ein vorbestimmtes Maß hinausgehen, bei Rohstoffpreiserhöhungen, die über ein bestimmtes Maß hinausgehen usw., eine Revision des Vertragsinhalts nach der Preisseite hin vereinbart. Damit hat man im Prinzip schon eine Art Indexierung, die selbstverständlich vom Abnehmer honoriert werden muß, aber die Abnehmer honorieren sie.

Vorsitzender Prof. Dr. Giersch:

Und sie müssen es offenbar können, weil sie liquidationsmäßig dazu in der Lage sind.

Dipl.Vw. Svindland:

Wenn ich Sie recht verstehe, sagen Sie, im Prinzip müsse man alle denkbaren Terminmärkte zulassen, die entstehen könnten, aber sie sollten besser gar nicht zustande kommen, denn wenn ich mir die Funktion dieser Terminmärkte vorstelle, gehen von ihnen Preisänderungserwartungen aus, etwa wie auf dem Devisenmarkt mit Spekulation usw. Auf Grund dieser Terminmärkte hätten wir also Waren-Swap-Sätze, nach denen man sich richten könnte.

Vorsitzender Prof Dr. Giersch:

Ich habe mich nicht gegen die Entwicklung von Terminmärkten ausgesprochen, das ist ein Mißverständnis. Ich habe nur eine Ergänzung gebracht, die mir einfiel.

Dipl.Vw. Svindland:

Wenn Sie sagen, weg von diesen Inflationsvorgaben, die von den heutigen Tarifverträgen ausgehen, stimme ich Ihnen zu. Wir sollten davon wegkommen. Aber durch die Terminmärkte würden wir eigentlich eine andere Vorgabe setzen.

Vorsitzender Prof. Dr. Giersch:

Das ist richtig, deswegen habe ich ja gesagt: Vertragsfreiheit.

Dipl.Vw. Hombrecher:

Die Orientierung an Marktchancen ist doch auch bei dem alten Konzept der Globalsteuerung gegeben. Wenn die Regierung von vornherein glaubhaft machen kann, daß sie bestimmte Preissteigerungen zuläßt, aber nicht mehr, müssen sich die Unternehmer notgedrungen auch am Markt orientieren. In dem Sinne sind natürlich diese Anpassungsklauseln bei den Tarifverträgen gar nicht notwendig. Es kommt nur darauf an, daß die Regierung von vornherein den Tarifpartnern wirklich glaubwürdig machen kann, daß sie wirklich durchhält.

Vorsitzender Prof. Dr. Giersch:

Wenn die Orientierungsdaten, die die Regierung herausgibt, richtig wären und von den Tarifpartnern beachtet würden, dann wären unsere beiden Auffassungen gar nicht unterschiedlich. Diese Glaubwürdigkeit ist nicht gegeben, auch aufgrund der Beschäftigungsgarantie, die von der Regierung gegeben worden ist und einen möglichen Abbruch des Stabilisierungsexperiments in Aussicht stellt. Wenn man jedoch bei den Lohnsteigerungsraten zunächst gar keine definitiven Inflationsraten in die Zukunft hineinprojiziert, sondern sagt, darüber wollen wir uns später unterhalten, wenn es soweit ist, hat jedenfalls ein Teil des „cost-push" seine Wirkung verloren — ich will gar nicht so weit gehen und sagen, daß das sehr viel ist. Was dann als Inflationsausgleich gezahlt werden muß, ergibt sich erst nachher. Die Periode des Umschaltens muß man natürlich nutzen. In dieser Periode muß es schon zu einem sichtbaren Erfolg an der Preisfront kommen, damit sich dann von hier aus eine Extrapolation ergibt. Das ist außerordentlich wichtig. Die Glaubwürdigkeit und die Flexibilität der Inflationsmarge gehören zusammen.

Dipl.Vw. Hombrecher:

Ich habe noch eine Frage zu dem hier verteilten grünen Heftchen. Hier wird vorgeschlagen: Wenn es hinterher zu Lohnnachbesserungen kommt, wird es abgeschöpft und den Unternehmen belassen. In dem Moment haben ja die Arbeitnehmer eine reale Verschlechterung ihrer Position. Da nehme ich doch an, jedenfalls wenn ich von mir ausgehe, daß ich weniger spare, und von daher kommt dann doch wieder der Nachfragesog.

Vorsitzender Prof. Dr. Giersch:

Ich bin dankbar, daß Sie diesen Punkt ansprechen. Ich muß bekennen, daß auch ich ihn in einem Brief an Herrn Müller-Armack aufgegriffen und mich distanziert habe. Er ist aber nicht berücksichtigt worden, und ich bin froh, daß ich das hier jetzt sagen kann. Ich halte es für die Gewerkschaften kaum zumutbar, auf die Formel, die in diesem Papier angegeben ist, einzugehen, weil nämlich dann das Überschießen der Inflationsrate, die vorgegeben ist, ein Zwangssparen nach sich zieht, das zum Teil kompensiert wird durch Auflösung von anderen Ersparnissen, und dann hat es sowieso keinen Zweck. Diejenigen, die nicht Ersparnisse auflösen können, müssen dann sozusagen die Inflationsnachteile tragen. Mir wäre es also lieber zu sagen, keine solche Blockierung, sondern freie Verfügbarkeit. Ich würde auch nicht auf bestimmte Formeln hinwirken, sondern sagen: Vertragsfreiheit und in Kombination mit dieser Vertragsfreiheit ein glaubwürdiges Programm.

Prof. Dr. Willgerodt:

Ich darf zur Interpretation etwas hinzufügen. Wenn Sie die nachträgliche Lohnzahlung als Konsumlohn erlauben, ist die Überwälzung sofort gegeben, d. h. es wird in Gestalt gestiegener Preise diese Nachzahlung den Unternehmungen sofort zurückgegeben. Erst dadurch entsteht die endgültige Reallohnabschöpfung. Deswegen das Motiv, durch vermögenspolitische Maßnahmen diesen Betrag stillzulegen. Der Betrag ist ja nicht mehr für Konsumgüterausgaben am Markt verfügbar. Bei diesen vermögenspolitischen Plänen sollten auch Geldwertsicherungen, d. h. solche Klauseln vorgesehen werden, wie wir sie allgemein vorgeschlagen haben. Damit kommt nur ein Zwang zur bestimmten Einkommensverwendung für die Arbeitnehmer zum Zuge, aber nicht eine Reallohneinbuße.

Ich glaube, daß dieser Vorschlag für die Gewerkschaften sehr wohl zumutbar ist, und zwar deswegen, weil sie andernfalls, wenn auf nachträglichem Barlohn bestanden wird, der den Unternehmungen als freie Liquidität nicht verfügbar ist, nur zusätzliche Kredit- und Geldschöpfung erzwingen oder aber preissteigernde Umlenkung von vorhandener Liquidität in die Konsumgüterbranchen. Die geforderten Beträge sind bereits investiert, die gegenüberstehenden Güteräquivalente können ihren Aggregatzustand nicht mehr ändern, man kann praktisch den Arbeitnehmern für diese Beträge nur Investitionsgüter und die Titel geben, die dem entsprechen. Ich glaube, Herr Giersch, es wäre ein Danaergeschenk für die Gewerkschaften, wenn man jetzt sozusagen nachträglich einen Nachschlag bei den Barlöhnen zugestehen wollte, denn die Unternehmungen haben über die Beträge, die dafür zur Verfügung stehen, bereits verfügt.

Dr. Pohl:

Herr Giersch, ich hatte in meinem Vortrag betont, daß ein sinnvolles Prinzip der Geldwertsicherung nur dann erreicht ist, wenn eine nachträgliche Entschädigung, und zwar ohne Stillegung, durchgesetzt wird. Ich hatte nur auf das Problem hingewiesen, das dann besteht, wenn in Zeiten stark beschleunigter Inflation bestimmte Bürger auf dieses Geld angewiesen sind. Wie beschaffen sie es sich dann? Wer schießt ihnen das vor? Das ist also ein Liquiditätsproblem.

Dipl.Vw. Svindland:

Ich möchte Herrn Willgerodt fragen: Wie vereinbaren Sie es, einerseits für eine Erweiterung der Vertragsfreiheit einzutreten, aber andererseits in diesem zuletzt diskutierten Falle jetzt plötzlich eine Einschränkung der Vertragsfreiheit, eine Einschränkung der Verfügbarkeit über das eigene Einkommen vorzuschreiben?

Dr. Walter:

Ich habe eine Frage zum gleichen Punkt: Warum sollen wir erst mit Indexklauseln Friktionen abschaffen, um sie hinterher mit der Beschränkung der Verfügbarkeit über Einkommensteile wieder einzuführen?

Prof. Dr. Willgerodt:

Die Antwort ist sehr einfach. Sie bekommen gar nicht, wie ich eben ausgeführt habe, das, was Sie verlangen. Es wird sofort in Preissteigerungen an die Unternehmen zurückgegeben. Sie laufen hinter dem Geld her. Das zirkuliert ja nur um so schneller. Das ist der einzige Effekt, der dabei herauskommt. Sie können die Konsumgüterproduktion nicht für einen zurückliegenden Zeitraum vermehren, wenn Sie für diese zurückliegende Periode nachträglich Lohnzahlungen fordern. Wenn Sie natürlich die Fristen sehr verkürzen, so daß die Unternehmungen über die Beträge noch nicht verfügt haben, also die nötigen Konsumgüter noch in der Wirtschaft stecken, dann können Sie sehr wohl einen Nachschlag geben, ohne damit Preissteigerungen hervorzurufen. Wenn aber über die Produktionsplanung entschieden ist, d. h. das Konsumgütervolumen feststeht, können Sie durch nachträgliche Lohnsteigerungen keinen Deut an Konsumgütern zusätzlich bekommen.

Svindland:

Herr Willgerodt, zu dem volkswirtschaftlichen Funktionsmechanismus, den Sie hier unterstellen, möchte ich jetzt nichts sagen. Es muß doch aber am Grundkonzept selbst etwas faul sein, wenn Sie hinterher keine Steigerung des Realeinkommens garantieren können.

Prof. Dr. Willgerodt:

Ist Vermögensbildung keine Realeinkommenssteigerung?

Dipl.Vw. Svindland:

Wenn Sie diese Vermögensbildung, diese Realeinkommenssteigerung nur in der Form garantieren können, daß die Leute gar nicht die Wahl haben, ob sie Vermögenssteigerung haben wollen, dann ist das keine Realeinkommenssteigerung.

Dr. Walter:

Herr Willgerodt, gibt es auch in Ihrem Konzept die Geldpolitik, die eine Grenze für die Überwälzung der Kosten darstellt? Was Sie beschreiben, daß nämlich die Unternehmen die erhöhten Lohnkosten wieder auf die Preise schlagen, bedeutet im System mit Indexklauseln doch nur, daß die nächste Runde fällig ist.

Prof. Dr. Willgerodt:

Ich muß gestehen, ich habe nicht ganz begriffen, worauf Sie abzielen. Eines werden Sie doch zugeben, daß die Arbeitnehmer den größten Teil jenes Bevölkerungskreises darstellen, der Konsumausgaben vornimmt. Wir haben aber sowohl für Konsumzwecke wie für Investitionszwecke Geld in der Wirtschaft. Bei gegebenem Geldvolumen können Sie also eine andere Disposition für das Geld erzwingen, und durch einen solchen Nachschlag erzwingen Sie sie. Die Frage ist nur, ob eine Steigerung des Realeinkommens der Arbeitnehmer erreicht wird, wobei doch an Konsumeinkommen gedacht ist. Die Frage ist, ob das gelingt. Sie können sehr wohl eine Überwälzung auf die Konsumgüterpreise bei konstantem Geldvolumen haben, wenn Sie die Liquidität, die in der Wirtschaft steckt, umleiten. Das steckt dahinter.

Dr. Walter:

Ich würde eine Alternative vorschlagen: Statt der staatlichen Verordnung, statt des Zwangs zur Vermögensbildung die Bestechung zur Vermögensbildung.

(Willgerodt: Herzlich gern!)

Ich würde auch meinen, daß es nicht notwendig ist, gerade die, die den Nachschlag bekommen, zu bestechen. Es muß nur irgendeine Gruppe bestochen werden, auf Ausgaben zu verzichten. In diesem Zusammenhang könnten indexgesicherte Anleihen vielleicht gerade das sein, was nötig ist.

Vorsitzender Prof. Dr. Giersch:

Und man könnte Offenmarktpolitik mit Devisenreserven betreiben, um auf diese Weise das Angebot an Konsumgütern zu vergrößern.

Prof. Dr. Willgerodt:

Ich möchte noch auf einen Gesichtspunkt hinweisen. Jede Stabilisierungspolitik verlangt Opfer. Ich glaube, daß in diesem Falle das Opfer darin bestehen würde, daß die Arbeitnehmer den Nachschlag nicht für Konsumzwecke verwenden können. Vor die Wahl gestellt, zur Abgrenzung des Inflationsvorganges ein gewisses sogenanntes Opfer an Vermögensbildung zu bringen, und zwar in einer Zeit, in der wir uns nicht scheuen, 20 %ige Sozialabgaben zu leisten, ohne daß damit irgendeine Vermögensbildung verbunden ist, und in der wir noch höhere Steuersätze haben, wäre dies doch minimal. In einer Zeit, in der wir die staatliche Zwangsgewalt für zahllose Dinge einsetzen, nun im Stil des 19. Jahrhunderts die extreme Vertragsfreiheit zu verlangen, ist ein bißchen „out of proportion“, wenn es darum geht, ein bestimmtes Ziel zu erreichen. Wenn wir endgültig in der Stabilität sind, nachdem diese Übergangsphase vorbei ist, kommen wir ja an diesem Problem vorbei. Dann ist das gar nicht mehr nötig. Es geht nur darum, während der Übergangsphase eine Preissteigerung durch den Nachschlag zu verhindern. Ich weiß nicht, ob man nicht bei der Güterabwägung hier doch sagen soll, ein gewisser Stabilitätsbeitrag, Sparbeitrag auch der Arbeitnehmer ist durchaus gerechtfertigt.

Dipl.Vw. Hombrecher:

Wenn wir zum administrativen Zwangssparen übergehen, kann das doch nur dann gelingen, wenn der Aufbau von Sachvermögen nicht auf der anderen Seite durch Verminderung von Geldvermögen wettgemacht wird. Das scheint mir bei dem Prinzip nicht gewährleistet, denn wenn die Unternehmer diese liquiden Mittel zunächst im Unternehmen selbst halten können, brauchen sie weniger an den Kapitalmarkt zu treten. Das bedeutet tendenziell auch eine Zinssenkung. Von daher meine ich, daß die Geldvermögensbildung dann zurückgehen wird und von daher dann doch der Nachfragestoß kommen wird.

Dr. Seidler:

Ich komme mit meiner Frage doch etwas aus diesem Duktus heraus. Damit, daß der Nominallohn hinterher gezahlt wird bzw. sein Soll ex post festgestellt wird, wird nach Ihren Intentionen Fehlschätzungen in der Preisentwicklung Rechnung getragen. Dies soll wiederum ermöglichen, daß die Preisentwicklung in dem betreffenden Jahr etwas flacher verläuft, als sie sonst vermutlich verlaufen wäre. Wie steht es mit Fehleinschätzungen der Produktivität, also des Sockels, den Sie Ihrer Lohnberechnung als im voraus kontrahiert unterstellen? Hier gibt es ja ebenfalls keine sicheren Prognosen. Besteht nicht hier die Gefahr, sich ebenso stark zu verschätzen wie bei der möglichen Preiskomponente? Und wird der gesamtwirtschaftliche Produktivitätsfortschritt für alle Branchen zugrunde gelegt, oder wird spezifiziert? Praktikabel ist sicherlich nur die Vorgabe eines gleichen Produktivitätsfortschritts für alle, weil sonst nicht das, was in der Wirtschaft gang und gäbe ist, nämlich annähernd gleiche Reallohnsteigerungen, verwirklicht werden könnte. Auf die Dauer stellt sich damit aber die Frage nach der Flexibilität in der Lohnentwicklung, d. h. nach notwendigen Änderungen in der Pyramide der Wirtschaftszweige. Wie soll das System also längerfristig ohne große soziale Reibungen funktionieren?

Vorsitzender Prof. Dr. Giersch:

Tarifverträge sind nur für ein Jahr abgeschlossen und sind infolgedessen korrigierbar. Hat man in einem Jahr die Löhne zu stark erhöht und geht es auf Kosten der Gewinne, so wird man es im nächsten Jahr entsprechend korrigieren. Wir leben alle in einem System von „trial and error“. Bei Geldwertstabilität ginge es auch nicht anders.

Zu ihrem zweiten Punkt kann ich nur sagen: Vertragsfreiheit. Dies bedeutet bei einem konstanten Preisniveau, daß dort, wo die Produktivitätsfortschritte überdurchschnittlich sind, sie in Form von Preissenkungen weitergegeben werden müssen; und dort, wo die Produktivitätsfortschritte unterdurchschnittlich sind, müssen die Preise steigen. Das ist die langfristige Voraussetzung dafür, daß die Lohnrelationen den Relationen des Arbeitsmarktes entsprechen können. Ausnahme von der Gleichförmigkeitsregel ist nur die Marktsituation auf dem Arbeitsmarkt; wo zusätzliche Ressourcen hineingeführt werden müssen, müssen die Löhne etwas stärker steigen, woanders bleiben sie etwas zurück. Nur der Marktmechanismus kann dies bewirken. Ich wäre nicht in der Lage, es ex ante zu sagen. Infolgedessen muß das ganze System von „trial and error“ im Rahmen der Vertragsfreiheit funktionieren. Von mir aus können Sie auch sagen: nachträglicher Inflationsausgleich minus 1 %, wenn Sie sich etwa des Preisindex für die Lebenshaltung nicht sicher sind und meinen, wir werden niemals zur Geldwertstabilität zurückkehren. Da gibt es sehr viele Variationsmöglichkeiten. Und wenn man sich an irgendeiner Stelle geirrt hat, muß man das beim nächstenmal korrigieren. Das zeigt sich dann im Kostenvergleich mit der internationalen Konkurrenz. Wir haben die Verschärfung des Wettbewerbs von außen noch nicht genügend berücksichtigt, die wir uns mit einer Offenmarktpolitik mit Hilfe von Devisenreserven erlauben können. Auf diese Weise können wir auch die Gewinnspannen kontrollieren und Widerstände von der Preisseite durch Wettbewerb von außen brechen.

Dipl.Vw. Hombrecher:

Ist das die neue Terminologie für „schmutziges Floaten"?

(Heiterkeit)

Vorsitzender Prof. Dr. Giersch:

Das ist nicht „schmutziges Floaten", sondern Rückkauf von exportierter Stabilität.

(Erneute Heiterkeit)

Prof. Dr. Rüstow:

Herr Willgerodt, Sie sagten mit Recht und völlig überzeugend, eine Nachzahlung an Lohn in Form eines Nachschlags habe keinen Sinn, denn bei gegebenem Volumen an Konsumgütern — die ja durch Lohnzuschläge nicht vermehrt werden — könne das nur in die Preise gehen. Daher sollten solche Nachzahlungen abgeschöpft werden. Dies scheint mir nicht logisch zu sein, vielmehr sollte ein Lohn-Nachschlag, der nicht in die Preise geht, gar nicht erst gezahlt werden.

Eine andere Sache ist es, wenn bestimmte Lohnleitlinien, die — unter Berücksichtigung der Produktivität und der anderen relevanten Faktoren — festgesetzt wurden, nicht eingehalten werden. Einen Überschuß der Lohnsteigerungen über diese Leitlinien hinaus abzuschöpfen wäre zweckmäßig. Dagegen scheint es mir nicht sinnvoll, einen Nachschlag zu bewilligen und dann zu sagen, er hat keinen Zweck und wird abgeschöpft.

Prof. Dr. Willgerodt:

Ich glaube, es ist zweckmäßig, die entsprechende Passage unseres Gutachtens vorzulesen. Daraus geht das meiste hervor. Es heißt:

„Fällt die tatsächliche Inflationsrate dennoch höher aus, so ist dies ein Grund, laufende Tarifverträge in etwa halbjährlichem Abstand zu kündigen. Damit dadurch nicht wiederum die Inflation genährt wird,

wird die dabei ausgehandelte Lohnerhöhung von den Unternehmungen dem einzelnen Arbeitnehmer auf einem Vermögenskonto, das wertgesichert und regulär zu verzinsen und nach vier bis fünf Jahren zu tilgen ist, gutgeschrieben. Nur dann besteht Aussicht, daß die zusätzlichen Lohnzuwächse nicht durch zusätzliche Preissteigerungen aufgezehrt, sondern investiv angelegt werden. Der Arbeitnehmer wird Investor in Höhe des gutgeschriebenen Betrages. Dadurch sinkt weder das Investitionsvolumen noch wird die Geldmenge durch zusätzliche Kredite ausgedehnt, sofern die Notenbank entsprechend steuert. Es besteht keine Tendenz zur Überwälzung, da hier nur den Eigentümern der Unternehmungen eine Einnahme nachträglich abgezogen wird, mit der sie bei stabilem Geldwert nicht rechnen konnten und auch nicht gerechnet haben."

Das heißt, hier sind „windfall-profits" bei den Unternehmungen entstanden, die aber selbstverständlich darüber verfügt haben, und zwar, wenn es länger dauert, wahrscheinlich investiv in Form von Anlagen usw. Sie haben dieses Geld doch verwendet. Wenn es sehr kurze Fristen betrifft, würde ich zugestehen, daß da die entsprechenden Konsumgüter dem noch gegenüberstehen können. Ich gestehe Ihnen aber auch Ihren Vorschlag zu, daß man durch eine vorhaltende Aufwertung, durch einen Verkauf von Auslandstiteln usw. die wichtigsten Konsumgüter beschaffen kann. Dann wäre ich beruhigt. Es stimmt aber nicht, Herr Rüstow, daß den Arbeitnehmern nichts zuwächst. Sie sollen Titel aus den Unternehmungen bekommen. Das ist die Intention dabei.

Prof. Dr. Rüstow:

Aber in solch einem Falle würde ich keinen Nachschlag zahlen.

Prof. Dr. Willgerodt:

Doch, es ist eine Art von Nachschlag gerechtfertigt, denn den Arbeitnehmern ist ja durch die „windfall-profits" der Unternehmungen etwas vorenthalten worden. Dafür sollen die Arbeitnehmer entschädigt werden, allerdings nicht mit Bargeld, das in die Konsumsphäre fließt und deswegen zu Überwälzungen führt, sondern in einer Form, die den Überwälzungsprozeß nach Möglichkeit erschwert.

Herr Hombrecher, ich glaube, es ist doch ein Unterschied, ob man Bargeld zur beliebigen Verwendung für Konsumgüter in die Hand bekommt, oder ob diese sehr indirekten Effekte über möglicherweise verminderte Sparneigung der Arbeitnehmer usw. zustande kommen. Das gebe ich Ihnen völlig zu, daß die Arbeitnehmer diese Vermögenstitel vielleicht so auffassen, daß sie ihre sonstigen Ersparnisse vermindern können und daß dann alle möglichen Probleme auftauchen. Es ist aber wahrscheinlich doch ein Unterschied gegenüber der unmittelbaren Barauszahlung.

Prof. Dr. Haberler:

Haben Sie Anhaltspunkte dafür, daß ein solcher Vorschlag von den Gewerkschaften angenommen würde?

(Heiterkeit)

Sie haben von 2 %iger Produktivitätssteigerung gesprochen, also einer 2 %igen Reallohnerhöhung. Vom amerikanischen Standpunkt aus würde ich sagen, daß das vollkommen ausgeschlossen ist, daß die Gewerkschaften das akzeptieren. Das ist viel zu wenig. Der zweite Punkt wäre dann, daß darüber verhandelt wird, wieviel Inflation noch zu erwarten ist. Da gehen die Ansichten natürlich auseinander. Den Grundvorschlag aber, daß sie nicht mehr als 2 % bekommen sollen, halte ich momentan für ausgeschlossen. Das ist vielleicht im Laufe der Zeit möglich, wenn man zuerst durch eine Rezession geht und dadurch die Ansprüche überhaupt herabsetzt.

Vorsitzender Prof. Dr. Giersch:

Zwei Prozent war vorhin eine Zahl, die in die Diskussion geworfen worden ist, um einmal deutlich zu machen, was die Ölkrise für die Realeinkommen bedeutet. Mehr als 2 % wird es real sowieso nicht geben.

Prof. Dr. Haberler:

Das gilt auch, wenn sie 4 % nehmen. Aber bitte, wenn Sie sagen, Sie haben keine Anhaltspunkte dafür.

Vorsitzender Prof. Dr. Giersch:

Es ist nur ein Beispiel. Ich habe diese Prognose nicht gemacht.

Prof. Dr. Willgerodt:

Wonach Herr Haberler fragt, das haben Sie auch gemacht.

(Heiterkeit)

Was Sie nicht gemacht haben, ist die vermögenspolitische Anlage. Herrn Haberler ging es darum, dieses Gesamtkonzept in Frage zu stellen: Man schließt einen Tarifvertrag in Höhe der erwarteten Produktivitätssteigerung, macht noch einen Inflationszuschlag, den man für unvermeidlich hält, hinzu, und der Rest wird vertagt. Wenn ich Sie recht verstehe, Herr Haberler, fragen Sie, ob man das politisch verkaufen kann. Natürlich ist dieser Vorschlag, wenn er obendrein noch mit einer vermögenspolitischen Maßnahme verbunden wird, vielleicht — ich möchte das allerdings in Frage stellen — noch schlechter verkäuflich, aber da die Gewerkschaften ausgezeichnete Nationalökonomen haben, werden sie die kreislauftheoretischen Beziehungen vielleicht doch bemerken. Im übrigen werden sie auch bemerken, daß das Ziel einer Umverteilung bei den personellen Einkommen nur über vermögenspolitische Maßnahmen erreicht werden kann. Wenn es deswegen tatsächlich das Ziel der Gewerkschaften ist, eine Änderung der Einkommensverteilung herbeizuführen, dann müßten sie diesem Vorschlag noch eher zustimmen, denn die Erhöhung der Konsumlöhne auch durch noch so viel gewerkschaftliche Druckmaßnahmen führt nicht zu einer Veränderung der Einkommensverteilung. Das ist wohl auch bei den Gewerkschaftsökonomen inzwischen bekannt.

Dr. Bartel:

Nur eine kurze Bemerkung zur Frage der Überwälzung in Abhängigkeit von der Sparhypothese. Auf die Einwendungen von Herrn Hombrecher hat Herr Professor Willgerodt gesagt: natürlich, es kann alles passieren. Aber was ist wahrscheinlich? Was wir über Sparhypothesen wissen, ist sicherlich nicht sehr viel. Deshalb mein Schätzurteil: Wahrscheinlich ist bei dieser Art der nachträglichen Anlage, daß das freiwillige Sparen nicht einbricht und damit die Überwälzung nicht erfolgen kann. Das nachträglich festgelegte Einkommen ist ein überraschendes ungeplantes Einkommen. Manche Überlegungen sprechen dafür, daß beides ungeplant ist, und die geplanten freiwilligen Ersparnisse nicht zurückgehen werden. Wenn das richtig ist — das ist eine Hypothese, von der die Wirksamkeit der gesamten Vermögenspolitik abhängt —, kann eine Überwälzung unter den zusätzlichen Bedingungen, die genannt worden sind, nicht erfolgen.

Dipl.Vw. Svindland:

Hier ist das Wort „Kreislauftheorie“ in die Diskussion gebracht worden. Ich möchte Herrn Willgerodt jetzt fragen: Was passiert eigentlich, wenn der Vertrag eingehalten wird und diese Zwangsersparnis zuzüglich der indexgesicherten Zinsen zurückbezahlt wird? Passiert dann etwas anderes, als wenn man es gleich auszahlt?

Dr. Walter:

Zu Herrn Bartels Schätzurteil über das Verhalten der Lohnempfänger: Ich weiß nicht, ob die Nachschlagszahlung so schrecktlich unerwartet für die Arbeitnehmer kommt, wenn man einen Vertrag geschlossen hat, in dem es heißt, daß der Inflationsausgleich vermögenswirksam angelegt wird. Die Inflation wird man während der Laufzeit des Vertrages der Höhe nach schon einigermaßen abschätzen können. Man wird also auch zumindest in der Mitte der Periode wissen, wie hoch der Zuschlag etwa ausfallen wird. Ich weiß also nicht, warum man dann nicht wissen sollte, wie hoch der Betrag der Vermögensbildung sein wird. Warum sollte man dann nicht dementsprechend seine freiwillige Ersparnis reduzieren können?

Prof. Dr. Willgerodt:

Die Antwort auf Ihre Frage ist verhältnismäßig leicht. Es geschieht das, was bei jeder Investition geschieht. Man hat das Geld investiert, die Unternehmungen haben etwas getan. Am Anfang wird nur ein Titel übertragen und kein Bargeld. Bei der Investition fallen aber hinterher Amortisationsquoten an, die zur Rückzahlung herangezogen werden. Das ist doch eine banale Tatsache. Nun werden Sie sagen, die fließen dann bei den Arbeitnehmern unmittelbar in den Konsum, und dann entsteht die Inflation in zwei oder drei Jahren nachträglich. Sie können dem aber durch geeignete vermögenspolitische Maßnahmen vorbeugen. Wenn wir zu einer Stabilisierungspolitik übergehen, wie sie dieses Konzept fordert, besteht eine sehr hohe Wahrscheinlichkeit, daß ein hoher Betrag in die Ersparnisse fließt. Das Problem ist bei einer Fortsetzung der Stabilisierungspolitik ohnehin leichter lösbar. Der unmittelbare Inflationsstoß ist in der Übergangsphase zur Stabilität jedenfalls gefährlicher als ein verzögerter Inflationsstoß nach drei oder vier Jahren.

Dipl.Vw. Svindland:

Wenn ich Sie jetzt richtig verstehe, reduziert sich das Ganze darauf, daß Sie unterstellen, die Investitionsquote sei zu niedrig, und deswegen müßten Zwangsersparnisse eingeführt werden, um eine erhöhte Investitionsquote zu bekommen. Darauf läuft das ja nun hinaus.

Prof. Dr. Willgerodt:

Die Investition ist doch schon eingetreten, die haben wir doch nicht herbeigeführt.

Dr. Bartel:

Ich möchte nach den Wirkungen fragen, die auftreten, wenn infolge von Preissteigerungen im nachhinein Nachschüsse gezahlt werden müssen, die dann angelegt werden, wertsicher und verzinslich. Wie wird für die Wertsicherung und Verzinsung das Geld aufgebracht? Das Geld ist durch die Unternehmen beispielsweise dadurch herbeizuschaffen, daß sie weniger investieren. Der Vorschlag kann also schon deshalb mit einer entsprechenden restriktiven Geldpolitik nicht verträglich sein.

Prof. Dr. Willgerodt:

Das sind derartig wertgesicherte Anlagen, daß sie auch in deflatorischem Sinne wirken. Das heißt nach dem Konzept, falls das Preisniveau fällt, wird entsprechend auch der Zinssatz korrigiert. Sie sind also auch in diesem Sinne wertgesichert. Wird die Stabilisierungspolitik fortgesetzt, dann werden die Unternehmer von Verpflichtungen entlastet. Die Meinung, daß man rückzahlen und deswegen Kredite aufnehmen müsse, ist sehr richtig. Man kann sehr wohl den Unternehmungen zumuten, daß sie am Anfang quasi durch inflationistische Selbstfinanzierung und anschließende Übertragung von Titeln agieren, hinterher aber bei diesen Investitionen, die aus den „windfall-profits“ finanziert worden sind, auch einmal über die Konsolidierung nachdenken. Sie können unter Umständen nicht nur im Kreditwege, sondern auch durch Aktienemission das Problem lösen. Das ist ein normaler Investitionsvorgang, nichts weiter.

Dr. Pohl:

Herr Professor Willgerodt, das System der Geldwertsicherungsklauseln soll doch den Arbeitnehmern garantieren, daß sie das für ein Jahr vereinbarte Realeinkommen auch tatsächlich zur freien Verfügung bekommen. Was Sie empfehlen, ist im Grunde eine Politik, die von diesem Prinzip wieder abgeht und auf eine investitionsfördernde Maßnahme hinausläuft. Was heute im allgemeinen diskutiert wird, ist demgegenüber ein System, das bezüglich der Investitionspolitik der Unternehmen neutral ist. Gerade das wird aber durch Ihren Vorschlag nicht gewährleistet.

Prof. Dr. Willgerodt:

Ich glaube, hier liegt ein Mißverständnis vor, Herr Dr. Pohl. Wenn eine Inflationsrate höher ist, als in den Tarifverhandlungen geplant ist, ist die entsprechende Geldmenge zur Finanzierung dieser unerwarteten und unerwünschten Inflationsrate bereitgestellt worden. Da die Gewerkschaften aber durch diesen Tarifvertrag gebunden sind, die Kosten also nicht parallel steigen, haben die Unternehmungen einen unerwarteten Zusatzgewinn — Q-Gewinn in der Preiserschen Sprache — erzielt. Was haben sie mit diesen Q-Gewinnen gemacht? Die werden doch angelegt. Sind sie von den Unternehmungen in Bargeld in der Erwartung gehortet worden, es sei ein Nachschlag auszuzahlen, dann entsteht natürlich in den Unternehmungen kein Liquiditätsproblem. Das Wahrscheinliche ist aber, daß sie darüber verfügt haben. Ich will das hier jetzt nicht zu weit ausführen. Das Einkommen ist ja irgendwo, weil die realen Güterströme und die Geld- und Einkommensströme parallel laufen, in der Volkswirtschaft real vorhanden, d. h. der reale Gegenwert davon. Die Frage ist, in welcher Form. Es besteht die Vermutung, daß die Unternehmungen darüber investiv verfügt haben und daß der Gewinn nicht in den Unternehmerkonsum geflossen ist. Ein solcher Zuwachs an Unternehmerkonsum ist nach den Ausführungen von Herrn Rüstow gestern höchst unwahrscheinlich. Der Gewinn ist dann bereits investiert, und es handelt sich darum, nachträglich dafür Titel zu übertragen.

Dr. Pohl:

Ich hatte vorhin gesagt, das System sollte gewährleisten, daß eben nicht zusätzlich investiert wird. Herr Walter hatte bereits darauf hingewiesen, daß die Unternehmer, wenn sie sich an dieses System erst einmal gewöhnt haben, auch die laufende Inflationsrate beobachten werden; sie werden dies bei ihrer Liquiditätsplanung berücksichtigen und die für den nachträglichen Inflationsausgleich benutzten Gelder nicht investiv verwenden.

Prof. Dr. Willgerodt:

— und konsumtiv auch nicht, denn dann kommt die Inflation zustande, dann ist es kein Nachschlag.

Dipl.Vw. Svindland:

Wenn die Unternehmen wissen, eine zusätzliche Inflation, erzeugt etwa durch die eigene Nachfrage nach Investitionsgütern, bringt sie nicht in eine nachträgliche Liquiditätsklemme, sondern ist durch einen unfreiwilligen Kredit ihrer Arbeitnehmer gesichert, dann wird man wohl erst recht diese Methode anwenden. Einfacher wäre es, wenn man davon ausgeht, daß diese Möglichkeit nicht vorhanden ist, dann wären auch die Unternehmer zu einer Vorsorge gezwungen, um die nachträgliche vertragliche Verpflichtung, nämlich die Rückzahlung, zu gewährleisten.

Dipl.Vw. Ahnefeld:

Ich knüpfe an Ausführungen von Herrn Pohl an. Können die Investitionen, die heute aufgrund von Q-Gewinnen höher ausfallen als geplant, morgen nicht niedriger ausfallen, um die Mittel für die Auszahlung zusätzlichen Lohns zu verwenden?

Prof. Dr. Willgerodt:

Ich habe nicht verstanden, was Sie meinen.

Dipl.Vw. Ahnefeld:

Sie haben durch die beschleunigte Inflation, die nicht erwartet worden ist, Q-Gewinne gemacht. Die Unternehmen haben die Mittel benutzt, um zu investieren, d. h. sie haben im Grunde Investitionsvorhaben finanziert, die sie eigentlich — noch — nicht vorhatten.

Prof. Dr. Willgerodt:

In dem Augenblick, wo Gewinne anfallen, macht man natürlich Pläne.

Dipl.Vw. Ahnefeld:

Warum soll es nicht möglich sein, morgen weniger zu investieren, d. h. das Investitionsprogramm um die vorgezogenen Investitionen zu kürzen, und statt dessen die Mittel zu benutzen, um sie an die Arbeitnehmer zu verteilen?

Prof. Dr. Willgerodt:

Woher haben Sie die Mittel heute, die Sie morgen für Investitionen verwenden wollen? Die Mittel, die Sie morgen für Investitionen verwenden wollen, haben Sie heute noch nicht, sonst haben Sie Inflation.

Dipl.Vw. Ahnefeld:

Das ist richtig. Sie können natürlich Anleihen auflegen.

Prof. Dr. Willgerodt:

Das muß aber gesamtwirtschaftlich stimmen.

Vorsitzender Prof. Dr. Giersch:

Wird nicht blockiert, müssen die Unternehmen liquiditätsmäßig vorsorgen. Dies verringert die Umlaufgeschwindigkeit des Geldes.

Dr. Bartel:

Hier liegt doch einfach eine Verwechslung von Zahlungsströmen und nachträglicher Übertragung von Eigentumstiteln auf schon realinvestierte Mittel vor. Was hat das mit Liquidität zu tun?

Vorsitzender Prof. Dr. Giersch:

Wenn die Unternehmen wissen, daß sie nachträglich zahlen müssen, werden sie in diesem Maße liquide bleiben und nicht investieren. Umgekehrt ist es, wenn die Unternehmen wissen, daß blockiert wird. Dann gibt es den Investitionsstoß.

Dr. Bartel:

Dann wären wir in dem Schlaraffenland, das uns Herr Rosenthal in der Vermögenspolitik vorgeführt hat, indem wir einfach die Eigentumstitel umbuchen und hoffen, daß sich daraus keine Änderungen des Investitionsverhaltens der Unternehmen ergeben. Das ist Reichtum aus Kapitalverbesserung. Ich kann mir nicht vorstellen, daß sich daraus nicht Reaktionen für das zukünftige Investitionsverhalten der Unternehmen ergeben.

Dipl.Vw. Svindland:

Wir haben es mit zwei Alternativen zu tun. In dem von Ihnen vertretenen Fall können Einnahmen zugleich wieder Ausgaben werden.

Das dürfte insgesamt in einer Volkswirtschaft inflationär wirken. Die andere Alternative ist die, daß man vorsichtig ist und die Einnahmen, die man heute bekommt, nicht gleich wieder Ausgaben werden läßt. Das dürfte vergleichsweise die Inflation dämpfen.

Prof. Dr. Rüstow:

Vorhin wurde gesagt, wenn die Unternehmen tatsächlich Investitionsgewinne, Q-Gewinne gemacht haben, so sei nicht einzusehen, warum nicht nachträglich durch Lohnerhöhungen wieder das Gegenteil bewirkt, nämlich die Investitionen wieder in Konsumgüter aufgelöst werden sollten. Das war doch Ihre Frage? — Dazu ist zu sagen, wenn Sie nachträglich diese Mittel für den Konsum freigeben, werden Sie keine Umleitung von Investition auf Konsum erzielen, sondern das Gegenteil. Denn zunächst einmal wird durch die Freigabe, weil nicht mehr Konsummittel da sind, laut Willgerodt, das Preisniveau steigen, und diese Steigerung des Preisniveaus wird die Investitionstätigkeit verstärken.

Wenn ein anderer Kollege sagte, durch die Ausgabe von Eigentumstiteln wird eventuell die Investitionstätigkeit gehemmt: das könnte sein, dann würde auf diesem Wege tatsächlich erreicht, daß entsprechend mehr Raum für die Konsumgüterproduktion und -versorgung bleibt.

Herr Willgerodt, noch eine Frage. Sie sagen, wenn es sich um Q-Gewinne handelt, ist es vernünftig, den Zuschlag zu horten und für den Konsum nicht freizugeben. Das stimmt, wenn es sich bei der inflatorischen Entwicklung wirklich um Investitionsgewinne handelt. Nehmen Sie aber einmal an, es sei in der Zwischenzeit nicht durch Q-Gewinne, sondern z. B. durch Umsatzsteuererhöhungen eine Preissteigerung erfolgt, dann können Sie die Stillegung des Lohnzuschlages nicht damit begründen, daß mehr investiert wurde und Q-Gewinne entstanden sind. Ihre Argumentation gilt also nicht für jeden Fall. Ich muß aber zugeben, für viele Fälle gilt sie.

Prof. Dr. Willgerodt:

Man müßte hier eine sorgfältige Periodenbetrachtung einfügen, wozu jetzt die Zeit nicht reicht, und genau verfolgen, wie sich die Liquiditätsströme und die parallelen Güterströme entwickeln.

Ich wollte nur ein Mißverständnis bereinigen. Es handelt sich nicht um einen Vorschlag, der dazu dienen soll, die Investitionen der Unternehmungen langfristig auf Kosten des Konsumeinkommens der Arbeitnehmer zu erhöhen. Wenn man aber die Löhne vorübergehend für eine gewisse Frist niedriger hält, als dem nun leider inflationistisch aufgeblähten Kreislaufvolumen entspricht, hat man zwangsläufig eine Investitionsförderung gewährt. Die Q-Gewinne sind eine Art Investitionsförderung, denn die Unternehmer verbrauchen das so schnell nicht. Es steckt in den Unternehmen, und sie haben es mehr oder weniger befristet, aber doch investiert. Das ist nicht gewollt, und ich hoffe nicht, daß eine Inflation zugrunde liegt, die von den Unternehmungen durch übermäßige Kreditaufnahme inszeniert worden ist. Aber vielleicht ist die Notenbank nachlässig. Es muß ja noch eine Währungsbehörde dazwischen geschaltet sein, die das Ganze zuläßt. Wenn das geschieht, ist die erste Investition geschehen. Den Q-Gewinnen steht I im Kreislauf irgendwo gegenüber. Das haben wir doch alles gelernt. Wie das I aussieht, ist eine andere Frage. Sie können Lagervorräte in Konsumgütern halten. Herr Giersch, das Schönste wäre, die Unternehmer halten, weil sie Angst haben, daß sie zurückzahlen müssen, riesige Berge von Konsumgütern auf Lager, die in dem Augenblick, wo der Barlohn ausgezahlt wird, vom Volk zu konstanten Preisen gekauft werden können. Dann bin ich völlig einverstanden mit Ihrer Konzeption. Ich fürchte nur, es ist in Wirklichkeit anders, es geht auch gar nicht anders. Man kann keine Konsumgüterhorte für diesen Zweck anlegen. Wenn Sie aber eine Stabilitätspolitik in langsamem Gleitflug, wie es einmal hieß. machen, dann haben die Unternehmer für die nächste und die übernächste Periode gewiß nicht wegen dieser vorübergehenden Q-Gewinne, wo sie außerdem noch Titel abführen müssen, dafür einen vermehrten Investitionsanreiz, um in der nächsten Periode dieses wunderbare Rezept, den Arbeitnehmern Zwangssparprozesse aufzuerlegen, noch einmal auszuprobieren. Das genaue Gegenteil ist der Fall, zumal die ausgegebenen Vermögenstitel auch bedient werden müssen. Das ist eine Maßnahme, die sozusagen nur den Gleitflug erleichtern soll, es soll keine langfristige Sparmaßnahme sein, die die Arbeitnehmer zwingt, Titel, die sie nicht haben wollen, hinzunehmen.

Dipl.Vw. Svindland:

Herr Willgerodt, Sie argumentieren die ganze Zeit im nachhinein, da ist nun leider diese Inflationsrate einmal realisiert worden, und die Folge daraus ist, daß sie nun noch leidiger wird, wenn die Inflationszulagen auf Löhne ausgegeben werden. Indem Sie unterstellen, daß die Investoren nicht sehen, welche Finanzierungsmöglichkeiten die Zwangsersparnisse bieten, diese Möglichkeit jedenfalls nicht nutzen, übersehen Sie einen Wirkungsmechanismus, der eben diese leidige Inflationsrate herbeiführen kann.

Dr. Starbatty:

Mit der Rücklagenbildung für ungeplante Lohnerhöhungen tritt die Frage auf, wo diese Rücklagen gelagert werden sollten, ob sie innerhalb der Betriebe thesauriert oder im Bankensystem angelegt werden. Wenn sie im Bankensystem angelegt werden, muß man damit rechnen, daß sie doch wieder in die Investitionen fließen, es sei denn, daß alle Unternehmer bei sinkendem Zinssatz — das müssen wir unterstellen, wenn das Geld im Bankenkreislauf zurückfließt —, nicht investieren. Das können wir aber nicht unterstellen. Die Konsequenz wäre also, daß auch bei Rücklagenbildung zuvor nicht geplante Investitionen unternommen werden.

Vorsitzender Prof. Dr. Giersch:

Ich schlage vor, daß wir mit der noch ausstehenden Wortmeldung von Herrn Besters die Diskussion abschließen. Danach sollten wir vielleicht den noch anwesenden Referenten die Gelegenheit zu einem Schlußwort geben.

Prof. Dr. Besters:

Ich möchte zu zwei Punkten Stellung nehmen. Hier ist die These aufgestellt worden, daß die Antizyklik keine Bewährungsprobe erhalten habe. Das ist unter anderem damit begründet worden, daß eine Abstinenz in der Währungspolitik festzustellen gewesen sei. Ich stelle nun die Frage und möchte sie gleichzeitig verneinen, ob überhaupt Währungspolitik zur Antizyklik gehört. Anders formuliert: das System von Bretton Woods schließt die Antizyklik ein; für eine besondere Währungspolitik läßt es keinen Raum. Es ist auf der Basis fester Wechselkurse so konzipiert, daß bei rezessiven Einbrüchen die Auslandsnachfrage anzieht und bei überschäumender Konjunktur das Gegenteil festzustellen ist. Die Auslandsnachfrage reagiert automatisch antizyklisch, indem sie zu Exportüberschüssen bzw. -defiziten führt. So war es vorgesehen. Ich würde also sagen, gerade der Verzicht auf Währungspolitik gehört zur Antizyklik.

Der zweite Punkt geht Sie an, Herr Giersch. Die Wertsicherungsklausel impliziert natürlich, so würde ich erwarten, eine besondere Nachfrage nach solchen Anleihen. Ich frage mich, was in einer inflationären Umwelt z. B. die Italiener und die Engländer tun, wenn in Deutschland wertgesicherte Anleihen dieser Art aufgelegt werden. Ich brauche nur eine Veränderung der Verhaltensfunktion einzuführen, indem ich sage: nicht die ertragsorientierte Verhaltensfunktion, sondern die stabilitätsorientierte greift Platz. Selbst unter der Voraussetzung, daß in Italien inflationär überhöhte, somit höhere Zinssätze gelten, ist es sehr viel interessanter, in Deutschland Stabilitätsanleihen zu zeichnen. Dann taucht die Frage auf, was Sie machen, wenn die Italiener und die Engländer Koffer voll Geld in die Bundesrepublik schaffen.

(Zuruf: Floaten!)

Vorsitzender Prof. Dr. Giersch:

Das ist der einfachste Weg, um zu einer europäischen Währung zu kommen. Wenn es uns im nationalen Rahmen nicht gelingt, zur Geldwertstabilität zurückzukehren, muß irgend jemand in Europa — das kann ein Bankenkonsortium sein — eine Währung mit wertstabilem Versprechen abgeben. Diese wird sich durchsetzen gegenüber den nationalen Währungen.

(Willgerodt: Nur bei Floating!)

— Natürlich bei Floating. Wer sollte denn die Wechselkurse kontrollieren?

Dr. Walter:

Ich stimme mit Herrn Besters Aussage, man solle Währungspolitik am besten unterlassen, völlig überein! Nur unterscheide ich mich von ihm vollständig darin, was unter „Unterlassen von Währungspolitik" verstanden werden soll: Während er massierte Interventionen zur Fixierung der Wechselkurse meint, bedeutet nach meinem Verständnis Unterlassen von Währungspolitik Verzicht auf jede Devisenmarktintervention.

Dipl.Vw. Rücker:

Das Argument von Professor Besters habe ich nicht ganz verstanden. Ich kann mir nicht erklären, wie man beispielsweise im Jahre 1969 eine realistische Stabilitätspolitik hätte machen wollen, ohne den Wechselkurs zu ändern. Mit dem Festhalten am starren Wechselkurs wurde doch jegliche Stabilisierungspolitik unterlaufen. Solange wir im Ausland steigende Preise haben, ist es unbedingt notwendig, daß wir uns mit Wechselkursänderungen vom ausländischen Preistrend abhängen. Eine andere Möglichkeit der Stabilisierung sehe ich nicht.

Prof. Dr. Besters:

Das ist völlig klar, aber nicht die „systemkonforme" Antizyklik, die uns überliefert worden ist. Sie vertreten eine andere Antizyklik.

Dipl.Vw. Rücker:

Nur noch ein Wort zu dem, was Herr Pohl in seinem Referat in einem Punkte angedeutet hatte. Ich bin nicht der Meinung, daß die Geldpolitik, wie sie von der Bundesbank betrieben wird, einen Erfolg verspricht, wenn sie von der Finanzpolitik im Stich gelassen wird. Das mag für Fälle gelten, in denen einigermaßen ein Gleichgewicht besteht. In der jetzigen Situation kommt es darauf an, daß die Inflationserwartungen gebrochen werden, und dazu reicht meiner Ansicht nach die Geldpolitik allein nicht aus. Sie reicht zumindest dann nicht, wenn man Beschäftigungsverluste außerdem noch vermeiden will. Mit Geldpolitik allein ist es wahrscheinlich nur möglich, die Stabilisierung zu erreichen, wenn man noch viel größere Beschäftigungseinbrüche in Kauf nimmt, als wenn man alle Instrumente zusammen einsetzt, also auch die Finanzpolitik.

Dipl.Vw. Ahnefeld:

Es gibt zu den Indexklauseln nicht mehr viel zu sagen. Die Leute, die sich heute nicht entschließen können, zu diesem Konzept überzugehen, sollten sich nicht dem Argument hingeben: Warten wir erst ab, ob die gegenwärtige Geldpolitik hilft. Indexklauseln sind ein Instrument, um die mit einer Restriktionspolitik verbundenen Beschäftigungsrisiken zu mildern. Verläßt die Geldpolitik den Stabilitätskurs, wird das Inflationstempo auf jeden Fall zunehmen, dies allerdings vermutlich rascher, würde man in einer solchen Situation zur Indexbindung übergehen.

Dr. Kuntze:

Die Diskussion hat meine Skepsis gegenüber dem stabilitätspolitischen Nutzen von Lohn-Preis-Indexklauseln nicht beseitigt. Zudem empfehle ich den Versammelten, in nächster Zeit doch einmal Italien zu beobachten. Dort errechnet sich jetzt schon eine konjunkturelle Teuerung von ca. 30 %, sind die Löhne indexiert und die erste indexgesicherte Anleihe wurde bereits aufgelegt. Es werden noch mehr folgen. Es wird sich erweisen, ob die Indexierung die Stabilisierung erschwert und wenn, wie stark, oder ob die Indexierung nützlich ist und eine Stabilisierung vielleicht sogar erleichtert.

Vorsitzender Prof. Dr. Giersch:

Alle Redner hatten die Möglichkeit, ein Schlußwort zu sprechen. Herr Haberler verzichtet auch. Ich glaube, damit sind wir am Schluß dieser Tagung angelangt. Mir bleibt jetzt nur noch die Aufgabe, Ihnen allen, die Sie an der Diskussion mitgewirkt haben, herzlich zu danken, ganz besonders den Referenten, die uns so interessante Thesen vorgetragen haben.

Ich wünsche Ihnen allen eine gute Heimreise.